张迈评球

世界杯 1982—2022

张迈 —— 著

清华大学出版社
北京

版权所有，侵权必究。举报：010-62782989，beiqinquan@tup.tsinghua.edu.cn。

图书在版编目（CIP）数据

张迈评球：世界杯1982—2022 / 张迈著. —北京：清华大学出版社，2022.11
ISBN 978-7-302-62106-5

Ⅰ.①张… Ⅱ.①张… Ⅲ.①足球运动—世界杯—概况—1982—2022 Ⅳ.①G843.732

中国版本图书馆CIP数据核字（2022）第198311号

责任编辑：宋丹青
封面设计：谢元明
责任校对：王凤芝
责任印制：杨　艳

出版发行：清华大学出版社
　　　　网　　址：http://www.tup.com.cn，http://www.wqbook.com
　　　　地　　址：北京清华大学学研大厦A座　　邮　编：100084
　　　　社 总 机：010-83470000　　　　　　　　邮　购：010-62786544
　　　　投稿与读者服务：010-62776969，c-service@tup.tsinghua.edu.cn
　　　　质量反馈：010-62772015，zhiliang@tup.tsinghua.edu.cn
印 装 者：大厂回族自治县彩虹印刷有限公司
经　　销：全国新华书店
开　　本：170mm×240mm　　印　张：23.5　　字　数：320千字
版　　次：2022年11月第1版　　　　　　　　印　次：2022年11月第1次印刷
定　　价：78.00元

产品编号：099616-01

序[1]

我和张迈不认识,但有很多相似之处。我们都姓张,都曾经踢过足球,都写过有关足球的专栏文章,尤其是关于世界杯的球评。而且,我们都曾经是中信旗下的员工,现在又都在为清华大学出版社写书。我很认同张迈世界杯球评的风格。回想1986年世界杯,《北京晚报》约请我写球评,大约也是这么大篇幅,在头版开了个小专栏,获得好评如潮,也是这个风格。

现在电视场场直播比赛,实况大家都看了,事后再回顾场景啊,评论得失啊,洒泪煽情啊没什么意思了,莫若把思路拉宽拉长,旁征博引,扯点闲篇,来点哲学思考,再适时地幽默一把,大家都爱看。

1986年那会儿为看世界杯我家才买了彩电,17寸韶峰牌。当时还没有家用电脑和手机,我还没有出过国,没看过欧洲五大联赛,活动范围基本局限于体育圈和新闻圈;而张迈则跨到了金融、经济、高科技的领域,游

---

[1] 张路,著名足球评论员。1999年促成米卢来中国执教,推动中国队成功晋级2002年韩日世界杯决赛圈。2005年获意大利仁惠之星骑士勋章,是第一位获得这一殊荣的中国体育界人士。
现任中国足协战略规划委员会委员、教育部校园足球专家委员会委员、北京市校园足球协会副主席、北京市足协青训委员会顾问。曾任陕西足球队和北京足球队守门员,北京体育科研所副研究员、常务副所长,北京国安足球俱乐部总经理、副董事长,中超委员会常委、中超公司董事会董事,亚足联职业足球特设委员会委员。

走于世界各地,所以无论是知识还是见识,文章的深度还是广度,比我们那时都上了一个层次。

或问,你们说的这还是足球吗?

我最近经常在问一个问题:我们为什么搞足球?足球运动的目的是什么?

多年来,我们这些以专业自诩的足球人根深蒂固地认为,搞足球就是竞技,就是争胜,就是中超夺冠军,就是冲击世界杯。但就是这种狭隘的认识使中国足球的路越走越窄,越搞人越少,最终濒临崩溃。中国足球为什么落后?就是这个大方向错了,南辕北辙,一切全错。

那么什么是对的呢?

《国际足联章程》说得简单而明确:"通过足球运动的团结、教育、文化和人道主义价值,特别是各项青少年和发展计划促进该运动在全球的持续发展和提高。"

张迈的文章以世界杯为切入点,讲的是足球运动的团结、教育、文化和人道主义价值,当下的中国足球不就应当转向这个方向吗?

这个路子不要太正了哦!

2022 年 8 月 13 日

自序1：世界杯与你我何干？

生命是一条河。我见过很多无忌于漫漫长征和种种曲折，心无旁骛的渡者。他们是可敬的，除了专心渡河，不做他想。我也见过一些人，每隔一段时日，弃舟登岸，流连于水边一株古榕孤独的美丽。他们是可爱的，一个时代往往因为这些人的存在而充满神秘，而不枉置身其中。

以上这段文字见于1998年5月10日的《温州日报》迎接法国世界杯专版，这些上个世纪的文字，在今天看来仍然生机勃勃。24年过去了，从Web 1.0到Web 3.0，从古典互联网到元宇宙，又逢一个新的虎年，世界杯的花儿将再开，细嗅蔷薇的日子又要来临。

我看世界杯的历史已经有40年了，因为各种机缘巧合，评论也写了32年。从少年壮志凌云到青年笑傲江湖，再到中年平路易行，都是难得的人生风景。其中一些文章在时空流中被很多读者喜爱过，有些文字朋友们竟然还记得，前几日搜集资料，报社的朋友朱闻武和林建中帮了许多忙，老林手里还有整套发黄的世界杯特刊。所以当我在整理元宇宙散文集《南方有昆仑》时，我突然意识到今年又是一个世界杯年，为什么不把32年来写的世界杯评论汇集成册和大家分享呢？

同道中人自不必多言。但有一天，一位"心无旁骛的渡者"认真地问我："世界杯与我们有关系吗？巴西胜法国或是法国胜巴西不会影响我们的收入吧？"我一时间没答得上来。也是，在经济方面，世界杯本是与我家乡下亲戚都扯不上关系的一件物事，何以为它笑，何以为它狂、为它颠呢？

我只能学先哲的一句话——"人总是要有一点精神的……"没想到，又一个高级的问题接上来——"看世界杯算什么精神？"也是，英国和荷兰的足球流氓没票也要去看世界杯，主要任务是打架起哄，算什么精神？2016年欧洲杯期间200余名俄罗斯球迷后来居上，以一当十干翻了2000余名英国球迷，看到俄罗斯球迷如此融入国际社会，普京有过一段著名的"凡尔赛"："200个人是怎么打赢了2000人的，他们是怎么做到的？" 2017年俄罗斯举办联合会杯，也为2018年俄罗斯世界杯测试系统、场地以及待客系统，我带家人访问了俄罗斯，观看了决赛，那是俄罗斯自苏联解体以来对世界最友好的一次展示。凭着球迷卡可以免签证入境，免费乘坐公共交通。俄罗斯大妈、小伙都很热情，为了让英国球迷免于2018年俄罗斯主场的恐惧，他们还编了一首歌，大意是我们欢迎大家来俄罗斯做客，我们不打架。

世界杯是史诗般的娱乐，世界杯足球赛是我们这个星球上最重要的赛事，通常都有一半的地球村村民收看这一赛事，这种俗世狂欢的忘形与悲壮产生的精神快感足以让我们消受下一个四年……2018年俄罗斯世界杯非常成功，俄罗斯人取得了史诗般的胜利，在揭幕战中5∶0大胜沙特，在8晋4中与后来成为世界杯亚军的克罗地亚队战平，只是点球决战运气不佳才没能进四强，但获得第8名已经创下俄罗斯世界杯历史最好成绩！据统计2018年有50多万全球游客赴俄罗斯观战，为缓解游客外汇困境，俄全国大多数酒店宣布接受比特币作为货币。俄罗斯世界杯开幕前几天，2018以太坊技术及应用大会在北京召开，以太坊创始人Vitalik Buterin（维塔利克·布特林）出席大会并在演讲中分享了Casper与分片技术的最新进展。Vitalik Buterin就是传说中的V神，出生于俄罗斯，6岁跟随父母移民到加拿大，现在全球90%以上的NFT都用以太坊铸造。就因为 V 神是俄罗斯裔,人们把 V 神的以太坊和 EOS、NEO、BTC 的竞赛比作首届区块链世界杯。我的二女儿张添逸在暑假快结束时在 Opensea 上面推出她制作的世界杯 NFT——10Coolmen 系列,opensea.io/collection/10coolmen,为我们预选的 2022 年世界杯十大酷男取了中文"花名",加上英译和母语写法,配好球衣国旗国徽,色彩鲜艳而不违和。她用推特将十大球星都 @ 了一下。书中自有世界杯,万物皆可 NFT。我们将世界杯通过 NFT 关联起来,去迎接第一个元宇宙纪元中的世界杯,将未来照进过去,将元宇宙接入到实体经济和文化生活中来。

　　世界杯是本该属于人类的和谐社会的缩影,俄罗斯世界杯时的俄罗斯是我喜欢的俄罗斯。俄罗斯办世界杯就是四年前的事。从全球"结拜"到割袍断义是不是恍若隔世?卡塔尔世界杯也许能给我们一些对自由和和平的期待,我希望被禁赛的俄罗斯能够尽快回到世界杯的赛场,希望我去过的俄罗斯北极圈内最北的麦当劳尽快恢复营业,2018 是世界该有的样子,没有疫情没有战争,我在文艺复兴和大航海时代旅行(见《平路易行》)。世界杯也有黑幕,赛场上也有见红,但世界杯即便成为机会主义者争权夺利的战场,也比现实中的战场好过太多。而球迷之间就算打到骨折,手垫手断、脚垫脚断都比被子弹摧毁要强。世界杯与你我何干?很简单,世界杯祥和,世界就祥和。世界杯照常举办,没有被禁赛的国家,世界就大体还过得去。又见虎年,引用一句唐伯虎老师的诗:"世人笑我太疯癫,我笑他人看不穿。不见五陵豪杰墓,无花无酒锄作田。"

　　《张迈评球——世界杯 1982—2022》开篇引用英国前首相丘吉尔的一句名言:"能看到多远的过去,就能看到多远的未来。"回看现代足球的故事会,展望人世间无尽的五味和。好吧,那我们就一起向未来!

2022 年 9 月 16 日

自序2：世界杯NFT作品中的量子美学：
DJMC of Sport King & Haaland

　　足球是世界第一运动,也就是运动之王。世界杯是全球球迷的派对和音乐节,派对需要打碟的DJ,中场天才就是的打碟工作者,他们不是歌者,但他们支持了演唱的明星。莫德里奇与德布劳内就是这样的明星支持者,Modrić的D和De Bruyne的J代表了这个团体,有人问德布劳内的J从何出？扑克牌中,J就是丁。

　　MC是麦克风控制者Microphone Controller的缩写,也是绝代双骄Messi和Cristiano的头字母,他们仍将是世界杯的演唱者,梅西已经确认卡塔尔世界杯是他最后一次世界杯,如果梅罗会师决赛,将会是20年来最伟大的相逢,伴随一个时代的落幕,12座金球奖的得主在一起,配得上这样的盛典。希望以后还有盛典,足球替代战争。

　　这周看两整场比赛,英超曼市德比和欧联杯曼联做客塞浦路斯对阵奥莫尼亚,我想从两个主角说起——曼市德比战3球2助攻的哈兰德和欧联杯0球1门柱1助攻的C罗,也有人称他俩为"上山的王和下山的神",要是把五大联赛看作是职场,就是今时当红炸子鸡撞上昔日偶像低谷期的桥段。比较过分的是,还没能真正撞上,C罗被滕指导死死地按在替补席上,然后给他一句:为了他的尊严考虑。事实上早已失去了尊严的C罗看着满场飞奔进球如麻的哈魔,竟然看不到一丝自己当年的影子。

在量子力学的成就获得诺贝尔物理学奖的当晚,他甚至有理由怀疑自己是否有过当年?海边的曼彻斯特是否真的存在过?这个丧到底的自己,是否愿意和过去和解?

曼联被切菜砍瓜地打成 0∶4 时,C 罗捂了捂脸,他从来没有像当天那样感到年华老去。尽管当今世上,最多职业联赛进球纪录是他的,最多国家队进球是他的,最多洲际杯参加次数是他的。很长的一段时间里,他每走一步都是纪录,身体也好得像牛,但几个月就坠入凡尘,如同一个经历了两个月技术封控的城市,奇异得城里人都不爱他了。在"封控"期间,他的经纪人还在到处帮他寻找可以踢欧冠的球队,谁都很难理直气壮地认为曼联失去了欧冠资格他要负什么责任。上一个赛季,他还是队内的射手王、英超射手榜第三名和欧洲杯的金靴,去年 9 月和今年 4 月,C 罗还两次获得英超联赛官方的月度最佳球员奖项;今年 3、4、5 连续三个月曼联队内最佳球员。现在的英超探花,哈兰德想必可以视如敝屣,但谁也不敢保证,15 年以后在 C 罗今天的年纪,哈兰德还能横扫英超如卷席。尽管哈兰德最近的表现给人的感觉是从今往后,每个月的英超最佳球员都是他的。我让小张设计的哈兰德字母 NFT 涂上了爱马仕的颜色,这个 H,真的让球迷很 High。High 到卡塔尔世界杯因为没有他都有些失色。在 DJMC of Sport King 的世界杯字母群星图中,哈兰德站在场外,伸手去摸像竖着的无穷大符号的卡塔尔世界杯标记,这是一幅充满了量子美学的 NFT 作品。

哈兰德只用 8 场比赛,就完成了 3 个英超的帽子戏法,超越之前纪录保持者 90 年代最火的大英帝星欧文 40 场。他曾经的偶像 C 罗 232 场英超也只有 3 顶帽子,从哈兰德收获第 3 顶帽子的曼市德比战看,他还有两个助攻,而前日屠杀哥本哈根的 5∶0 中他还有一个梅开二度,他快要成为自带帽子戏法属性的"狂魔"了。足球发展到今天,突然出现了一个貌似降维杀入的大杀器,一根独木成就的挪威森林。如同物理学界的特斯拉、艺术界兼科学界的达·芬奇和 17 岁杀遍匈奴的霍去病,让你不得不怀疑他们的来处是否和我们一样？英格兰一个反向高级黑的怀疑小哈是机器人呼吁英超抵制他的投票居然获得40万人的支持，这是五大联赛有史以来，连外星人罗纳尔多和七金球连珠的梅西字母M大哥都没有的另类荣誉。

我开始看球的时候，意甲叫作"小世界杯"，是五大联赛中最强的。欧洲有冠军杯、联盟杯和优胜者杯三大杯。后来赛制改革，变成了欧洲冠军联赛和欧洲足联欧洲联赛，简称"欧冠"和"欧联"。英超也超越意甲和双骄时代最火的西甲，变成了世界足球工业的中心。其中最具标志性的事件是双骄先后离开西甲和哈兰德离开德甲出现在英超，哈兰德的横空出世成为英超一举压倒西甲的最后一根稻草，甚至改变了人们对足球的看法。超巨是不屑去打欧联的，出于对C罗的关注，我踏踏实实地开始看有他参加的欧联杯，欧联杯不像欧冠那样有个基本老牌的自成体系的鄙视圈，但球队更多姿多彩，几乎是跟着C罗的足迹开始又过了一遍欧洲地理。比如昨日的这支奥莫尼亚，就在北塞浦路斯，据说球员们的总身价只有1880万欧，抵不过曼联的一个手指头，但是还一度领先了曼联。我真想和C罗建议享受这些他的人生中这些不可多得的比赛，享受赛前和对方球员也是他的粉丝的合影，然后轻松地以球会友。他无须为门柱而仰天长叹，亦无需为92分钟差之毫厘的兜射摊手，更不必因为过于紧张而有失水准的任意球而介怀，人生有一次翩若惊鸿宛若游龙足矣，何况是世界杯上的帽子戏法第三球？没有人为C罗的那次助攻喝彩，其实和字母J大哥丁丁给哈兰德的助攻异曲同工，当魔术师的光环逐渐褪去的时候，有时候在庸人眼中还不如麻瓜。

C罗不应该有老的错觉，老与不老，可以去做生理机能的测试，速度、爆发力、心率、10千米配速……一个小小的小米手环就可以做到，如果真的断崖了，那就做替补；如果没有，何必为了政治正确而不首发？以他这样的自律几乎是在为人类做营养学的实验，看世界第一运动的最长适应期可达几年？很高兴哈兰德也是这样自律的朋友，在C罗退出足坛之后,可以继续实验。C罗还可以继续隐藏郝董千年一问的答案:到底还能火几年? 他现在要解决的是心理问题和争取队友、教练的支持。我很欣慰地看到他在葡萄牙队的地位不受太大的影响,老帅桑托斯就像不会连任的特首,可以自主地决定 C 字母罗在世界杯的出场时间,一切都还来得及。

最后再关心一下小哈,他应该庆幸他遇到了当今最伟大的教练瓜迪奥拉,曼城已经被瓜帅打造成一支宇宙队,就缺那么一点点欧冠基因,本来 C 罗可以补上这点基因,但 C 罗的八字将他指向曼联,这是 C 罗的宿命。哈兰德可以与曼城相互成就,人生能有这样的平台非常不容易,这里有他的父亲老哈兰德种下的因。哈兰德改变了人们对足球的看法,就像量子物理改变了我们对世界的看法。在量子物理的世界里,C 罗和哈兰德的未来都早已注定。

2022 年 10 月 7 日于里斯本

目录

总括篇1：1990—2022，一眼望刻无数舟 ……………… 001

总括篇2：千面英雄——我看世界杯40年 ………… 005

◎ 2022 卡塔尔世界杯 ……………………………… 011

鹤舞元宇，我心飞翔——2022世界杯10Coolmen
的选择 …………………………………………… 012

从又见徐根宝说起——中国人的世界杯往事 ……… 015

2002—2022初心如磐，不负韶华——一个俱乐部的
世界杯编年史 …………………………………… 018

十酷门与八仙过海——世界杯伤感故事中的
海上温情 ………………………………………… 022

诗七百——C罗与梅西双向奔赴 …………………… 026

◎ 2018 俄罗斯世界杯 ……………………………… 029

足球世界的无常，胜负游戏的涅槃 ………………… 030

俄罗斯揭幕战五连击是怎样造出来的 ………… 032

全场领袖:C罗成为第一个把"电视之星"

　　带回家的人 ……………………………………… 034

无点球不球王?——梅西不应该去罚那个点球 …… 036

无逆转不冠军!德国队请重新开始你们的表演 …… 038

亚洲还有没有雄风?——写在孙兴慜的跑之后 …… 039

形势大迫日本勇也——亚洲之首首胜南美 ………… 041

世界杯进球指南:山羊胡男人的教科书之旅………… 042

直接和老板谈:饼无处可送,亦无处飞来 …………… 044

彩虹过人内马尔:我才是天生要强 …………………… 046

豪华逆转:阿宽任意球拉宽世界杯……………………… 048

要拿金靴的还有谁?——当巴拿马成为狮口

　　香蕉之时 ……………………………………… 050

后来的我们——夸雷斯马和C罗的人生交集 ……… 052

湛蓝如天空,深蓝如大海!期待法阿打出与战袍颜色

　　匹配的足球 …………………………………… 054

不逆自己怎逆天?不改战术何改命? ……………… 055

数学老师教的体育和体育老师教的数学 …………… 057

世界杯从纠缠进入告别:是平凡的盛世

　　也是时间的宿命 ……………………………… 059

豪逆:日本复制66年经典朝鲜,比利时集体向

　　尤西比奥致敬 ………………………………… 061

兵临城下:狙击手凯恩完成加雷斯的救赎………… 063

欧洲与南美:二维码支付VS老式刷卡 …………… 065

"FOREVER"的克罗地亚——欧洲拉丁派中最有力量

的存在 ·················· 067

年轻就是有极限——快乐足球与辛苦足球的

临界点 ·················· 069

比利时杨坤：原谅这世界所有的不对 ············ 070

◎ 2014 巴西世界杯·················· 073

巴西VS克罗地亚：唯应谈笑取公卿 ············ 074

西班牙VS荷兰：无冕之王杀王 ··············· 076

复刻杀王，英意登场·················· 078

法国3:0轻取洪都拉斯，梅西破门造乌龙 ········· 079

德国4:0碾压小葡萄·················· 080

墨西哥逼平巴西，俄罗斯韩国言和 ············ 081

荷兰3:2澳大利亚，克罗地亚4:0喀麦隆········· 082

乌拉圭2:0胜英格兰，日本0:0平希腊 ·········· 083

哥斯达黎加1:0力克意大利 ··············· 084

德国2:2加纳，阿根廷1:0伊朗 ············· 085

美国队2:2平葡萄牙·················· 086

巴西4:1喀麦隆，荷兰2:0智利 ············· 087

意大利0:1不敌乌拉圭遭淘汰，哥伦比亚4:1

大胜日本 ··················· 088

瑞士3:0洪都拉斯，法国0:0厄瓜多尔 ·········· 089

葡萄牙2:1加纳，缺净胜球比缺钱还难受 ········· 090

巴西4:3智利，投喂门将刷屏 ·············· 091

荷兰2∶1补时绝杀墨西哥,范加尔可去太空 ………… 092
德国2∶1阿尔及利亚,非洲最后希望破灭 ………… 093
比利时2∶1加时击败美国 ……………………………… 094
荷兰0∶0哥斯达黎加,"罗本飞"媲美托马斯全旋 … 095
巴西世纪大败局,1∶7负德国成就克洛泽 ………… 096
阿根廷荷兰点球决战,梅西率队进决赛 …………… 098
半决赛总结 ……………………………………………… 099
巴西0∶3荷兰,无冕之王杀五冠王 ………………… 100
德国绝杀阿根廷,神选德意志 ………………………… 101

◎ **2010 南非世界杯** ……………………………………… 103
这一球的名字,可以叫作"哀伤" …………………… 104
阿根廷队开场十分钟给人的感觉是神在踢球 …… 106
德国队的四核时代 ……………………………………… 107
普天同庆,百兽震惶 …………………………………… 109
端午节快乐! …………………………………………… 110
买彩票的时候要把自己当成诸葛亮或者司马懿 … 112
葡萄牙足球的《清明上河图》 ………………………… 114
《肖申克救赎》之世界杯版:王者的胸怀被无限
　　的屈辱撑大 ………………………………………… 116
美德换位 ………………………………………………… 118
赌神在邻 ………………………………………………… 120
遭遇天敌 ………………………………………………… 122
浓缩的朝代:巴荷乌加如是说 ………………………… 124

阿粉在德国队的迅雷之下来不及掩耳盗铃 ………… 126
荷兰队说自己是无冕之王,塞尔维亚笑了 …………… 128
德甲大学输给巴萨皇马联合大学 …………………… 130
我的世界你的球 ……………………………………… 132

◎ **2006 德国世界杯** …………………………………… 135
我的世界你的杯 ……………………………………… 136
韩国战胜多哥,最多算个小虎 ……………………… 140
破圈 …………………………………………………… 141
以用户的名义指责所谓的冠军夜宴 ………………… 142
哪里有激情,哪里就是我的祖国! ………………… 144
长阳 …………………………………………………… 145
梦想照进现实 ………………………………………… 146
乌龙茶,恰恰恰 ……………………………………… 147
有多少风流,就有多少折坠 ………………………… 149
后海看球 ……………………………………………… 151
火焰刀之在不在乎 …………………………………… 152
夜半观荷仙未至,拂晓寻根庭无尤 ………………… 154
流过的幸福是短暂的美 ……………………………… 155
韩国队六个方面亚洲第一 …………………………… 157
德国队形势越来越好,进入柏林真正的雄关只有

  阿根廷 ………………………………………… 159
剖析世界杯三大定律:八强中如有黑马,必在今晚 …… 161
一个谜语告诉我们全部,为何英格兰混到现在? …… 163

一个点球引发的疯狂,谁是机器谁是人? …… 165
穿一件雨衣站在风里,左手接鲜花,右手挡鸡蛋 …… 167
西班牙华丽道别,一切为了成就巴西 …… 169
求道励志谋略,三个柏林灿烂金杯的主人 …… 171
中国足球评论——一种悲凉的存在 …… 173
柏林七子——德国队获胜的七个关键人物 …… 175
FIFA四人麻将,谁是最后的赢家?(德阿之战麻将版) …… 177
大师注定要谢幕几十次 …… 180
你是否倒霉就看你是否透支过幸福 …… 182
亢龙有悔,至阳德国倒在充满钢铁气息和熔炉味道
　的夜里 …… 184
世界杯异化的年代:没有关羽,只有蒋干和庞统 …… 186
厚德载物,玩命快递——德国队是奥迪A8W12 …… 188
在我们生活的年代,做球王远比做冠军艰难 …… 190
世界杯决赛结束后的第一天——从齐达内想到
　寒山寺 …… 192

◎ 2002 韩日世界杯 …… 195
学习西非兄弟,把枪找回来! …… 196
英格兰,你的名字叫科娃 …… 197
人家在飞　我们在推 …… 198
亢龙有悔 …… 200
回家 …… 201
一打无比健康的鸭蛋 …… 203

安得贞焕千万坚 ……………………………… 205

东方不败 ………………………………………… 207

◎ **1998 法国世界杯** ……………………………… 209

美人如玉剑如虹——世界杯开幕之前看巴黎 ……… 210

宇宙的光辉 ……………………………………… 213

"赤脚"的赤子 …………………………………… 215

中国队进不去,韩国队赢不了 …………………… 217

世界杯是新人的天堂 …………………………… 218

风格相仿,火候未到 ……………………………… 220

南特的盛宴 ……………………………………… 221

门将的阴谋 ……………………………………… 223

不求最佳,但求满意 ……………………………… 225

寂寞让伊如此美丽 ……………………………… 226

小的不幸 ………………………………………… 228

追不平,输得起 …………………………………… 230

我是如何弄垮世界冠军的? ……………………… 231

夜熬了,气逃了 …………………………………… 233

生存或毁灭 ……………………………………… 234

链式防守,只差一步 ……………………………… 236

并不优雅的凯旋 ………………………………… 237

两种失败 ………………………………………… 239

日食 ……………………………………………… 241

一条大河波浪宽——写在 1/4 决赛之前 ………… 243

XVII

四种方式看世界杯 ················· 245

丹麦：弹簧 ······················· 247

结局不意外过程很惊人 ············· 249

克罗地亚：蹦床 ··················· 250

阿姆斯特丹春天的郁金香 ··········· 252

竹门对竹门，木门对木门——写在半决赛之前 ··· 254

我看轻云之上、胜利簇拥的法兰西 ··· 256

六王毕，四海一 ··················· 258

谁是风筝？谁是青竹？——写在决赛之前 ··· 259

在世纪的门槛上挺身而出 ··········· 261

雄鸡一唱天下白 ··················· 263

◎ 1994 美国世界杯 ················ 265

亚洲之虎真的是"世界之猫"吗？ ··· 266

美国"出场"了 ··················· 268

阳光灿烂的日子 ··················· 269

杯赛第一球 ······················· 271

远程导弹冲开罗马城墙 ············· 272

顺风顺水海盗船 ··················· 273

魔鬼定律 ························· 274

上帝派来了 ······················· 276

沙漠桑巴舞翩跹 ··················· 277

球迷的预言 ······················· 278

像钟表一样精确 ··················· 280

黑马要回家 ·· 281
一抹腾空的蓝色 ······································ 282
阿维兰热维新 ·· 283
风中有朵雨做的云 ·································· 285
"风之子"如风至 ···································· 286
世界杯之马太效应 ·································· 287
己所不射,即传于人 ································ 288
斗牛士妙"足"生花 ································ 289
给世界一个好印象 ·································· 290
机会飘在风里 ·· 291
迟钝锋线上的一道寒光 ··························· 292
英雄人物 ··· 293
老马为何入歧途 ····································· 294
悬念世界杯——94世界杯小组赛印象 ······· 295
夏天的第一百个瞬间 ······························ 297
血脉偾张的最后一射 ······························ 298
雷电战士 ··· 299
巴西人终于走运 ····································· 300
谁是阿根廷队的掘墓人 ··························· 301
雄鹰飞不过亚平宁 ································· 302
疑云仍重,青山渐露 ······························· 303
世界杯三大剧情设计 ······························ 305
幽幽蓝光 再次闪耀 ······························· 307
世界杯裁判问题 ····································· 308

戏剧足球 ··· 310

浪峰骄子 ··· 311

傲慢与偏见 ··· 312

动人的3分钟 ·· 313

足球帝国与足球先生 ··· 314

北欧大雪飘东欧 ·· 316

第四名心情 ··· 317

最后的玫瑰谁能采——写在94世界杯决赛之前 ················· 318

一个只好放弃的问题 ··· 321

在荡气回肠的悲喜中走向明天——1994年美国世界杯综述 ······ 322

◎ **1990 意大利世界杯** ··· 325

当青春年华遭遇意大利之夏——写在卡塔尔世界杯之前 ······ 326

◎ **1986 墨西哥世界杯** ··· 329

请回答1986 ·· 330

◎ **1982 西班牙世界杯** ··· 335

1982—2022,世界杯最酷的男人 ·· 336

◎ **1978 阿根廷世界杯/1974 西德世界杯** ··················· 341

1978 国家的世界杯 ·· 342

◎ **后记** ··· 346

总括篇1：1990—2022，一眼望刻无数舟

疫情未了，年轮依旧。在频繁地出示健康码、行程卡，间或出示核酸检测报告中度过的2021年似乎比往年走得更快。疫情让2021年成了体育大年，欧洲杯、奥运会，全部让这个年扛下来了。若干年后，我们在历史的长河浪遏飞舟中回望这个奇特的、不对称的、既不逢五也不挂零的年份，会有那么一些魔幻的记忆。2019年末在长河里丢了一把剑，2022年初循着舟上刻在剑落水处的记号摸下去，还能捞上来一把。

在时间无涯的波涛中，遇上了野渡无人舟自横的一瞬，当你怀疑这个宇宙的真实性时，另有一个叫作"元宇宙"的空间向你折叠过来。你突然发现，在与现实世界孪生的数字宇宙中，刻舟求剑没有问题。区块链技术铸在舟上的记号是连接专属剑的唯一密钥，被系统确认过的唯一性使得你动念之时，落剑便循着记号回归，你竟然不能轻松地失去。

2021年的最后一天，凌晨看曼联和伯恩利的比赛，英超的雪中悍刀罗，再过两个月就37岁了，面对近三个疫情之中有爱无情扑面而来的新年，仍然不愿意把舞台让给那些比他年轻太多的小伙子，这一身大黄庭的模样，要在绿茵场上熬到什么时候还是一个谜。没有六块腹肌的年轻人，过年还吃火锅的东方同行，每逢佳节胖九斤的小粉丝们终将被这个叔叔的体脂率战败。

青春不过是一场飞扬的雪花，认清了绿茵场真相的罗叔仍然热爱这里，在一次单刀失败一次禁区内射失手之后仍然捡漏破门完成了2021年最后的进球，他把职业球员的进球数提高到803这个旷古的高度，依然牢牢占据舞台中央。他用自己在绿茵场上的轰轰烈烈，把场内场外的人们都逼成了平平

淡淡。不只有他，有很多人都是这么干的。想到我比罗叔还长15岁，应该对自己更狠才对。所以球赛结束，我冒着辛丑年冬月末的严寒出去沿着银锄湖跑了跑步，湖上有许多待泛之舟，宝剑锋自磨砺出，一眼望刻无数舟。

2022年是世界杯年，正好也是第22届世界杯，11月21日—12月18日，历史上首次在卡塔尔和中东国家境内举行世界杯，也是继2002年韩日世界杯后第二次在亚洲举行世界杯足球赛。2002年是中国队唯一一次进世界杯，距今已经过去了20年，当年被父亲带着去韩日世界杯现场看球的五岁的温州孩子张玉宁已经成了中国国家队的主力，可惜20年来中国足球没有多少进步，这一次预选赛又成了陪太子们读书的角色。小张是国足史上最年轻首秀便破门的国脚，曾经在荷甲踢球，回国之后也被带入岁月蹉跎的模式，希望他未来好运。

小将们即使不和大哥一起吃火锅，要练出悍刀罗这样的核心力量也是不大可能，一样胸怀天下的现役欧战球员武磊在预选赛某场结束后回欧洲打联赛，发现同行的都是韩日选手，不免一阵悲凉。2002年世界杯中国队尽管1球未进、1分未得、1场未平，看上去是一个差到不能再差的成绩，却成了20年来中国足球不可触摸的高度，真可谓"出道即巅峰"，成为年轻人念念不忘的远古的梦。

我从1982年开始看世界杯，1990年开始写世界杯评论，1994年开始写《温州日报》世界杯专栏"张迈评球"；1998年写"大力神之光"，并夺得市级足球赛冠军；2002年因为在搞信托业之春事件，不能确保每日看球，只好有一篇没一篇地写"任意球"栏目，随意性很强，但是投放了本人投资的创业公司乐沪房产的广告，广告语是自己想的："1个月看世界杯，47个月投资房产。"那是2002年的上海啊，同志们，响应这条广告的伙伴们都发达了；2006年创办谐和投资，开了博客，写世界杯自媒体评论了，点击率最高的一篇有8700多次，那时移动智能手机还没出来，仅PC端8000多次可能比现在的10万+还狠，不是我写得好，是因为"伟大的左后卫"。

2010年，经历了金融危机和4万亿，刚创办平易基金，很忙，就把去南非看世界杯的德国队套票给退了,继续世界杯博客,隐身。有几个知己博友,自得其乐,有篇《葡萄牙足球的清明上河图》纪念葡萄牙 7∶0 胜朝鲜,致敬 C 罗以杂耍般的爆发终结了 2009 年 2 月以来的国家队不进球的纪录。而 12 年过去,这个记录现如今达到前无古人的 115 球,是否能在卡塔尔继续突破也是 2022 年的看点之一;2014 年,因为"世界真假"的问题,博客已经停更,转去写微博了,看球的时候即兴写几句,像语录一般,再看看也有不少金句;2018 年,年华老去,本来不可能再写了,却在世界杯前骨折了,闷在家里做啥呢?用文字穿越苦难呗,就和 PPTV 签约写球评,假装还是少年,自我感觉倒也还有些功力尚存,继续修炼。

2018 年世界杯结束,坐着轮椅去了欧洲,感受大航海时代和文艺复兴,连续考察了皇马、尤文、波尔图、葡萄牙体育、本菲卡五大足球俱乐部,看了欧冠附加赛和葡甲比赛。2019 年自驾丝绸之路回来去参加了南极论坛,去南极之前先走了南美,考察了阿根廷博卡青年足球俱乐部,巴西圣保罗足球博物馆,在圣保罗公园踢了街头足球,在里约马拉卡纳球场看了同城德比战,以为不太可能把这些足球故事再写出来了。南极回来没多久碰到疫情,全城封锁,闷在家里做啥呢?用文字穿越苦难呗,就闷出了《平路易行——人类极简史 地理小发现》。

2022 年元旦假期蓦然回首,世界杯又要来了,而因为机缘巧合,32 年来竟然没有断过世界杯题材的写作,试问江湖还有几位老友在写?像 Ferlive 创始人尤立说的一样:每届世界杯其实都有不少变化,比如最早是电视机(可能更早是广播),后来通过网络,再后来手机,今年肯定有平台会搞元宇宙直播之类的。还建议我转型为在元宇宙里创作的作家,拥抱变化和时代。我觉得这是一个很有意思的事,为什么不呢?写作对我来说只是每天早上开开龙头,让思想的山泉流出来而已,也不会占用太多时间。那些商场人间百态连起来就是中国商界的"清明上河图",那些绿茵上的虎狼之姿和时空流中的世界杯连起来就是老少男孩的青春记忆,相互倒影,如同两个宇宙。

去年末温州球友殷晓杭给我发来一个"致青春"的足球视频,巴乔、罗纳尔多、因扎吉、托蒂、皮尔洛、舍普琴科、维埃里、卡福、皮耶罗、内斯塔，都曾是我笔下的朋友……视频的配乐是《老男孩》：转眼过去多年时间，多少离合悲欢，曾经志在四方少年，羡慕南飞的雁……青春如同奔流的江河，一去不回，来不及道别……抬头仰望这漫天星河，那时候陪伴我的那颗，这里的故事你是否还记得？

《平路易行》之后，是《张迈评球——世界杯1982—2022》。时空流中，完全可以有一个世界杯系列，献给大家。如虎添翼，跨越山河。

2022年2月24日

总括篇 2：千面英雄——我看世界杯 40 年

"世界杯这项赛事能够缔造经典的榜样与可敬的人物,它能够定义人们的形象,最终,书写真正的历史。"——国际足联主席因凡蒂诺在《世界杯官方传记》的序言中这样说道。

"每个人都拥有他自己的蕴藏强大能量的梦中的万神殿。英雄必须一次又一次地通过艰难的障碍。"——神话学家坎贝尔。

"中央台转播世界杯已经 40 年了,不同的年代,同样的激情。"——宋世雄。

1978 年,当时还叫"北京电视台"的央视第一次转播了阿根廷世界杯决赛,我第一次听到宋世雄的声音,在广播中听到他叫"肯佩斯"的名字,电视机不存在的,那时只有很少家庭有电视机,9 英寸的屏幕,一条街的首富家或许有,或许也没有。在那以后即是改革开放后的若干年,宋世雄解说中国女排,现在中国女排的功勋教练郎平当时人称"铁榔头",是中国体育最早的神话之一。

1982 年,央视第一次直播世界杯,一个国家的足球觉醒与我的中学同步,在看过西班牙世界杯上的金童罗西和与哲学家同名的苏格拉底的对决之后,我们这些十二三岁的童子集体进入籀园开唱"雁山云影瓯海潮踪……"在"英奇匡国、作圣启蒙"的期待中开始脚踏步云鞋的青春。

1986 年的夏天,我穿过故乡雨后迷离的谢池巷到池上楼边的同学家里,杨梅煮酒论英雄,虽然电视信号仍是雪花一样,但马拉多纳成为球王的封神之作着实让我们心醉。那些情景几十年过去,已如梦之梦,按照诺兰一层梦境延时六倍的法则,仿佛遥远的上古时代。世界杯永远是《盗梦空间》中的鼓点乐声,每隔四年敲响一次,我们便穿透层层梦境一下醒来,看着眼前奔跑着的别人家的球星和自己家的孩子,摸摸手里的陀螺,告诉自己:这是真实的生活。

当1990年意大利之夏来临之时,央视开始直播全部比赛,开幕式上的意大利模特比之四年前的墨西哥辣椒更让人心旷神怡,《足球》报推出了铜版纸印刷的特刊《进军罗马》,上面刊有所有世界杯赛场的图片,圣西罗球场因为是开幕式球场与那些花枝招展的姑娘一起印入脑海,变成心中最美的球场。20年后的十月,我出差去米兰,特地去圣西罗球场看了一场球,圣西罗已是年华老去,出来时秋风萧瑟,吹起了很多纸屑,大有相见不如怀恋之感。不过那些姑娘经20年岁月之修磨,想必是更有气质了,像中学时看过的《卡桑德拉大桥》中索菲娅·罗兰那样历久弥新的女子,是让我们和足球一起喜欢的。没想到索菲娅·罗兰还成了风靡去年岁末的沪语电影《爱情神话》中的神话,成为时空流中一个长达40年的催泪传奇。

1994年美国世界杯的王者是罗马里奥,他率巴西队夺取了第四次世界杯冠军,王者光芒下后来有"外星人"之誉的罗纳尔多此时还在守饮水机,但1994年真正的荣耀属于意大利的罗伯特·巴乔,他的进球先后帮助意大利击败了尼日利亚、西班牙和保加利亚,一路挺进决赛。在同巴西的冠军争夺战中,巴乔在点球大战中罚失,成为世界杯历史上最悲情的一幕。我在《罗马人的故事》中读到2200多年前汉尼拔战争中的西庇阿时,还想到巴乔,罗马攻下迦太基之后,把地中海变成了"我们的海",而我在1994年,只是把地中海比作巴乔的一滴泪。这种"量子地理"的写法得到了我的中学地理老师的认可,徐坚老师在很久后的时空连线中和我说到这事,我记得是2015年,当时打完电话,我站在熙熙攘攘的东京街头,满眼望去都是《INCEPTION》开篇时的日本元素……

1998年,我被派去中信欧洲公司学习,第一次到了荷兰,那一年的欧冠决赛就在阿姆斯特丹,进入决赛的是皇马和尤文,皇马最终夺冠,但当时尤文的当家球星是齐达内！没隔几天，世界杯在法国举行，开赛前，我去了趟巴黎，在协和广场的大力神杯下，挥就一篇《美人如玉剑如虹》，后来齐达内头如剑，顶如虹，左右开弓，神奇终结了罗纳尔多们的步伐，法国队获得第一个世界杯冠军。1998年世界杯如史诗一般，欧文横空出世，小贝红牌加身，英格兰被阿根廷击溃，博格坎普绞杀阿根廷，巴西狙击荷兰，法国终结巴西，比赛进程与主题曲"生命之杯"交相辉映！

2002年的世界杯整体并不好看，但是比较激荡人心的是中国队进入了世界杯，比较网红的比赛用球叫"飞火流星"。比较意外的是巴西没有遇到任何敌手，3R组合七战全胜，包括其中一战4∶0胜中国，罗纳尔多在经历三届世界杯后终于在亚洲称王。2017年的联合会杯决赛，在圣彼得堡世界杯大球场见到大罗，仍然惊讶他的名誉统治力，在颁奖典礼上他甚至排在马拉多纳前面。作为2018年世界杯开幕式重量级嘉宾的罗纳尔多，英雄之旅始于2002年。2002年世界杯，可以总结为200+2——百分之两百桑巴足球的饕餮盛宴和韩国足球的二哨传奇。2002年韩国人史无前例地进入世界杯四强，但更多像一个裁判不公的笑柄，如同某些指鹿为马的公告。人们更认可朝鲜队1966年淘汰意大利进入世界杯八强。2018年，朝韩首脑会晤，"八强"和"四强"牵手过了三八线，也许足球也是他们共同的梦，半岛足球的球风一直是要做打不死的小强。

2006年德国世界杯，现在看来完全是2018年俄罗斯世界杯的前传，C罗、梅西都是第一次登场，齐达内、菲戈、贝克汉姆、因扎吉谢幕，世界足坛的双骄时代在尔后的混沌中开启，当届央视评论员随口册封了"伟大的左后卫"，意大利队最终登顶。德国足球开始重新振作，1990年捧得世界杯，三驾马车陆续退役之后，德国足球度过一段青黄不接的时光，他们完成了阵容更迭后寄希望于本土举办世界杯时一举夺冠，但最终是1990年举办世界杯的意大利夺冠，你在他乡占魁，他在你乡折桂。世界杯有时让人怀疑是一个神工智能的程序，齐达内能在一片看衰中战胜巴西夺冠，也能在一片看好中突然被激怒而退场，我们可能生活在一个更高级生命打造的元宇宙中。

2018年伊涅斯塔在巴萨高规格的欢送礼遇后加盟神户胜利船队，据说一个人的薪水是其他人合计的1.5倍，但如果没有2010年，这一切都将不存在，2010年世界杯属于西班牙，伊涅斯塔在决赛加时中打入制胜一球，而之前荷兰队的罗本竟然两失单刀。荷兰队真的是只有在我们高考那年才是荣誉巅峰（1988年的荷兰队横扫欧洲杯考场，同学少年挥斥方遒，那抹纵横捭阖的剥皮瓯柑般的橙色从此立德立言无问西东），他们在四年之后的巴西世界杯上5:1屠杀西班牙，小白他们被范佩西的鱼跃等一顿猛操作送回伊比利亚老家，和2010年的意大利一样，上届冠军止步小组赛。荷兰打进了半决赛，又是一场点球大战，结果输给了阿根廷。重要比赛一输再输的罗本也顾不得流泪了，跑去安慰哭泣的儿子。阿根廷也没有笑到最后，他们像2010年荷兰输给西班牙一样加时赛一球输掉了2014年的决赛。最终赢得胜利的是青春逼人的德国队，其实德国人在2006年就有实力夺冠，但他们也是多等了8年。

看完2018年的欧冠决赛，与法国世界杯赛前看皇马夺冠，也已经是一个20年过去，1998年皇马手下的败将齐达内3年后转会到皇马，继而完成了运动员生涯的世界杯欧冠大满贯，他在N年后当了皇马的主帅，用878天成就了皇马欧冠三连庄的伟业，然后大家都以为他要不断"顿庄"下去时，他辞职了！辞职当天全世界哗然、唏嘘、惊愕莫名，他在那天下午陪老婆买家具去了！纵眼世界足坛这么多年，看着这么一个比我还小一岁的老帅哥在自己的生活和专业领域如此成就自己的辉煌人生，可以说是很大的收获了。

2018年，齐达内让他的儿子在西甲联赛中登场，C罗也经常在赛后让迷你罗登场试脚，他声称要踢到41岁，那就是除了本届卡塔尔世界杯之外，还要干一届啊！根据他的身体条件，也不无可能，但是也要葡萄牙能打赢附加赛再说。更重要的是，他是否在谋求迷你罗正式登场以后再退役呢？如果一个已经拿了五座金球奖、一个洲际杯的前锋能踢到41岁，那么所有的纪录都会是他的。神话是公开的梦，梦是私人的神话。让岁月将梦慢慢公开，真是漫长的英雄之旅啊。

世界杯千峰万仞，绵亘蜿蜒浩气长舒，横拦绿水旁逸斜出，千面英雄如NFT一般次第发出。人类世界和足球世界一样，如露亦如电，充满未知。足球是和平时代的战争，我是反战的，这也是我热爱足球的原因之一，俄罗斯和乌克兰有着千丝万缕的关系，何必兵刃相见呢？有什么解决不了的问题，踢一场球，大家愿赌服输，不好吗？

2022 年 2 月 25 日

2022 卡塔尔世界杯
Qatar 2022

鹤舞元宇，我心飞翔——2022 世界杯 10Coolmen 的选择

2021 年被称为元宇宙元年，随之 2022 年世界杯就成了元宇宙创世之后的第一届世界杯。可以预见在孪生的数字世界里，也会有一个五彩世界杯，因为想象力无极限，可能更热血、更有科技感，更开放、更有改革气息。2022 年是个非必要不旅行的年份，但鹤舞元宇，我心飞翔，区块链的海洋中，或可借世界杯神游太虚，便是《南方有昆仑》所言之"从宇宙到元宇宙，从世界到世界杯"的本意。因缘际会，本书脱胎于《南方有昆仑》独立成书，但精神内核一脉相承，在万物皆可 NFT（Non-Fungible Token）的世界里，何不再造一个宇宙呢？

向年轻人学习。张添逸喜欢捣腾 NFT，在 Opensea（NFT 交易平台）上面玩得不亦乐乎，还自创了牛小 Y 的形象，《南方有昆仑》也有好多图片出自她手。昨天和她聊天，讨论为什么不出一套 10Coolmen 的 NFT 呢？Opensea 真是一片开放的海，是全球 NFT 的海，就发在 Opensea 上面，但要体现世界眼光和中国智慧，还要能说明世界杯与我们何干？——这是我的要求。

先选人，和上次与闻武讨论世界杯 40 年的纵贯线选人不同，这次是 2022 年世界杯十个最酷的男人预选，是个横断面，是预判和预热，预见水平在 12 月 18 日世界杯闭幕之时要见分晓的。这个预判责任我来负，小张负责画图和文化衔接，可能会在 INS 或推特上与 C 罗等顶流互动一下，至于人家会不会寄个签名过来，那就没把握了，元宇宙嘛，什么都可能发生。

队伍的选择,最酷的人必出自强队,不然你发型弄得再好、再酷都是白搭。所以我先在7支种子队中选人,为什么是7支呢?因为东道主也是种子队,卡塔尔排名世界第48,虽然比中国队整整领先30名,我觉得没必要去费脑,何况我对卡塔尔队也不熟悉,知之为知之不知为不知,万一出个旷世奇才火了,像2018年俄罗斯队的切里舍夫能进四球还包括一个天外飞仙的,那也只好后面补了。

7支种子队中除了E组西班牙因为集体能力太强很难找个突出的个人而换了德国队之外,其他都在。在夺冠指数排行榜上,五星巴西以5.5分被视为头号热门,上届第四名英格兰以6.5分排名第二,上届冠军法国以7.0分排名第三,西班牙和阿根廷都是9.0分并列第四,德国以12.0分排名第六,比利时、葡萄牙、荷兰以13.0分并列第七。而本届世界杯金靴奖最被看好的8名球员依次是英格兰前锋凯恩、法国前锋姆巴佩、葡萄牙前锋C罗、法国前锋本泽马、阿根廷前锋梅西、比利时前锋卢卡库、巴西前锋内马尔、英格兰前锋斯特林。我还是一个原则,优先选老炮儿,把成熟度作为酷的评选标准之一,纵贯线选举中已经包含了C罗、本泽马、梅西、内马尔四位,就不再调整,加上凯恩,比利时换德布劳内,莫德里奇作为近十年唯一打破梅罗垄断的金球奖得主入选,莱万本来可以成为第二位,因为疫情2020年全球奖评选取消,他是次生受害者,今年他是第4名,也给安排上,这样就八位了。

除此之外,莱万、苏亚雷斯、贝尔、卡瓦尼、吉鲁等名将基本上都是最后一次参加世界杯,成熟度够、苦劳有,但国家队弱了一些,名额有限就都不安排了。这次有6支亚洲球队、5支非洲球队参加,合计超过世界杯参赛队的三分之一,我选班长和副班长出来,撑撑亚非场面,总之我的地盘我做主,就这么定了。一个是孙兴慜,也算C罗的接班人,上赛季成为首位荣膺英超金靴奖的亚洲球员,在英超前锋团中已经领跑C罗了,7次荣膺亚洲金球奖、3次当选亚足联最佳海外球员、6次当选韩国足球先生。2020年荣膺普斯卡什奖,亚洲之光舍他其谁?非洲选马内,马内今年2月率队夺得非洲杯冠军,一步一个脚印,不是空降去参加世界杯最酷先生评选的。6月,成为塞内加尔国家队历史射手王,一查就查到,绝无 PS。利物浦和拜仁的简历绝无造假,去竞选世界先生都没问题。马老师参加过 2018 年俄罗斯世界杯,江湖人称"马大腿",听起来要硬刚世界小姐一样。长得不算很酷,但英文名字太 Cool 了,中英文还是有不同的内涵,就列 10Coolmen 之一吧。

选好之后,看看姆巴佩没有入选,深深焦虑,这个 1998 年的小伙子不要一个人爆发了,要是把金球奖和金靴奖都拿了,老张的老脸往哪里搁?年轻就是无极限。把他当作 X 先生吧。要是爆发了,也后面补上。他出生那年,法国队第一次拿世界杯冠军,四年前他第一次代表法国出战世界杯,拿世界杯冠军时才 20 岁,已经是世界杯的宠儿了。正常情况姆巴佩还可以参加三届世界杯,如果像偶像 C 罗一样自律的话四届五届都有可能,所以法国队一个名额先让给可能是最后一次参加世界杯的本泽马,本泽马极大可能是今年金球奖得主,近十年第二位打破金球奖之梅罗垄断的人,却长期被排除在法国国家队之外,临老才得以入"花丛"。敬老还是需要的,来日方长,把鲜花和 NFT 先送给本泽马,为体现中国元素,给本泽马安排上花名"背锅侠"——Ben。

小张出手如电,以国旗(英格兰用英格兰旗)国徽球衣组合出 Coolman,花名用中英文和 Coolman 母国语言 3 种语言,很快有了大老板梅西——Bigboss、史最佳 C 罗——Goat、哈公民凯恩——Hi man、亚洲光孙兴慜——Alumini、天要强内马尔——Strongsincebirth、丁丁德布劳内——Dingding、理发师克罗斯——Barber、魔能敌莫德里奇——Fairy&devil(和苍兰诀同名,意不意外?)、钱多多马内——Money,惊不惊喜?欲见 10Coolmen 全套,更多惊喜,请见 opensea.io/collection/10coolmen。

2022 年 8 月 22 日

从又见徐根宝说起——中国人的世界杯往事

8月23日,看到上海的朋友发朋友圈,在上海明日之星冠军杯启动仪式上又看到徐根宝。很久没见到那么多上海足球人齐聚笑谈,看到长远辰光未见到的徐指导神采奕奕地启动按键,看到范志毅、李彦等前上海籍国足队员环聚在徐指导周围,感觉上海的足球底蕴真的是刻在骨子里的,是这个城市伟大的底色之一,是历久弥新的。我上一次在电视上看到徐根宝还是在2007年,转眼15年过去了,他的崇明岛根宝足球基地培养出众多当今活跃的球星。很长一段时间一人征战欧洲五大联赛,被称为"全村的希望"的武磊就是徐指导的得意弟子之一。武磊已经回国,此时应该在4+3的隔离之中,不然这个聚会,他一定在的。

作为武磊恩师的徐根宝表示:"希望通过上海明日之星冠军杯足球赛,能挖掘出未来的球星。武磊还不算球星……"武磊还不算球星,这个话只有徐根宝可以说,因为徐指导心大,他的心中是有一个世界的,也许他认为能在世界杯上发光的才算是球星吧。他的后半句话是关键——"如果中国足球能有更多武磊,还是有希望上去的",我解析一下:有更多的"岛"、更好的青训、更科学的联赛培养更多的武磊,中国足球有望再度打进世界杯,中国有望成为亚洲足球强国。世界杯1982—2022,中国队只参加了2002年这一次,如果将这40年世界杯看成一条对称轴,那么2002年正好是中点。我不知道怎么推算下一次,只记得1995年徐根宝曾经办过一个02足球俱乐部,为了培养1981年、1982年出生年龄段的球员,当时的目标是为2002年韩日世界杯培养足球人才,从而取名为"上海02足球俱乐部"。上海人,心中是有世界的。

我想起我2007年10月23日见到徐指导时在新浪博客上发过的一篇文章《又见徐根宝》。

昨天，在电视上又看到徐根宝了，他已经64岁。

徐根宝的64岁和刘德华的46岁一样，都意味着年华老去，但奇怪的是，徐根宝看上去依然年轻，刘德华还在开个唱，如果要选上海十年十人，我会投徐根宝一票；正如选香港十年十人，我会投刘德华一票一样。

我注意到徐根宝穿了一双布鞋，十年前他是习惯穿皮鞋的，这是一个改变。

"那时候，球市多好啊！"——徐根宝一声叹息，主持人说了出来。

1995年，在徐根宝的带领下，上海申花队获得甲A联赛的冠军，那时候，申花是新上海的一面旗帜，是上海重新崛起的象征，这种影响力一直延续到1999年财富论坛的召开。我记得一件好笑的事是当时有一个人假冒申花队员去医院看病，由于医生和护士都是申花队的球迷，居然识破了这个看上去很像的人。这件事登在《新民晚报》上，当时我的感觉是，申花就是上海的英雄，应该很多人都这么认为。

这一切都源于徐根宝。

徐根宝是上海人里面最敢于说狠话的人，用现在的话说，是一个猛人，他带松日的时候，会说冲不上甲A就不执教了这样的话。结果那一场关键的战役，松日那边没戏了，最后靠上海队这边死扛陕西队，才把松日硬送上甲A。这是一件很感人的事，为了老徐的面子，已经不是他执教的上海队两肋插刀冲入敌阵。因为徐根宝，我看到上海人不是软脚蟹，因为徐根宝，我看到上海人有时也流着义气的血。徐根宝当时说了一句中国足球史上著名的话：谢天谢地谢人。

他忘了谢自己。

徐根宝的抢逼围战术一度狠扫中原如卷席，上海申花队能3∶0完胜当时不可一世的大连万达，大胜宿敌北京国安；上海中远队能保持主场不败直至升级，皆因抢逼围战术得当。

徐根宝执教过国家队，受到一些挫折，回到上海组建02队，再受挫折，再到崇明设立足球基地，培养十几岁的孩子，开一辆桑塔纳来回于崇明的渡船。有一次，我在市政局听人说起沪崇苏隧桥项目，我脑子里竟然闪过徐根宝的影子，我心想，沪崇苏建成了，徐指导就不用乘渡船那么辛苦了。

有一种人，你会不由自主地关心他，因为他有种。

再看这篇文章，真希望徐指导还是 64 岁，而我还是 30 多岁，而中国足球还是离世界杯很近。看到曾经打进过世界杯的范志毅这样表达对明日之星冠军杯足球赛小球员们的期待："他们应该为拥有这样的平台而高兴，应该感到幸福。当然，也不能给他们太多压力，毕竟这只是他们成长生涯中的一次锻炼，比如我小时候没有被选中进入国少队、国青队，但是我一直没有放弃，因为我热爱这项运动。希望孩子们能够好好踢比赛，更希望他们能够真正地**热爱足球**。"范志毅是中国足球的代表人物之一，1995、1996 两届中国足球先生。1998 年转会英格兰水晶宫队，并成为当年最佳球员，还担任过该队队长。2001 年帮助国家队提前两轮获得韩日世界杯入场券，并获得亚洲足球先生称号，进入过 20 世纪亚洲最佳球员评选。即使以徐根宝标准看，他应该也是世界级球星了。他的寄语是希望孩子们能够真正地热爱足球，热爱是走向世界的基础，只有热爱，中国足球才能有更多武磊，才有重回世界杯的希望。他为恩师徐根宝的发言做了一些注解，毕竟，都是从上海孩子过来的，我在上海看过多个青少年训练基地，有些孩子对足球的确是真爱。

凭什么热爱呢？就像张路老师在本书序中引用《国际足联章程》的一段话："通过足球运动的团结、教育、文化和人道主义价值，特别是各项青少年和发展计划促进该运动在全球的持续发展和提高……"以世界杯为切入点，讲的是足球运动的团结、教育、文化和人道主义价值，正是本书的写作目的，我相信多少也能说出一些足球人的心声吧，让我们一起观看卡塔尔世界杯，或许可以从很多方面看出足球蕴含的团结、教育、文化和人道主义价值。

2022 年 8 月 25 日

2002—2022 初心如磐，不负韶华——一个俱乐部的世界杯编年史

前几天，写完《1978 国家的世界杯》，回忆了许多改革开放的内容。发给编辑老师后，补充说明：将《张迈评球——世界杯 1982—2022》的时间又上溯了八年，从 1974 年小平同志看西德世界杯纪录片《世界在你脚下》说起。感觉加上了这八年之后格局大了很多，很多我们习以为常觉得天经地义的事比如改革开放和世界杯在它初生之时也是经历了许多不太为人知的悲喜的。在漫长的时空之中，若非初心如磐持之以恒，难免半途而废负了韶华。就像温总理说的：得到的也可能会失去。

这时候接到交大 CEO 俱乐部副会长兼秘书长康汉兄的微信电话，聊了聊一些工作上的事情，然后说到庆祝俱乐部成立 20 周年的事，秘书长说你写一篇主题为"初心如磐、不负韶华"的纪念文章吧。我说好的，因为写改革开放和世界杯写得上头，我一眼望过去，都是不负韶华的影子。我认为现代化的中国所有可以书写和讴歌的大都在自 1978 年开始的激荡 44 年中，以世界杯为纪元，就是整整 11 届世界杯的编年史。上海交通大学是我国历史最悠久的高等学府之一，自南洋公学始，985 学校中并称"清北复交"的"四大天王"之一，享"北清华，南交大"之称的"东方麻省理工"，我能为商界翘楚云集的交大安泰中国 CEO 俱乐部写篇纪念文章，何其有幸。

还是从 2002 年说起，2002 年是个好年份，上海市改革开放加速，人才战略成效显著，投融资体制改革硕果累累。本人在爱建信托工作时发轫并实施的中国首个信托计划被称为信托业立春事件，连中国足球队都冲进了世界

杯。那时上海的房价非常亲民,我给为引进人才解决安居问题的乐沪房产写的广告词是"1个月看世界杯,47个月投资上海房产",登在《温州日报》世界杯特刊上,就像一个从2022年穿越回去的人发出的神奇预言。从2002年韩日世界杯到2006年德国世界杯,是上海房产第一波上升期,对于被海纳入的百川万水,此时有着最光明的未来。交大安泰中国CEO俱乐部就在有着最光明未来的2002年诞生了,相信最资深的交大安泰中国CEO们都有着关于2002年最美好的回忆,向阳而生的2002,美哉中国的对称之年。

如今的中国CEO俱乐部,秉承交大安泰"中国智慧,国际视野"的理念,已经是一个由全球3万余名商界、产业界和学术界精英人士组成的校友平台,其范围覆盖各大产业领域和学术机构。她的初心是"以产学研交流合作为核心使命,提供切实的商业服务和学术理论指导,搭建一个兴趣相投、情怀相仿、智识相近为价值核心的人文平台。"16年后,2018年俄罗斯世界杯这一年,我加入了这个俱乐部,2018年也是一个好年份,俄罗斯世界杯办得非常成功,气氛友好和平,连球迷打架都不多见,更不存在新冠病毒,普京后来还被提名诺贝尔和平奖,世界不是现在这副模样。国际足联将俄罗斯世界杯金球奖颁给了莫德里奇,以表彰兢兢业业的老黄牛精神。

那么在俄罗斯世界杯后包含三年疫情的四年中,中国CEO俱乐部是怎样运作的呢?我最早参加俱乐部团建活动是2019年夏天的陕西之行,我们一行考察了西安高新园区、富平、延安和梁家河,收获满满。关于梁家河的学习体会,我写了篇随笔《梁家河:有大学问的地方》,收入了《平路易行——人类极简史 地理小发现》一书,作为丝路行系列的开篇。在交大CEO俱乐部和温大上海校友会联合举办的《平路易行》新书分享会中和大家分享创作的如磐初心是我和看世界杯一样难忘的事,我希望自己不负韶华,工作之余能写出更多更好的作品,记录我们的时代和人民,也为交大CEO俱乐部做一些小小备忘。陕西之行我是从定西过去和大部队会合的,所以没赶上法门寺的人文考察活动,想不到时过境迁,不久前传出法门寺景区财务困难的消息,很遗憾没赶上上次的考察。在上海封控期间,回忆这些年的集体活动,亦倍觉珍惜。

最近的一次是2021年岁末到交大校友企业宽创国际公司参加年会。交大赠刻有"纵横交错,知行合一"的精美木框台历。我也发了公众号文章,陈述自己的心得:一所好的大学,应该是在时空流中成长,在历史与未来之间往复;专业与行业纵横,文理交错;实践与学术齐飞,知行合一的。交大安泰能把"纵横交错,知行合一"八个字提炼出来,与她能成为亚洲一流的商学院,是相辅相成的。在"宽创"开了一个私董会,分组根据创始人张东博士的介绍提了很多宝贵的建议。将技术派的达摩院变成知行合一的直指堂,是交大人的本事,也是CEO俱乐部会员的看家本领。就像我们点评世界杯,不管你是巴西队、德国队还是各种球风纵横交错,我们不探讨到知行合一决不罢休。

中间还有冷军画展和元宇宙论坛,请了交大李康化教授和元宇宙创业企业纷维Ferlive的创始人尤立主讲,尤立也是交大校友,和"宽创"的张东校友一样都被授予俱乐部荣誉会员,尤立同学很自豪,纷维Ferlive还就此事专门发了公众号。交大人文学院周斌教授是联合国前秘书长、现任国际奥委会道德委员会主席潘基文先生的书法老师,应冬奥会组委会邀请为北京冬奥会题写"和平之游"(潘基文先生题写"和平"),我意识到这是一个不可多得的宣传中国文化的机会,极力推动纷维Ferlive与周斌教授合作成功发行了书法NFT,此举获得交大的高度认可,上海交大所有的海内外宣传平台都发了周斌教授冬奥会书法NFT的视频。去年11月底,交大CEO俱乐部联合温大上海校友会在上海犹太人纪念馆参观沈石蒂摄影展,会后我们考察了校友企业"缪诗摄影",观看了大名鼎鼎的交大合唱团的排练,康汉秘书长发表了热情洋溢的讲话,我发了一篇纪实随笔《时光里的声与影》,此文将收入我的第三本书《南方有昆仑——时空流中的我和你》。去年的最后一天,和俱乐部李彧会长一起在黄浦江游轮上畅叙元宇宙的未来,那些跨年的烟花和呼喊告诉我们无论从宇宙看到元宇宙,还是从世界看到世界杯,我们都要珍爱我们这个缤纷多维的星球和许多年同舟的友谊。

这几年来，参加的俱乐部活动确实很多，也和康汉秘书长一起走访了包括许多校友企业，在和俱乐部会员的交流中可以说得益多多，因为篇幅关系，不再一一列举。交大CEO俱乐部不仅是一个交友型组织，更是一个学习型组织。20年很长，足以将一颗种子栽培成大树；20年也很短，只够我们看五届世界杯。因为道合，俱乐部将3万交大校友网聚在一起；因为志同，我们还将一起迎接下一个20年。今年又是一个世界杯年，国际足联主席因凡蒂诺在《世界杯官方传记》中写道："我指的不仅仅是赛事进行的那几周时间，这段时间内，激情与兴奋汇聚一处，不断洋溢。真正不可思议的魔力在于，这少数一些比赛，是如何决定着数以百万计的人们接下来数年的感受。这项赛事能够缔造经典的榜样与可敬的人物。它能够定义人们的形象，最终，书写真正的历史……"

我想说的是这20年来交大CEO俱乐部举办了很多活动，我们收获的不仅仅是活动举办期间洋溢的激情与兴奋，真正的魔力可能在于在切磋智汇和知行而一的过程中得以参悟商界的法则和生活的真相。在我们共同的未来N个20年中，无论逆境顺境，我们仍然热爱工作与生活，并得以将自身打造成经典的榜样与可敬的人物。最终，书写中国CEO的历史，如同书写世界杯的历史。

卡塔尔，我们来了。

2022年8月26日

十酷门与八仙过海——世界杯伤感故事中的海上温情

前文提到的 10Coolmen 是我新近为了世界杯注册的商标,还有一个配套的"十酷门"系列,设计者叫朱也。2006 年世界杯前夕,我突然有个创意,在纸上写出了 10Coolmen,直译是十个很酷的男人,中文是十酷们,谐音是石库门,我认为上海十大杰出青年都可以拿去用。也许是受了酷的要求的引导,朱也在这次设计中,用色极其大胆,甚至用了黑叉和红圈,很具颠覆意味,仔细看,或大门开放或以足球为眼睛大眼睛看世界,分明有改革开放之意。设计图最后做了简化,以"门"代"们",和通假字一样,又有些传送门的含义。从闭关到睁眼,我是很满意的。

闻武介绍我和朱也认识,是 2004 年的事了。当时我们要搞几个项目,搞项目要从文化抓起,于是就先设计商标去注册,一问,就问到了朱也。闻武介绍说全国第八届运动会会徽征集的 2700 件作品中,设计出 4 个方案全部中标的人就是他的堂弟朱也,我还说你们朱家够可以的。后来还知道他有一个表兄刘进是现象级谍战剧《悬崖》和电视剧《白鹿原》的导演。

与朱也见面是在我的办公室,就在曾是民国时期中南银行总部的老楼里,汉口路 110 号,现在国家绿色发展基金的办公地。我大致和朱也说了我的构思,十分钟的光景,就谈完了,朱也就回去干活了,过了几天,发几个初步的创意过来,和我的想法很近,我想就不用见面了,直接在电话里说了我的一些修改意见,来回三次,就定稿了,呼啦啦全部送到国家商标局注册去了。遗憾的是,后来因为公司的人事变动,这几个足以影响整个行业发展的项目在即将付诸实施时戛然而止,我很无奈,最终退出了公司,想想可惜了那些商标,就自费花了三万块把那些商标都注册在自己名下了,做好了有朝一日凭一己之力把这些项目干上去的准备。

2005年天使投资了一个垂直搜索的网站,名字取好叫作bloblome,中文直接就用般若波罗蜜了。想到让朱也设计,这次朱也花了不少工夫,做了好几个创意,我比较喜欢的是把bloblome.com做成云中倒影的创意,很有禅意。虽然后来考虑般若波罗蜜宗教意味太直接没有采用,但喜欢就是喜欢,还是让公司用了一阵子。朱也的第二方案是把bloblome变成101010101110,简直太酷了!大有《黑客帝国》的味道。我认为这是朱也创作的一个飞来神笔,真正懂数码科技的人一定是喜欢这个设计的。

2007年的一天,朱也走了,我收到闻武的短信,简直不敢相信,那天晚上看到东方早报,对上号了,人生充满了意外。我最后一次见到朱也,是在虹桥的真锅咖啡,一起的还有他的在文化传媒业的兄弟姐妹,还有一位期刊界的朋友。朱也是一位非常热爱生活的人,喜欢潜水,有时会去东南亚潜水。送别那天,我在北京,委托闻武送了花篮,表达对这位青年才俊的追思。这位上海滩青年才俊,就此离尘世而去。空空如也。

还有一位青年叫许继兵,我和他相识于1990年代的温州,那时我还在温信工作,业余给《温州日报》和《温州晚报》写球评。温信是中信的子公司,也是张路老师在序中说我们都为中信工作过的由来。1998年世界杯的时候,闻武在《温州日报》做"世界杯特刊"的专栏,我还是和往届一样,凌晨看球,上班前将球评发给报社,下午见报。当年的世界杯特刊与往年不同,全彩色套印,而且有个《足球报》都没有的亮点——出现了时效性、艺术性和看球专业性结合得很好的漫画,漫画作者叫纪宾,温州人,非常有才。纪宾漫画中还能搭到一点温州民俗和本乡本土的风情,大受欢迎。有时候我的文章和他的漫画不约而同说到一个点上,一字一画,看来别有趣味。在我的心中,1998年法国世界杯是世界杯前后40年中最好看的一次,除了剧情有龙战于野其血玄黄的味道,还和当时的心境有关。我在世界杯前去了法国,

《温州日报》登了整整一版我拍的巴黎风情照片,世界杯期间还带温州金融队在准备第11届市运会的足球比赛,而时不时能看到纪宾的漫画作品,更是生活中的一件乐事。感觉生活在世界和平和改革开放的时代真好,身边的朋友都那么优秀。

1999年温信的业务蒸蒸日上,我们做了好多个信托业的创新,想系统地宣传一下,在《温州日报》上投放整版的广告。我想到漫画可能是可以将复杂的金融术语表达得让老百姓喜闻乐见的手段,便通过报社约了纪宾来公司聊聊,就在计划财务部我的办公室见的面,纪宾给我递过来一张广告公司的名片。"非凡广告",这个名字很温州;许继兵,哦,这是他的本名。非凡广告的活干得很非凡,和纪宾的理解力和执行力有关,他没花多少工夫便听懂我的意思,回去想了几天,就连版样都做出来了。总共五幅漫画,张张精彩,把集合信托、专家理财和通道业务都讲明白了,顺便还点到为止地提示了一下温州特有的民间金融"呈会"的风险。这个广告的效果惊人,日报发行的当天,公司的电话给乡亲们打爆了……大约20年后,我在上海并购金融博物馆的论坛上和大家说:"非法金融这么猖獗,是因为合法金融没办好。"我的意思是现在的信托业需要多做一些利国利民的本源业务啊。这一刻,纪宾的漫画回荡在脑海。

还是说回到世界杯,纪宾因为非凡的影响力而终于被求贤若渴的报社招致麾下,加入了日报系的《温州时报》,在日报上又连续做了多届世界杯特刊。我虽然于2000年初来到了上海,但我们还保持经常联系,我在《温州时报》上开了"海上轻舟"和"君子好球"专栏,纪宾给我画了个漫画头像在专栏上用,相当传神。我一直用到2016年左右,包括2009年开始用于微信头像。后来群众反映神似是神似,但太年轻了,我不好意思,才改用一张近照替代。2008年6月,我和美国朋友KENLIN共同投资的海上宴会所开幕,有两幅人见人夸的浮雕画,就是出自纪宾之手。一幅是八仙过海,另一幅是韦小宝的通吃岛,堪称纪宾群像画的巅峰之作。开幕那天,群贤毕至,无不喜欢八仙过海和通吃岛,温州商会吴建光、方建宇等领导就在海上温情的通吃包厢兴致勃勃地聊天,后来很多人反映没吃饱。美食家沈宏非、钢琴家孔祥东、大都会杂志社社长吴惠明,温籍来宾有画家施昌秀、柔道世界冠军李爱月夫妇、新天国际董事长白植平,后来分别成为大作家、大记者、大学老师和大文人兼铁人三项协会主席的沈迦、吴雪舟、方韶毅、朱闻武等"四大天王",皆大驾光临海上宴,赏八仙过海,乐见通吃岛……纪宾特地从温州一起赶来祝贺,朱闻武驾车通过通车不久的杭州湾大桥,一路欢声笑语。纪宾在上海住了两天,然后独自去杭州,我送他到徐家汇客运中心坐车。挥挥衣袖,不说离愁,以为是一次平常的道别,不料已经是未来人生少数几次相见。2012年波兰乌克兰欧洲杯之后,纪宾西去,青年形象永留人间。

在另一个宇宙,有两个快乐的青年还有画家施昌秀老师、尤西比奥和马拉多纳……我记得我写过一篇《天堂里有没有球来球往》,不知何时,被岁月神偷了去,再也找不到了。特以此文纪念这两位与世界杯有关的青年才俊。死亡不是生命的终点,遗忘才是。亦祝福朋友们生如夏花般绚烂,在生命的海上,不断感受到人生路上的种种温情,八仙过海,一酷敌十。

2022 年 8 月 31 日

诗七百——C罗与梅西双向奔赴

10月10日凌晨，英超第10轮，曼联2∶1逆转埃弗顿，C罗替补制胜，打入俱乐部生涯第700球。据ESPN统计，C罗2022年在俱乐部打进12球，只比梅西少一球（13球）。C罗2022年英超11球、欧联1球，梅西2022年法甲10球、欧冠2球、法超杯1球。按说绝代双骄今犹在，但之前几个月，感觉梅西怎么打怎么有，C罗怎么打怎么没有，打到很多朋友怀疑人生。曼市德比那一场，C罗在饮水机旁尬坐整场，身旁是他当年皇马的小弟卡塞米罗，也是全场替补，只不过他初来乍到没有那么尴尬，他不尴尬，就是大家尴尬。被球迷奚落是6000万欧元买来陪C罗聊天的，对，还是葡语聊天机。

是役因为马夏尔受伤无法坚持下去，主动要求被换下场，C罗比预期更早登场，脸上还带着高中联赛替补上场般的渴望与纯真，我直觉今天是C罗的大日子。上场仅仅17分钟，C罗接到上轮饮水机值班助理他乡故知葡语聊天机卡塞米罗的助攻，高速突破打进了新赛季英超的个人首球，运动战、左脚、教科书式的进球。这也是C罗俱乐部生涯的第700球，他成为达成这一成就的历史第一人。进球后的C罗并没有展现出标志性的庆祝，他闭上双眼，在古迪逊公园球场的秋雨中，尽情享受这一刻，久旱逢甘霖，他乡有故知。C罗史无前例的俱乐部700球里程碑，第1球和第700球相距整整20年。这个20年，我们一起走来，昨天，有朋友发来20年前中国队唯一一次世界杯出线的球员近日和当时主教练米卢的合影，全部已经两鬓飞雪，而C罗依然在战。

埃弗顿现任主教练兰帕德2008年欧冠决赛中还是C罗的对手，C罗当年逆天头球力助曼联击败切尔西夺冠,从此踏上超巨之路。对于C罗在俱乐部的700个进球,兰帕德很快表示:"非常出色。他是那种可以为比赛增光添彩的最伟大的球员之一。他和梅西都是不可思议的球员。不过,我希望他的进球发生在另一个夜晚而不是今天。当他上场时,有时就会发生一些事情。我对他非常肯定。他是让人感觉不可思议的那种球员。"C罗的迷弟安东尼发推表示:"对我而言是多么的荣幸!祝贺C罗!在充满成就的职业生涯中达成另一个里程碑!愿我们一起享受这一切!"在漫长的水逆过程中,C罗现在像老年人怀旧一样开始每场比赛后更新ins,这一场是爷青回风格:伟大的胜利兄弟们,向正确的方向迈出了又一步。安东尼上场三次,每场都有进球,创了一个英超50年来新人三连杀的纪录。就是他第一个跑上去和C罗一起闭眼,默契共享寒露,以后,这个从阿姆斯特丹转会来的巴西小伙也是C罗的葡语聊天机了。

英语世界的拉什福德:"C罗是一名让人难以置信的球员,从我开始看他踢球他就是这样,能和他并肩作战很让人开心。那场比赛最后我本可以给他助攻的,但是我们可以继续一直创造机会。当他开始进球了,他就不会停下来,而我们只需要继续把球传到门前他在的位置。"拉什福德近期骁勇异常,可惜一个惊人的王者单刀被判手球在先,但曼联已经将他激活。他与C罗双向奔赴,拓展英超赛场的新的边疆。

上赛季埃弗顿1:0战胜红魔,赛后引起轩然大波的事件,是C罗退场时打掉了一位患有自闭症的小男孩的手机,这一事件英足总仍然没有处理完毕。C罗也是因此进入漫长的球荒和救赎期。第700球让他重新从低谷跃起,他职业生涯这些璀璨的功勋也不会被历史遗忘。皇马438场450球,曼联340场144球,尤文134场101球,葡体31场5球。他的老东家葡萄牙体育也是在社媒发文祝贺:"20年前的今日,你为葡萄牙体育打入第一个职业生涯进球,20年后你打入俱乐部生涯第700球!祝贺你,C罗!"

C罗结束了7场联赛的进球荒,时隔16年再度在英超替补上场破门,赛后C罗也被评为了本场最佳球员。诗三百,思无邪。球七百,行无疆。那是他用124次左脚461次右脚和113个头球以及2次其他部位写的人生诗篇，就像葡萄牙国父卡蒙斯写的《卢济塔尼亚人之歌》，亦将鼓舞葡萄牙人前行。C罗还在山上，皮尔斯摩根说："你可以嘲笑他，或者放弃他，或者说他完了……但他总是会让你看起来很蠢。"那么，回到开篇时的主题，梅西的职业联赛进球距离700球也只有个位数了。C罗与梅西能够双向奔赴，会师卡塔尔世界杯决赛吗？

2022年10月10日

2018 俄罗斯世界杯
Russia 2018

足球世界的无常，胜负游戏的涅槃

欧冠历史上最经典的一张红牌，给了布冯，这可能是布冯最后一场欧冠比赛，既然此生注定与大耳朵杯无缘，那么这张红宝石卡亦是最好的纪念，至少在这场一定彪炳史册的比赛中，他本人完成了对皇马的零封，以这种对点球争议的方式离场，与昨日的罗马城一样，光荣而永恒！也许再让布冯做C罗进球的背景墙太让人心碎，足球之神借 Michael Oliver（迈克·奥利弗）的手，将悲情与纪念颁给布冯。

布冯从齐达内边上走过，一如12年前世界杯决赛齐达内从他身边走过，岁月荡涤了每个人，这笔账也算清了。这是个没有问题的点球，第一次执法皇马比赛的英超裁判因这个特殊时刻的鸣哨从此留在伯纳乌的记忆里，C罗不可能让尤文的替补门将一夜成名，他的力量、技术、心理，甚至准备赤裸的上半身，都做好了终结比赛的准备，作为当世少见的在90分钟比赛每一分钟都进过球的球员，他只是在93分钟的刻度上又码上自己的名字，让波兰小伙先做一次背景板，如若有缘，世界杯还能遇见。

齐达内在比赛结束头也不回离开了赛场，他在尤文与皇马都踢过球，先走也没错，但这场比赛的艰难想必也超出他的预判，客场闪电进球，主场闪电失球，苍生没有绕过谁。如果不是C罗做球巴斯克斯造点C罗绝杀，一旦被尤文逆转他将如何面对？庆幸的是他遭上了巴斯克斯，C罗曾经无数次给这个小弟做饼喂吃，但今天可能是最重要的一次。来自都灵的光辉照亮了伯纳乌的夜空，尤文图斯甚至比罗马踢得更好，纳瓦斯犯了错，但他客场没犯错。皇马与巴萨命运的微弱区别导致完全不一样的结果，3∶0永远胜过

4∶1。同样,在过去无数个零封对手的夜晚,布冯都彰显了他对足球世界的终极意义,回到这张盲僧递出的红宝石卡,这是足球世界的无常,也是胜负游戏的涅槃。

2018 年 4 月 12 日

俄罗斯揭幕战五连击是怎样造出来的

沙特队一直有充当世界杯沙袋的纪录,最著名的一次是2002年对德国被八记摆拳招呼,直接成就了后来的世界杯金腰带克劳泽,1998年对法国挨直拳四记,2006年被乌克兰勾拳击中四下……之所以这一次不以为沙特会重蹈覆辙,是因为他们在热身赛中仅一球小负攻击力很强的德国,而且还进了德国一球;而揭幕战对手俄罗斯呢,七战不胜、阵法无序、青黄不接,开幕式后,仍是乌云压顶,比赛开始后三分钟,沙特甚至在俄罗斯左路还有两次突破。

俄罗斯用最简洁的方式控制了中场,就是凭身体搞抢断,虽然大家的活都比较糙,沙特有几次停球都两米远,被对手捡了球去。俄罗斯停球也非常辣眼睛,但俄罗斯更硬朗,全场沙特队员倒地声此起彼伏。因为俄罗斯无与伦比的主场优势,仅戈洛温一人收到一张黄牌,"沙特队反击不超过三脚就被终结",央视解说说得很是扎心。

第一个进球是戈洛温冲吊进去以后加辛斯基头球接力,而后切尔切索夫就顿悟了,对于自视为亚洲巴萨动辄控球喜欢回传的沙特队,"抢逼围"三个字就能解决问题。

具有讽刺意味的是:俄罗斯更大的转机竟然出现在核心球员扎戈耶夫伤退之后,整个俄罗斯队被解除了封印一般,能冲善突的"90后"和有世界杯经验的"80后"突然和谐起来,戈洛温继续助攻,切里舍夫挑球避铲一记实锤把胜局基本锁定。

中场休息以后,俄罗斯完全放松了,也许切尔切索夫只是为了砌座高墙保证胜果而换上大个子久巴,没料想久巴上场才一分钟就直突禁区头球破门,此时的沙特禁区已经沦为俄罗斯踏马的菜园,切尔切索夫一直被诟病带队思路不清,怎知在沙特的配合下,他揭幕战两次换人最终会成为彪炳史册的神来之笔?

伤停补时阶段沙特队可以用崩溃来形容,切里舍夫打出了夸雷斯马式的外脚背抽射,戈洛温用几乎压哨的任意球破门将揭幕战成为历史经典,奇怪的是,沙特队的人墙中排在最外侧的 20 号球员居然将身形缩了下去,把那记明显可以顶到的球从头顶让了过去,而他本人成功地阻挡本方门将的视线,成就了俄罗斯的五连击。

2018 年 6 月 15 日

全场领袖：C罗成为第一个把"电视之星"带回家的人

把皇马众将打到膜拜，把巴萨皮主席打到无语，把弗洛伦蒂诺打傻眼。

把西班牙主帅耶罗打到说：如果对手团队里面有C罗这样的人存在的话，确实确实是很难踢的。

科斯塔：这是一场很棒的比赛，我们本来是可以获胜的，我们更值得获得比赛的胜利，但是最后踢平了——他第一个进球之前，先把佩佩干倒，但仍然躲过了处罚，还真是有理由这么说。

巴斯克斯在半场休息时和老大拥抱了一下，一脸景仰。

吸气呼气，完美点球，大场面先生，指左打右骗过门将。

禁区前沿得球，不啰唆，远射，奔德赫亚的手去，你的手形没有问题，是我的球在旋。——格德斯要是有大哥一半果敢，上半场也能有一球一助攻，可以和戈洛温抢女粉丝。

最具史诗价值的是86分钟的任意球，丈量、退后、露大腿，吸气呼气再吸气呼气，等等……裁判退过来了先扶一扶，让他靠边，继续吸气呼气加格兰特之死神降临凝视，三分球即将出手，长达16秒的特写。

时间如沙漏，有一颗粗砂经过，刹那慢了下来。总裁步点缓慢，触球，这球名字取得好——"电视之星"！德赫亚掌管的大屏右上方，刻上了克里斯蒂亚诺·罗纳尔多的名字！这一球就像《阿凡达》中的神兽，擦过西班牙5号的发梢，这一刻，不管是西班牙的5号还是沙特的20号，都是怕脑震荡的。

还会有人不服的,这些不重要,重要的是这一个飞越疯人院的"电视之星"被总裁收藏,你将会在葡萄牙马德拉岛丰沙尔的C罗博物馆中看到它。

2018年6月16日

无点球不球王？——梅西不应该去罚那个点球

梅西不应该去罚那个点球，以成就阿圭罗梅开二度之名，友好体面自己还没有压力，但梅西没有这样去做，也许是几个小时前C罗的帽子戏法影响了他，当点球来临之时，他想也没想就站在了点球点上。而数据表明，在之前的六次罚点，他只有50%的命中率，何况美洲杯的点球梦魇仍在。与点球命中率一直高达80%以上，而且重大比赛几无失手的C罗相比，他其实没有必要在这个单项上与C罗较劲。

点球这种事，阿圭罗应该站出来，不该给梅老板添压力，术业有专攻，梅老板负责给世界杯奉献过人表演那是壮丽一英里，点球这种靠精神属性杀气腾腾的粗活，就让C罗出出风头也不打紧。

在与冰岛的苦战中，梅西的数据无可挑剔，无论过人、传球、跑动都是球队的扛把子，和C罗相比，他更像骑士队的詹姆斯，问题就出在点球之上。第82分钟，梅西接到一个禁区前沿的传球，这个球和C罗面对西班牙时第44分钟的那个球很相似，梅西踢出一记非常漂亮的圆月弯刀，这个球偏左了约30厘米，他没有给阿松导演可能出黄油手的机会。在终场前，梅西也获得了一个任意球，与C罗面对西班牙时第88分钟的那个球位置也很相似，但与C罗那种凭几息吐纳就彰告全世界此球必进的姿态相比，梅西显得没有那么肯定。

阿根廷和葡萄牙都只是收获了一场平局，对于阿根廷来说这不是最差的开局，坐在贵宾席大唉雪茄的马前辈在1990年世界杯揭幕战也罚丢过点球，他们0∶1输给喀麦隆,一分都没有得到,但后来竟然淘汰了巴西,甚至进了决赛。一个球王马拉多纳、一个风之子卡尼吉亚、一个专扑点球的神奇门将戈耶切亚三人联手完成了阿根廷的救赎。现在梅球王是现成的,阿圭罗和迪马利亚都是现成的风之子人选,至于门将这个事,大家都懂的,扑点球的确是可以靠干一杯鸡汤而突然成名的。君不见阿松导演获得了冰封之战的最佳球员了吗?扑梅西的那个点球并没有太大的难度,守住了就是最佳,守不住很正常,哈尔多松那是执导拿喇叭的手,而你是球王。

2018 年 6 月 17 日

无逆转不冠军！德国队请重新开始你们的表演

德国队如果遭上去年联合会杯的替补阵容,这一场不会输得那么难看。

穆勒除了名字还比较吓人之外,十多次被墨西哥人抢下脚下球,已经成为德国战车被炸断的破铰链。

克罗斯在皇马不算很大牌,因为刚入队时有点可爱的小胖宽脸,被球迷称为"阿宽",平常也是像温和的常喝王老吉降火的广东朋友。不知昨天为何那么躁,以至于裁判不断地用双手推开阿宽那压迫上来的宽阔胸膛。

厄齐尔在中国的影响力不在当年中超宠儿如今巴萨名将保利尼奥之下,常见有球迷选了尾号272的车牌在朋友圈晒图,但昨天他的表现可谓偶像轰塌,穿着马特乌斯当年穿过的10号球衣呆站在那里,看着墨西哥小伙子洛萨诺横扣低射,一球成名。

德国队的各项数据领先,射门次数也很多,但临门一脚差、禁区前灵性全无、配合失聪,这支德国队将祖宗留下的逆转能力丧失殆尽,看上去就是一队大脚小心脏的俗兵。

墨西哥的反击非常奏效,每一次都能形成射门,只是他们的冲刺速度只能达到时速20多千米,如果借时速30多千米的C罗一用,可以打德国一个5:0。

当然,如果德国队借稳准狠的C罗一用,那也是5:1翻盘的事。

无逆转不冠军,德国队一把好牌,是时候重新开始你们的表演了。首战只能呵呵了。

2018年6月18日

亚洲还有没有雄风?——写在孙兴慜的跑之后

身价3500万欧的孙兴慜在与瑞典的比赛中打出一次平均时速26千米,最高速达37千米的快速反击,作为C罗的小迷弟,这些高光数据表明给他挂"亚洲C罗"的名号更多的是褒扬而非调侃,和将C罗称作"葡萄牙武磊"完全不是一个路子。

孙兴慜在熟悉的右路一路狂奔,他在热刺队就是这样奔跑的,并因此当选2016年的英超最佳球员,只不过他在英超更多的是给哈里凯恩当僚机用,能射射,不能射给凯恩做饼。孙兴慜在狂奔70多米,超过对手也掠过队友之后,接近底线时一个倒三角的传球,可惜没有队友及时跟进,三个明黄色的大个子已经追上来把门封死,错过这次对瑞典最好的得分机会之后,韩国队再也没有爆冷的希望,孙兴慜这一趟速度直追C罗的酷跑算是白搭了。

在比赛临近结束时,黄喜灿曾有一次很蹩脚的冲顶,球划门而出,几个小时以后,哈里·凯恩在同样时间一个头球绝杀了突尼斯——亚洲二流球员和欧洲一流球员的区别就摆那儿了。

韩国队仅有的几次射门没有一次射在门框范围内,犯规却是踊跃的,更有意思的是还要质疑裁判,质疑VAR,硬是把原本还有反击亮点的比赛变成群众都讨厌的窘事。

伊朗排在B组第一,自己却没有进过球,看上去就像一个别着B1号牌的临时工;沙特不说了,净吞五弹已经很受伤了;日本今晚登场,亚洲还有没有雄风? 四年前的巴西,哥伦比亚4∶1大胜日本,在6月12日对阵巴拉圭的比赛中,日本队教练西野郎决定变阵,选择香川真司和乾贵士首发,结果以4∶2的比分战胜对手,是役香川真司、乾贵士、柴崎岳、本田圭佑都是看点。希望不要再白跑了,输不要紧,多少进个球。

2018年6月19日

形势大迫日本勇也——亚洲之首首胜南美

很惭愧在上一篇《亚洲还有没有雄风？——写在孙兴慜的跑之后》中展望日本与哥伦比亚之战时，没有提到大迫勇也，也许是因为他从日本高中直接加盟 J 联赛，从鹿儿岛城西中学带出来的高中生气质总让人觉得年轻，其实他也只比名动江湖的香川真司小几个月，在德甲也混得很好。

大迫勇也为日本队获得梦幻开场，他的突破射门造成门将脱手，香川补射令哥伦比亚队吞下红点套餐。

全场名气最大的 J 罗上场之后，有一次禁区内的爆射，正是大迫勇也那快半步的脚踝将球破坏，不然日本能不能胜很难说。而最终锁定胜局的头球也来自大迫勇也，他接到替补登场的本田圭佑发出的角球冲顶破门。

是役，除了平均体重差点之外，日本队在控球时间、传球数、传球成功率、射门次数、命中率、跑动距离等几乎所有方面完胜哥伦比亚队，在形势很不利的局中握得了先机，开创了亚洲球队在世界杯赛场上战胜南美球队之先河。

大迫勇也由日本高中联赛培养出来，经此一战已成国之重器，必将名垂青史。东京已经沸腾，这种明星方可以称之为日本文化的一部分。与某人称娱乐明星是中国文化的一部分，那是云泥之别了。

2018 年 6 月 20 日

世界杯进球指南：山羊胡男人的教科书之旅

当大多数球员在文身、发型上偷偷动脑筋的时候，在摩洛哥球员戴而复扔头套狂刷存在感的对比之下，心机 Boy 罗总裁的创意是——山羊胡。

据说山羊（GOAT）在英文中拼起来正好是"史上最佳"（Greatest of All Time）的首字母缩写。世界杯开幕前，梅西就抱着山羊拍摄了一组主题照。C 罗的表示很明显了：我才是史上最佳。

罗总裁包办了葡萄牙队所有的进球，左脚、右脚、头球、远射、任意球、点球，完成了教科书式的世界杯进球指南。在全组第二轮只有三个进球的背景牌下，在西班牙队众将奋勇寻找伊朗队门将藏在屁股下的皮球的狼狈镜头里，在贝纳蒂亚几次在葡萄牙禁区打飞球的惊叹中，甚至在葡萄牙队本身无头苍蝇般的中场组织和前场无锋（除了他自己）的情境内，他表演了进球、回防、指挥等诸多事宜，贝纳蒂亚狠狠地将要废人的出脚踩在他的足踝上，他神奇地站了起来，犹如长着瞬间自我修复的外星人的四肢，萨拉赫一定无比羡慕这个战神般的身躯，如果法老应允他可以得到两件和 C 罗一样的东西，他会要战神般的身躯和 C 罗的眼神。

央视在赛前采访了中国游泳队的闫子贝，小贝是 C 罗的迷粉，他羡慕 C 罗的大腿，直言如果他拥有这样的大腿，将是蛙泳的神器。超级罗粉张继科希望从 C 罗身上学到什么尚不得而知，绝世的自我训练态度？阅读比赛的能力？还是对女友的爱心？在同为冠军的粉丝团中，有博尔特、纳达尔、詹姆斯……这是最有说服力的罗粉团体，上过巅峰的都是大明白人，在胜负世界里，他们最清楚哪些是最可贵的东西，谁是足球界的史上最佳，其实不需要太多的争论,都在那一撮山羊胡里。

　　山羊胡男人的教科书之旅下一篇,是倒钩？希望葡萄牙队争气一些,每个人都像罗队和帕特里希奥一样（格德斯不能再吐饼了）,尽到自己的职责,捍卫世界杯进球指南是你们的使命！

2018 年 6 月 21 日

直接和老板谈：饼无处可送，亦无处飞来

19岁的姆巴佩打进了他世界杯的首球，尽管只是捡漏，但快乐是溢于言表的。

33岁的莫德里奇面对阿根廷打出了令人惊叹的"世界波"，是役他的过人、争顶、抢断成功率都达到了恐怖的100%，魔笛悠扬、快活无边。

无比沉重的是梅西，从他下大巴时的步履到唱国歌时掩面，看上去像足足绑了50斤的重物，尽管还可以连过三人，但过了三人还有三人，饼无处可送，亦无处飞来。从下半场门将失误送分开始，阿根廷队弥漫着一股深度绝望的气息，梅老板如深陷股票质押爆仓的旋涡中一般，无力扛着阿根廷别为我哭泣有限公司往前走了。

桑保利承担了全部的责任，称不要去责怪卡巴列罗，并不可避免地提到了C罗："克里斯蒂亚诺是个伟大的球员，他和他的球队非常顺利，他收获了一些很棒的时刻。然而你无法拿来比较，他拥有一整支队伍去帮助他，而LEO没有，这全都是我的责任。"

尽管在桑帅眼中的一整支球队有时只是守门员帕特里西奥一人，但33岁的C罗打进他的本届世界杯的第四球时，仍然跳得足有九尺高。——赤子之心有时候真是你能走多远的保证。多么怀念梅西的小跳蚤时代，那是"让生命绽放成一朵莲花，功名利禄全抛下"的时代，纯净的技术足球，清新的职场新人，巴萨收下少年梅西时手写在一张餐厅用纸上的协议，那是这个神话开始时爱的源头，那时没有压力，只有爱。

白岩松因为梅西下一秒的不可预见性而成为高阶梅吹，莱茵克尔打死也

不愿承认 C 罗的进球有相当于梅西的观赏价值,而更高阶的梅吹拉基蒂奇直接以一记补刀终结了队友传奇。

巴萨队友皮克在与伊朗比赛中放飞了一只困在绿茵中的小鸟,那只扑棱棱飞走的小鸟似乎在寓意着什么,希望它带走的不是踢球者的梦想,而是压力。

2018 年 6 月 22 日

彩虹过人内马尔：我才是天生要强

对于酷爱炫技的内马尔来说，世界杯是最好的舞台。他可以用不同的发型参加不同的比赛，也可以在同一片空间不断施展相同的技法。当上半场他在哥斯达黎加的左路 5 分钟内三次带球奔袭衔枚疾进的时候，几乎是《明日帝国》的绿茵版，内马尔就是落入 24 小时时光隧道中的汤姆·克鲁斯，来、重来、再来……

哥斯达黎加的防守十分诡异，纳瓦斯扑掉内马尔的脚下球都不带商量的，他们在 90 分钟内如此干净地拒绝了巴西人有任何建树，甚至连一次禁区内侵犯内马尔最终都因 VAR（Video Assistant Referee，视频助理裁判）的帮助而被取消了已经作出的点球判决。但是在加时的 7 分钟里崩塌得也相当利索，先是被库鸟的抢点劲射破门，再是被内马尔的压哨进球终结了比赛。库鸟进球后，哥斯达黎加历经 90 分钟不败的三层防线立即变成单薄的一层，而且是首尾不接的平行站位，在这最重要的几分钟内，他们被施蛊一般表现得像自己领先一样不思进取，那种我要回家的欲望流露得比昨日的阿根廷更加决绝，内马尔攻破纳瓦斯的球门那种酸爽的感觉无与伦比，就像多年追求在豪门皇马高高在上的三冠王家族的女子被拒千次，从巴萨到巴黎颠沛流离，却突然因为一道彩虹的出现而被接纳了一样。

内马尔在点球被收回后有些失态，他毕竟还不是 C 罗那样从优秀到领袖的男子，他用手击球发泄自己的愤怒因此领到了一张黄牌，是库鸟的进球和哥斯达黎加打假球一般的配合改变了他后面 5 分钟的人生走向。

他在最后的时空中使出了一招彩虹过人，这是世界杯到此为止绝无仅有的景观。一个人得要有多想炫、多没牵挂和有多好的技术基础并且不怕被人打才能做到,而内马尔在一个让我感觉有事发生的眼神闪过后做到了。

他以前在国王杯的比赛中因此真被打过,对方认为你赢我可以,但不能用这种羞辱的方式,所以一个巴掌就过去了,因为对方那时壮怀激烈,内马尔是认怂的,但这一刻他一定忘了。

好在哥斯达黎加没人想去打他,他们只想回家。

2018 年 6 月 23 日

豪华逆转：阿宽任意球拉宽世界杯

托尼·克罗斯这一记任意球如一声炸雷点响了迷之夜空，如果Facebook能将那些脉动体现在世界地图上，恐怕可以寰宇一周，当然，中国部分得接上微信。这一球之炸群效果超越C罗的绝平电梯球，尽管在技法上平淡无奇，也没有大腿、神目和呼吸的特写，但它是德国队最晚时间的进球，是拯救整个德国的进球，被豪华逆转震动的朋友圈必然展现坚持到底、铁血、不放弃的鸡汤画卷，是阿宽让世界杯变得很宽很宽，幅员辽阔心大于野，真伪球迷共话炎凉！被西甲联赛和欧冠折磨得疲惫不堪的托尼老师双拳捶地，纵情呐喊，这一声呼喊，超越了洒泪的内马尔。

韩国队突然发现自己还没有出局，文总统慢些走，您的到来激励了孙球王在赛末点射出了穿云箭，现在看来这一球不仅是挽回颜面，还可能……可能和德国队比一下净胜球。托尼老师金靴划过草坪的瞬间，韩国人脑洞大开，下一场或许是克罗斯和赵贤佑的摩丝之战，孙兴慜和诺伊尔的矛盾之战，没有不可能，大家都是输墨西哥一球，可以打的啊！希望还在燃烧！

墨西哥说这也太奇怪了，我赢了两场，还没有确保出线，这个十六郎，对我有多难。

瑞典没有延续痛杀豪门的壮举，荷兰和意大利都倒在他的脚下，他不应该满足于对德国守平的，瑞典不是没有机会，十一打十，反击到门前，就是缺那么一点点看上去微不足道的求胜心和续航能力而痛失好局。但瑞典也仅仅是被德国追平积分而已,世界杯并没有离他远去,而他杀荷伐意的余威尚在,这一次,只是把枪口对准墨西哥而已。

2018 年 6 月 24 日

要拿金靴的还有谁？——当巴拿马成为狮口香蕉之时

当世界杯赛场上相继出现5∶2和6∶1的比分时，是时候谈一下金靴了。

现在暂时排在首位的是凯恩，他在与巴拿马的比赛中上演了帽子戏法，踢进两个相同轨迹的点球使他的排名上升看上去很容易，超越了C罗。他在下半场被换下，不然进球有可能达到6粒，因为巴拿马的表现太符合年轻的英格兰队的胃口，巴拿马完全成为狮口中的香蕉，英格兰在对付巴拿马方面显得比比利时更有办法。

但比利时在对付突尼斯方面又显得比英格兰更有办法，上半场都是大比分了，气氛调节得不错，突尼斯还有快速进球，不像巴拿马在比赛临近结束才打进挽尊球，这是在比谁的足球更欢乐吗？卢卡库成绩单上再添两朵红花！《卢卡库：他们再也不会查我的身份证了》风靡朋友圈，一个刚果裔的比利时孩子从街头到庙堂的动人故事感动了许多人，"裁判刚才那个不是点球"还是"裁判刚才我不是假摔"的争论虽然还未停歇，但卢卡库确实已经是金靴的有力竞争者了，比利时从来没有拿过大赛锦标，但实力已经抵达了大赛锦标，问题是他们在后面的比赛中会遇到谁？

英格兰公民凯恩出生于伦敦，成长于托特纳姆热刺青训，根正苗红，早被期许成为阿兰·希勒的接班人，自然不会有被查身份证的体验，是属于在进攻组织上能合理传接球、防守端严格遵守战术纪律、从小就有正规的体能训练和理智头脑培训，能应对各种场上局面、早就进入队长梯队的科班人才，是英国足球工业的代表作品。卢卡库虽然不像巴西小孩一样成长于街头自由放养的生存环境，但他也是比利时公园足球中自我学习出来的翘楚，出自足球一对一能力最好的锻炼环境，以前是无师自通，现在师从法国前锋亨利，走的是移民二代的成长之路，有点像大奉先伊布。凯恩和卢卡库的竞争让世界杯异彩纷呈，而有意思的是，最后一场原本可能是鸡肋之战的小组赛现在变成小组头名之争的关键战，同时也是难得一遇的金靴之战。

但不管他们要做什么，C罗是绕不开的，这个实际年龄大他们八岁，据说生理年龄还小他们两岁的罗前辈今晚又要登场，他是兼具街头足球和青训培养优势的当世大佬，又被齐达内亦师亦友地指导了三年，金靴之争让江湖充满期待。

2018 年 6 月 25 日

后来的我们——夸雷斯马和 C 罗的人生交集

世界杯的补时惊魂在昨日达到极致,要不是上半场结束前夸雷斯马的外脚背天外飞仙给葡萄牙队做好了降落伞,因为 C 罗那一脚被扑住的点球而解除了封印的狼图腾在同为葡萄牙人奎罗斯的阵法驱动下已经将葡萄牙队逼到了深渊边上。裁判在凝视 VAR 的时候 VAR 也在凝视着裁判,葡萄牙在凝视深渊的时候深渊也凝视着葡萄牙,当塞德里克的被动手球被判为点球时,夸雷斯马降落伞终于派上了用场,又一个拯救葡萄牙的人,一个比 C 罗还大两岁的老人,在葡萄牙从风流向深渊折坠之前先扔去了伞包。

夸雷斯马是桑托斯率队夺得 2016 年欧洲冠军的股肱之臣,两年前的同一天,他在加时赛补时绝杀克罗地亚将葡萄牙送进八强。两年后,同为欧洲杯老臣的纳尼被弃用,而他最后进了大名单,这是他第一次参加世界杯,他服从组织安排,做了小青年格德斯的替补,在格德斯将饼吐得桑托斯实在忍不下去以后,终于获得了首发。如果伊朗队打进那个离绝杀只差 10 厘米的球,那么全世界最后记住葡萄牙的也只会是他那记归来如少年的外脚背抽射,离门框也只有 10 厘米。10 厘米,是葡萄牙人的咫尺安身,也是伊朗队的亡命天涯。

15 年前的夏天,夸雷斯马与 C 罗在里斯本惜别,那时他已被菲戈指定为接班人,而 C 罗还只有雄心,C 罗去了曼联,他去了巴萨。而后遇到的每一个人、经历的每一件事令他们走得越来越远,C 罗去了皇马,他辗转国米、切尔西,甚至去了土耳其,2014 年他回到波尔图,希望有人能带他去世界杯,梦想再度被击碎。两年前他们走到了一起,C 罗扛着葡萄牙三连平打进了欧洲杯十六强,他用头球击败克罗地亚打进八强;而后与波兰队点球决战,他最后一个出场,右脚打门一剑封喉带葡萄牙进入四强;半决赛C罗传射纳尼接棒淘汰威尔士,而后力战法国捧杯。

2016年7月12日里斯本Alameda广场,我在那里见到葡萄牙国家队的全体成员,C罗像一个公子哥,打开香槟先喝一口,摇一摇再喷向人群,纳尼和佩佩都还好,只有夸雷斯马骑在队友的脖子上,开心得像三岁的孩子,接过一面国旗,摇了又摇。这个夏天,还会是夸雷斯马的夏天吗?这是他的第一届世界杯,一定也是最后一届世界杯,又到了摇国旗的季节了。

2018年6月26日

湛蓝如天空，深蓝如大海！期待法阿打出与战袍颜色匹配的足球

当绝杀司空见惯的时候，就觉得罗霍那一球也还好，桑保利一手的大牌比之克罗地亚一定是猛好多的，这才是阿根廷正常的水平，是经两场胡天胡地的梦游之后清醒的状态。应该致敬的是克罗地亚，前两轮一球未失，第三场阵容轮换也不含糊，仍然从从容容把冰岛拿下，没有放水，没有懈怠，非常具备公平竞争精神，尽管自己的球迷曾被阿根廷人痛扁，也没有说法外再报复一下的。克罗地亚往那里一站，已经抢得半个领先的身位，至少连观众都没对得起的丹麦应该是输了一半了。

年轻的法国队大马金刀地坐在 C 位，接受年长的对手仰视，也许阿根廷队未必觉得法国难打，世界杯上阿根廷没有输过法国，一点心理优势还是有的，而法国在心理上应该也不会有任何畏惧，输两次那都是老一辈的窘况，对于 19 岁的姆巴佩来说，开门见山遇见梅球王那是多么求之不得，他不会放过这个快速成长扬名立万的机会。法阿就像一个要抄底一个要出货的两个人用相互鄙视的眼神怼了一下，然后众望所归地等待被诗人吟成了所有的日子都比不上它的光辉的 6 月 30 日。

希望阿根廷能以组长克罗地亚为榜样，对标目前最具观赏性的比利时，打出与天空颜色匹配的足球，尽量不要像 1990 年的阿根廷，以铁桶阵淘汰了巴西，却不能服众。

2018 年 6 月 27 日

不逆自己怎逆天？不改战术何改命？

和上届冠军魔咒、假球都没有关系，这就是一场战术上对韩国队研究不够，体能上继上场豪华逆转后强弩之末不能穿鲁缟。

豪华逆转的副作用是很大的，教练不敢换豪逆的主角，不敢动乱中求胜的战术，甚至连祈祷也是复制粘贴，期望好运一直能相伴而行。但全世界就那么多好运，大神的云储存里也就这么多好运，凭什么都给你呢？所以我们看到近两年最著名的豪逆都不能持续，上届欧冠巴萨6：1逆转了大巴黎可谓惊天动地，然后呢？没有然后；这届欧冠罗马3：0豪逆了巴萨，然后呢？没有然后。豪逆的正常操作是接着被反豪逆，比如2017年豪逆大巴黎的巴萨到了2018年就被罗马反豪逆。

韩国的战术并没有多大的改变，跆拳道仍然伴随左右，只是黄牌分布得非常均匀，队长孙兴慜也分到一张，但是就没有红牌，赵贤佑的摩丝头依旧高昂，衬得克罗斯的发胶有些疲软，所有的爆冷都离不开门将，所以贤佑欧巴当仁不让成为本场最佳，个人成绩与克罗斯打成平手，一人一座可口可乐最佳球员杯。孙兴慜和诺伊尔的矛盾之战终于出现，只不过诡异得令人窒息，全场基本没犯什么错误的诺伊尔在补时阶段放弃了球门跑到前场，期待给韩国一段补时惊魂，未曾料韩国队断球后大脚吊向后场，尚有余力的孙球王像苏炳添一样狂奔60米，在皮球将出底线之前从容将球打进。

德国队一直认为打韩国没有问题，他们忘记了在马特乌斯的真铁血时代韩国队曾在世界杯上落后德国三球险些追平。缠打和死扛是韩国队的优良传统，人人要服兵役的传统确是能将一些军人的意志移植到队中的，哭过之后的孙兴慜就像再无牵挂的游侠,在满城的黄金甲胄中八步赶蝉一举夺旗。

　　德国队这 20 年来最大的进步是脚下技术,表现占首位的就是远射,2006 年他们虽然没有拿到冠军,但凭借那些标枪一样的远射恢复了一流强队的地位,在而后的八年中破掉了很多密集防守成为让巴西都 1∶7 惨败的盖世英雄并终于在 2014 年世界杯中登顶;而在日耳曼人兵器榜上位居第二的是克洛泽的头锤,可以用头捶打出帽子戏法的克洛泽坐在喀山足球场的看台上,显得形单影只,世界杯进球纪录是他的,四星德国是他的主队,可是德国这么些年都收获了些什么? 多了些一觉醒来就德吹的伪球迷么? 遗憾的是,这一次连伪球迷都失望了。

2018 年 6 月 28 日

数学老师教的体育和体育老师教的数学

日本队不是第一次打进世界杯十六强,但因为少两张黄牌而进入淘汰赛可是破天荒。西野朗的体育是数学老师教的,当被渴求一胜的波兰追打到贝德纳雷克进球时,日本队认命了,但听说哥伦比亚1∶0领先塞内加尔时,尽管剩下的时间足够韩国进两个球,比利时队进三个球,但西野朗凭借加减运算和概率论的数学功底,果断选择了磨叽掉剩余时间的战术,把选择权交给足球大神。也许是带了浅草观音寺求来的顺利出线符,西野坚信自己将创造历史,避开本届杯赛可怕的补时雷门。除了还没有进球的莱万还有些进攻欲望之外,波兰人也已被日本人带入性冷淡系,配合日本人演出了最后十分钟的日本能剧。

比利时和英格兰的赛事不影响出线大局,双方主力前锋都不约而同安排了轮休,但双方的英超成色仍是24k,看上去就像是曼城对利物浦,大开大阖,除了比利时的黄牌有点多余之外,并没有表现得太消极,双方射门25次,门将都有精彩扑救,特别是开场不久英格兰门将皮克福德奋勇扑出比利时蒂耶勒曼的远射,和10分钟左右卡希尔在皮球快要滚进自家球门时补位门将一招救险……英格兰没有求负,英超的脸面犹在。比利时人也并非不懂上半区的艰难,并非不知上半区的行情,只是睥睨天下欲成新王的志气让他们仍然奔流着进球机器的血,贾努扎伊的世界波告诉看官们虽千万人吾往矣。

马丁内斯的数学是体育老师教的,是旷野星空的大数学。他评价贾努扎伊是很有智慧的球员,很有智慧通常数学成绩好的学生的标配,八强以上焉有鱼腩？对阵日本不好吗？哪怕是八进四遇巴西，在四星德国回家的形势下，又有谁更适合决战巴西呢？马丁内斯不是没有精算，只是格局更大而已。

2018 年 6 月 29 日

世界杯从纠缠进入告别：是平凡的盛世　也是时间的宿命

　　昨日葡萄牙1∶2负于乌拉圭,阿根廷3∶4不敌法国;今日丹麦3∶4点球负于克罗地亚,西班牙4∶5点球决战被俄罗斯淘汰。世界杯开始玩数字游戏了,这个最简单的等差数列（注:阿根廷与葡萄牙在世界杯小组赛的比分）将天王梅罗送去机场,又将半支皇马送回马德里,甚至将父亲节的鸡汤也一起打包,看台上的父亲扑出过巴斯滕的点球,球场上的儿子扑出莫德里奇的,然而父子也还要一起回家。

　　世界杯从纠缠进入告别,48场小组赛犹如大学的光阴,不管你来自北上广还是新一线,不管你来自省城还是县中,不管你来自港澳台海外还是十八洞村,总之纠纠缠缠的四年都少不了,这是大家平凡的人生,也是人生的宿命。

　　梅西离去,再无烦忧,何尝不是一桩美事？本来就只是个想安静踢球的腼腆少年,是时代缺乏灵气而由此幻化出对他无尽的仰慕让他疲惫,是国家经济每况愈下而将希望寄托在他渴求光明。他有他自己的生活,他不需要为国家买单。尽管他已经经常买单,付热身赛的违约金和足协工作人员的工资,但这一刻,他可以轻松回到巴塞罗那,那里有他的家,或者将来去大巴黎,那里有他铁杆的粉丝。

　　C罗离去,无须难过,他有继承,先不说看台上懂事的迷你罗,就是那占尽风光的姆巴佩,也是他精神上的弟子,可能直冲牛斗,星耀俄罗斯,有一些成功不会让你亲历。其实C罗今年有个倒钩已经足够,十六强和世界杯帽子戏法都是赚的，既然拖不动格德斯，改不了桑托斯，那就回家先把婚礼办了。欧冠金球年年有，不怕白了少年头。

　　C罗队友莫德里奇和梅西队友兼迷弟拉基蒂奇还要继续，代表克罗地亚十八洞村留在世界杯大学，C罗葡语帮的小弟马塞洛更进一步忙着考研，C罗想念队宠的传球，如果葡萄牙队有个队宠，是不是就能将卡瓦尼直接打熄火，甚至都不会让他有自己拉伤的机会？C罗不要听特朗普的怂恿竞选什么总统，那是另一种活法，不适合他，但他可以和总统建议是不是可以从巴西归化点球员到葡萄牙，既然世界杯葡语为王，天下葡语又是一家，何不把黄金居留做做大。

2018年7月2日

豪逆：日本复制66年经典朝鲜，比利时集体向尤西比奥致敬

墨西哥和日本都没有越过各自的纪录天堑，对于巴西人来讲再平常不过的八强风景，却是坎波斯奥乔亚几代蝴蝶都飞不上去的绝情山谷。日本人仍然止步十六强，但是他们打出了一场惊天动地的比赛，在格局上，甩了韩国胜德国一战两条街，他们在70分钟还是两球领先，在终场前本田圭佑还打出超远距离的电梯球险些杀死比赛，韩国胜德国是源于德国人的失误，而日本输给比利时是因为比利时的牌实在太大了。

日本人踢了一场向1966年的朝鲜致敬的比赛，当年八晋四一战朝鲜在前25分钟3∶0领先葡萄牙，而日本队是在下半场才开辟了两球领先的局面，按理说更容易保存胜利果实，但日本人没有保守求生，他们继续着让全世界瞠目结舌的进攻，西野朗一反数学老师教体育的常态，一口气换下第一球功臣柴崎岳和原口元气，遣上山口萤和本田圭佑，准备用一场体育老师教数学的豪赌借道比利时直奔巴西而去，巴西是日本足球的唐朝，是日本足球梦开始的地方，如果能在四分之一决赛直面恩师，纵然樱花一谢亦是无比凄美，这是符合日本美学的，西野朗明显在还上一场的能剧债了。

比利时则踢了集体向尤西比奥致敬的20分钟，向全世界展示了多点开花的无穷战力，比利时没有尤西比奥这样的球王，但阿扎尔穿针引线，用维尔通亨、费莱尼、卢卡库等人组合了一个逆转之王，就像从环太平洋虫洞里出来的机甲怪兽一步步向富士山走去。川岛永嗣获得太多成为英雄的机会，只是在最后一秒，被比利时一次最最经典的反击绝杀，央视的解说一再强调超过

三次传球就不算反击了,只能算阵地战了,卢卡库鬼魅地一漏,出来一个忍者模样的沙兹利,正好三次传球进网。反击好好来,别墅靠着海。

日本人始于反击,终于反击。比利时绝平和绝杀球都来自替补,无论在调兵和战术调整上比利时都是更胜一筹的,而最后的反击更是给日本最先的反击盖了个帽。

2018 年 7 月 3 日

兵临城下：狙击手凯恩完成加雷斯的救赎

哥伦比亚绝平告诉你没有唾手可得的胜利，英格兰点胜又告诉你即使远隔22年，即使你不在场上，仍然可以隔代完成救赎。对于看着如今绅士打扮的加雷斯·索斯盖特在1996年青葱岁月时英德大战中罚失点球还记忆犹新的我们，能够在漫长的等待之后，看英格兰进入点球大战，用一种他们最不擅长的方式完成加雷斯的救赎，自然是无比疲倦，同时也无比欣慰。加时赛结束前提前五分钟就开始读秒的央视评论员一度让看官昏眩，这是需要给狙击手预留五分钟喝一杯茶或抽一根烟么？

"这儿所有人都知道他们迟早是必死无疑。所以，每天晚上能够活着回来，就是一种奖励。所以，每一杯茶水，每一支香烟都像是一个小小的庆祝。你只是需要接受这一点。"——点球决战就是狙击手之战，那部名为《兵临城下》的俄罗斯二战题材的电影几乎把台词都给人准备好了。在1996年欧洲杯上，索斯盖特踢满了英格兰的全部比赛，却以踢丢点球作为结束。在与德国队的点球大战中，各自五名预设的点球手都罚中之后，霍德尔问："谁要上？"然后他走了上去，没能"活着"回来，连一支烟的时间都没有，他就成了英格兰的罪臣，他接受了这一点，还去拍了一部比萨广告片，戴上纸头套走进餐厅，看着好可怜。

索斯盖特被英超米德尔斯堡解聘过，他被任命为英格兰主教练时，一家国民新闻报社称当时全国上下"哀鸿遍野"，"拥有不能实现的梦想真难过。"——也许《兵临城下》中的名句在索斯盖特心里重复着千百遍，他派上了凯恩、拉什福德、亨德森、特里皮尔和戴尔。狙击手凯恩靠两个点球凑数完成的帽子戏法仍然熠熠生辉,这一战,又是两粒点球弹无虚发。英格兰小分队从三月份开始练点球,队长凯恩的水平是最高的,亨德森虽然点球被扑出,但罚的质量还是可以的,大家都没有白练。最终门将皮克福德加入救赎小分队,与狙击手们一同完成了加雷斯的救赎。

　　希望是人类最美好的拥有,只要自己不放弃,希望就会永远相伴相随。——《肖申克的救赎》。

2018 年 7 月 4 日

欧洲与南美：二维码支付 VS 老式刷卡

得分如支付，南美足球还停留在"有尼潇洒一挥，无卡寸步难行"的老式刷卡阶段。

案例一：无卡瓦尼，乌拉圭出局

缺少卡瓦尼的乌拉圭队是被法国完全扼制住了，如同没有卡塞米罗的巴西队被比利时掌控一样，卡瓦尼能攻善守，前后左右移动，就像任天堂红白游戏机里30条命的狠角色。当他坐在替补席观战时，乌拉圭不但进攻组织不起来，而且防守也捉襟见肘，苏亚雷斯居然全场无一次射门，饼无处可送，亦无处飞来，他就像单兵作战并且没有重武器的魂斗罗战士滴滴答答地跑了8000多米，血尽倒地。

案例二：无卡塞米罗，巴西出局

缺少卡塞米罗的巴西队终于被比利时人阻挡了前进的脚步，比利时队像具备自动学习功能的人工智能，他们吸取了日本队的优点，在控制中场的前提下利用牌面优势打防守反击，巴西虽然传控还占优，但卡塞米罗核心不再，替代他的费尔南迪尼奥成事不足败事有余，全场碌碌无为不说，还在慌乱中打出乌龙帮比利时打开了局面。

巴西有很多次技术配合，法国的技术配合少于巴西，但也有不少，为什么巴西最终被淘汰而法国晋级？当我们复盘整个比赛时，可以发现除了中场控制和攻守平衡之外临门一脚的重要性，是格列兹曼的远射杀死比赛的，他就是压得住球并将球送到门框里，然后等待乌拉圭门将穆斯莱拉犯错，巴西24次射门进一球，比利时10次射门进两球，基本动作高下立判了。

格列茨曼的马竞队友希门尼斯在比赛结束前七八分钟就已经泪流满面，为法国队打开胜利之门一传一射的格列茨曼十分体恤乌拉圭人，他没有做庆祝动作，但法国青年军绝不坠青云之志，时代宠儿姆巴佩再次展现了他的速度和技术天赋，在一次受到乌拉圭人报复的插花脚传球之后，和乌拉圭人纠缠良久，领到一张黄牌，但他很快被德尚通过换人保护起来，法国队在细节和创新方面做得很好，他们和比利时队一样，得分如支付，用的是二维码。

2018 年 7 月 7 日

"FOREVER"的克罗地亚——欧洲拉丁派中最有力量的存在

瑞典的出局是巴西出局的反面，巴西华丽、流畅、有情怀，巴西出局是世界杯在美学方面的的损失，你会觉得四强里面没有巴西是一个很没品的剧情设计，瑞典实用、简单、无美感，瑞典出局是世界杯在社会学方面的损失。一支在足球美学上乏善可陈的球队不声不响地做掉N支有无数拥趸的冠军球队或者无冕之王，当他马上要成为一种社会现象时，出局了，社会学痛失一个样本。

俄罗斯的出局是东道主不可估量的损失，但俄罗斯靠一名西甲黄潜战士加俄超团队分场单挑皇马、巴萨两大豪门主力，以国际足联第70名的排位止步于世界杯四强，也已经够梦幻了，这一届世界杯的经历以及2017年联合会杯的经历让这支队伍迅速成熟和自信起来，切里舍夫、戈洛温和他的青年战友显然在未被期许的时段里成为俄罗斯足球的黄金一代。每支球队每个单位每个团队，都有自己的黄金一代，俄罗斯的黄金一代来得十分突然，几乎是从青铜一下变成王者。

以普通媒体的口径，克罗地亚是最终的黑马，因为和英格兰、法国、比利时的名望比，在不看五大联赛的"世界杯球迷"眼中，克罗地亚是相对朴实无华的，因此属于冷门，但其实克罗地亚有莫德里奇、拉基蒂奇、曼朱基奇这样的皇马、巴萨、尤文三重唱组合，搁到哪里都是夺冠热门，又比比利时、英格兰这样的英超组合差多少呢？尽管它们的运气不算太好，遇到了神奇东道主，从落后、到追平、到反超、到被追平，克罗地亚有多次杀死比赛的机会却又将自己弄进了点球决战场面,稳如泰山的拉基蒂奇再一次成为点球决战的终结者,带着兄弟照片上场的门将苏巴西奇成为关键先生,莫德里奇和即将变成前皇马队友的C罗一样,也是33岁高龄,全场跑了12千米,加时赛还能轻松突破对手的他再次成为最佳球员,他是现象级的中场大师,后梅罗时代有可能问鼎金球奖的球员。把克罗地亚历经两次点球大战而留下看作是一种天意,既然苏巴西奇的"FOREVER"感动了世界,就让这个欧洲拉丁派中最有力量的存在一直走下去吧。

2018 年 7 月 8 日

年轻就是有极限——快乐足球与辛苦足球的临界点

英格兰拥有梦幻开局，五分钟不到便一球领先，气氛非常欢乐，本届世界杯快乐足球代言人——年轻的英格兰团队已经期待与法国人见面，会一会同样快乐得志的姆巴佩。

克罗地亚踢的是辛苦足球，两场淘汰赛打满120分钟，来来回回逆转，点球决战惨烈过关，莫德里奇33岁高龄动辄一场跑十几千米，半决赛阵容仍是辛苦足球的延续，曼朱基奇跑到抽筋，一记滑铲伤到大腿根，起来再跑终于建功。佩里西奇终于找到感觉，扳平助攻终获最佳，过程中还经历射中门柱、绝好位置被队友无视等正常人生痛楚。克罗地亚三场淘汰赛打满120分钟，硬生生多出一场比赛的时间，如果说2002年巴西队夺冠是打七场，那16年后克罗地亚不管夺不夺冠都相当于要打八场。经历过四强的克罗地亚足协主席苏克再次见证了克罗地亚从来就没有岁月静好，只有负重前行。只不过这一次他们走得更远。

一样是一球落后，克罗地亚表现得比比利时要沉着一些，也许是经历了太多的辛苦和不易，他们几乎是逆来顺受地跑动，接手了快乐足球的反面——辛苦足球。英格兰有多少人想复刻法国对比利时的半决赛呢？克罗地亚没有让快乐足球继续走下去，这帮饱经沧桑的老男人通过逐渐从英格兰年轻人手中夺回中场，度过了中场危机，完成了克罗地亚史无前例的世界杯伟业，辛苦足球虽然是快乐足球的反面，但汗水与泪水更接近真实的生活。

2018年7月12日

比利时杨坤：原谅这世界所有的不对

比利时队打满七场比赛，创造历史最佳名次，阿扎尔展现的人球结合能力可以进入世界前三了，客观地说在梅西之后，现在的 C 罗之前。阿扎尔单届世界杯完成 40 次突破，位居历史第 4。

C 罗在曼联时期人球结合能力更好，在皇马后期齐达内指导下实现转型，从人球结合能力转向人赛结合能力，放弃过人王的竞争，终成为胜负大师和五球先生，成功诠释了"放过了自己，我才能高飞"的无所谓哲学。

阿扎尔的人球结合能力和内马尔相当，但与内马尔的"破碎就破碎，要什么完美"相比，阿扎尔在乱军丛中的突破更为坚强。当他直面内马尔时，比利时成功阻挡了五星巴西的脚步，在抗美方面，阿扎尔乃至比利时对欧洲足球的贡献不可抹杀，不管是法国还是克罗地亚，对付巴西都没有比利时保险，更不要说年轻的英格兰了。

阿扎尔和莫德里奇谁是最强的 10 号，这是本届世界杯最后的悬念。阿扎尔勇胜巴西，莫德里奇轻取阿根廷，不分上下；莫德里奇从下半区三个加时、两场点球决胜反复逆转艰难杀入决赛，阿扎尔不畏上半区死亡氛围，在可以苟且的时候选择了远方，两胜英格兰终获季军，也是平手；阿扎尔三球在手，莫德里奇两球加传控数据爆棚；阿扎尔和莫德里奇都是各自国家队队长，各有三场比赛当选最佳，各自高光不断，完全势均力敌。

但是莫德里奇如果能继续前几场淘汰赛的表现，不管是以何种方式战胜法国，他必获金球。阿扎尔已经看得很开："我会把这个奖给自己，但是这不是我说了算。我相信他们会把这个奖给一个能踢决赛的球员。"阿扎尔明白:即使克罗地亚输了决赛,如果莫德里奇没太大失误的话,这个金球也是莫德里奇的。

有意思的是:阿扎尔不否认心系皇马,据传皇马要报价1.5亿英镑买阿扎尔,谁会爱上谁、谁又让谁憔悴?

莫德里奇是较晚得知C罗离开皇马消息的人,他会不会是较早得知阿扎尔将成为他新队友的人呢?对于皇马这样一支成功而无情的球队来说,无论劳尔、卡西、还是C罗,哪怕进过450个球,流过的幸福泪和汗,也只是短暂的美。如果阿扎尔最终选择了皇马,他要做好准备,原谅这世界所有的不对。

2018年7月15日

2014 巴西世界杯

Brazil 2014

巴西 VS 克罗地亚：唯应谈笑取公卿

揭幕战主裁判的名字是"70后"比较熟悉的日本作家西村寿行和森村诚一的组合，西村雄一（以下简称"作家"）一声哨响，2014年巴西世界杯开始了。

克罗地亚游击队绝非菜鸟，在四年之后的平行世界里，他们是世界杯亚军。

巴西队居然先失一球。第11分钟，克罗地亚左边路发动反击，奥利奇高速突进后低平球传中，耶拉维奇前点包抄蹭到皮球，后点补防的马塞洛伸脚将球蹭进自家大门。世界杯揭幕战首球是乌龙球，这还是第一次，皇马队宠，C罗的好战友马塞洛不幸成为那个倒霉蛋。

失球后，年轻的巴西队展开了士兵突击。第27分钟，内马尔在争抢落点时，抬肘击中2018年世界足球先生莫德里奇的面部，吃到本届杯赛首张黄牌。但两分钟后，内马尔将比分扳平，同时他也成为巴西队队史最年轻的50场球员。这是巴西队10号12年来首次在世界杯赛场进球。

第41分钟，"作家"在巴西罚任意球时像木工一样划了条线，内马尔的右脚弧线球被拉基蒂奇顶出底线。但随后不久，内马尔轰入了点球。终场前奥斯卡再进一球，巴西完成了1∶3的逆转。

这场球，两队都踢得不好，我已经觉得基本上他们都不可能夺冠了。揭幕战就去掉两个冠军人选，分量很重。这一天，有一个国有上市公司出现人事震动，被新股东无情罢免的总经理在股东会上朗诵了一首《致国士》，"黄金台上三千客,赤壁风前百万兵。终古山河仍带砺,唯应谈笑取公卿。"看到克罗地亚队离开伊塔盖拉球场,也是有那么一些悲壮。

2014 年 6 月 13 日

西班牙 VS 荷兰：无冕之王杀王

西班牙对荷兰，是王对无冕之王的战斗。两队都不穿传统颜色的队服，看上去更像两支俱乐部球队。

指望他们放开打，别再搞绝顶高手对决时最常见的 1∶0 了。西班牙队有点老迈，而荷兰队貌似将第一场当决赛打。当西班牙先进一个点球时，我隐隐觉得没有那么简单，就像 8 年后俄罗斯收拾了乌克兰的海空军之后，陆军还有超巨的不确定因素。不久，出现了伟大的锦鲤范佩西，鱼跃龙门地进了一个球。我在微博上点评道："大道至简，空即是色。"然后荷兰队像 1988 年的米兰三剑客附体一般开挂了，他们就是在那一次问鼎欧洲和多次的世界杯亚军之后奠定了无冕之王的江湖地位。而早在王位上的西班牙已经让天下苦 Tiki-Taka 久矣。

无冕之王与王在世界杯的上一场比赛正是 2010 年南非世界杯的决赛。加时赛，罗本曾两度获得单刀机会面对卡西，他本可终结比赛，加冕为王。然而两次都被卡西神勇扑出，最终王依靠伊涅斯塔的绝杀 1∶0 击败无冕之王夺走冠军。而这一次罗本涅槃重生，马踏罗本走廊，反超了比分。就像欧冠决赛对阵切尔西的加时赛中罚失点球痛失冠军，来年在欧冠的决赛中完成绝杀君临欧洲一样，在四年的磨刀等待后完成了自我救赎，我默默地在微博上题字"青衣飞侠，一代宗师"。

无冕之王成为进击的巨人，先是斯内德的任意球，击中了我猜的比分。到 4∶1 锦鲤梅开二度时，我的波胆没了！疯狂的荷兰！你把西班牙当韩国打啊！世界杯是讲因果的。罗本，你教会了我们！对世界排名第一的球队这么大尺度的逆转,史无前例。而且是对世界第一门将的打击,一个大时代到来了。王、无冕之王、希望破最长时间不失球纪录的门将、被嘲笑老错失单刀的前锋、点球、大雨,1∶5逆转,见证了这场对决的人们,是否感觉见证了一个时代?

2014 年 6 月 14 日

复刻杀王，英意登场

2014年巴西世界杯D组首轮，乌拉圭将和哥斯达黎加在福塔莱萨的科斯特朗体育场展开厮杀。乌拉圭被普遍看好将轻松击败哥斯达黎加。

剧本像荷兰打西班牙的复制，都是热门队先进个点球。然后哥斯达黎加有个鱼跃也很提神。先获点球是对热门队的诅咒啊！卡瓦尼完成了点球操作。苏亚雷斯因伤无法出场，上届世界杯最佳球员弗兰老迈，不复当年之勇，替补登场的埃尔南德斯仍显青涩，在对方3名中卫杜阿特、冈萨雷斯以及乌马纳的重点照顾下，卡瓦尼显得孤掌难鸣。在被哥斯达黎加反超后虽然也拼尽全力希望为球队挽回败局，可惜有心无力。

乌拉圭曾经在巴西夺得世界杯冠军，他们依然有世界杯梦想，不过乌拉圭一直有夺命剪刀脚的画风。卡西利斯的飞铲都可以算恐怖袭击了。从这方面来看，乌拉圭太没人品了，1∶3输掉，不冤！

英格兰队的白袍就比西班牙队的好看多了，白袍设计师一定要注意避用肩膀到袖口的三条杠，哪怕非常想当大队长。

意大利这帮老将最多撑半场。

英格兰队不愧为欧洲的中国队！

2014年6月15日

法国3∶0轻取洪都拉斯，梅西破门造乌龙

德尚带队水平不错，里贝里不来，法国队进球率反而比想象的多点。

今晨关键词：乌龙。

梅西，看看人家罗本和内马尔，你懂的。

2014年6月16日

德国 4∶0 碾压小葡萄

克林斯曼在用另一种方式踢德国足球。

阿尔梅达、科恩特朗、佩佩，下一场都缺席对葡萄牙也许是好事，给了板凳球员更多的机会。八字秘诀仍可用——"过了中场，球给C罗"，C罗能过则过，不能过则靠任意球，可效仿1990年的阿根廷，收缩打反击，换个门将，戈耶契亚型的，找个速度快的卡尼吉亚策应C罗，那一年阿根廷首战即输，后来也打到决赛。

2014年6月17日

墨西哥逼平巴西，俄罗斯韩国言和

墨西哥队禁区内的防守活干得挺利落。

0∶0的经典，门将牛才是真的牛，门将顶半支球队，这话好久没听人讲了。

韩国队黄牌也无所谓，赢一场就行了，看俄罗斯队还不如看没来的乌克兰队舒坦。

继续！韩剧明星们！

2014年6月18日

荷兰3∶2澳大利亚，克罗地亚4∶0喀麦隆

这两球，罗本像闪电，澳大利亚似巴西。

只见黄绿，动作很暴力。

澳大利亚开启了明日边缘模式，荷兰队似进入了思考人生模式。

风车袋鼠打出了乒乓球的感觉。

荷兰队貌似又进入打西班牙模式了。

罗本横着走，门将抖三抖。

莱基思考了一下，决定摔倒。——CCTV-5有时也有幽默。

莱基又思考了一下，还是决定摔倒。

罗本横着走两步，有人堵，接着走两步，又见人堵，继续横趟，还有人堵，面对黄队连成的护城河，罗本心道：这是在江滨路吗？

以控球之王的身份完全失控了比赛，西班牙是移动互联网时代的一个鲜活的案例：如果四年你都没有改变，纵然是王，也必入尘埃。

克罗地亚打入一个德甲型入球。

很多球队都有德国队的影子，巴萨之后，拜仁风开始流行。

克罗地亚队像是支盗版的德国队。

2019年6月19日

乌拉圭2∶0胜英格兰，日本0∶0平希腊

伊布带儿子来看球？

鲁尼与C罗，谁比谁更不容易？

精诚所至，金石为开。@鲁尼

苏亚雷斯没越位？

论苏亚雷斯的进球命。

日本队告诉大家：自信也不能当饭吃。

两场数据可证哥斯达黎加是一支有实力夺冠的队伍，只不过球迷大都对这个国家没有情愫。

2014年6月20日

哥斯达黎加 1∶0 力克意大利

这支哥斯达黎加队与当年米卢带的哥队早不可同日而语,哥国内小朋友练球给补贴的做法实施多年,相当于高考加一门"足球"了。

巴神有牵挂,球就打不好。

哥斯达黎加队,你们国家远射也有补贴吗?

意大利还欠哥一个点球。门线技术替代裁判,少了冤案。

裁判有问题,建议纪委到他家搜一下。

张路老师觉得意大利太不给面儿了。

2014 年 6 月 21 日

德国 2∶2 加纳，阿根廷 1∶0 伊朗

阿根廷要是赢不了，要怪段暄。

Lonely Messi！

德国队又要起网了。

德国队这一组配合是教科书级的。

穆勒也想玩压哨三分？

无论是德国还是阿根廷，小组赛的表现都不如哥斯达黎加。德国队虽然也平个把纪录，但哥的每一步都是纪录！

世界杯球队分三等，第一等赢球加好看：荷兰、法国、哥斯达黎加、智利、哥伦比亚，第二等有平有好看或赢球不好看：巴西、德国、阿根廷、墨西哥，第三等：其他。排序动态调整中！

2014 年 6 月 22 日

美国队 2∶2 平葡萄牙

这一阵儿,美国队也打了一会葡式足球。

起码要进一个吧?佐罗(C罗)。

平局不如输,挺好。

下一个看点是:世界最强的国家和欧洲最强的国家会不会打假球?这届葡萄牙队的使命是出难题。

前德国足球先生、前德国队长,现美国教练,这事儿难办。

2022 年 6 月 23 日

巴西4∶1喀麦隆，荷兰2∶0智利

内马尔想凭这一场先把最佳射手锁住了。

喀麦隆还有将巴西推向荷兰的机会，可惜没人出来索吻。

克罗地亚也暴刷注意力了。

世界杯心路：强队争出线，弱队刷存在感。

内马尔不错，会做人也会讲话，巴萨、巴西的队友都招呼到了，和早早当了爸爸有关系啊。克罗地亚出现第二门将，生生把球拍下，裁判愣没给墨西哥点球。

荷兰队两个进球都是年轻的替补球员，西班牙这一场换了七个首发，说明了老将在助攻方面的重要性。

来自星星的荷兰从不缺继承者。

荷兰的德佩绝对是足球新星。

2014年6月24日

意大利0∶1不敌乌拉圭遭淘汰，哥伦比亚4∶1大胜日本

作为一个战士，身体的任何部位都能杀敌制胜。刘建宏的解说让人毛骨悚然。

以明灯出名的穿乌拉圭球衣的小朋友哭了，倒也显得可爱，三个看好意大利出线的男人不住地安慰她，大家都不知道该怪谁，要怪就怪鲍牙苏！

老朋友门德拉贡上场了，日本的草率进攻也许只为哥伦比亚创造一段传奇。

门德拉贡把两个孩子养这么大了？

2014年6月25日

瑞士3∶0洪都拉斯,法国0∶0厄瓜多尔

瑞士队当自己是前朝的西班牙队,禁区内的活真细。

法国队也有机会破门。

厄瓜多尔门将,今天也改叫奥乔亚。

论法国队与荷兰队的差距。

活糙略独的埃德首发,希望能比上一场表现好点。

2014年6月26日

葡萄牙2∶1加纳，缺净胜球比缺钱还难受

C罗这一脚不输梅西啊，可惜一个门梁。

德国队这一球居然没进。

C罗头球，世界足球先生的范还是十足的。

乌龙的另一个名字叫天意。

C罗又一脚，质量三包的禁区前沿射门。

就算是打假球也打个2∶2之类的好不？至少有些波澜。

葡萄牙这一组脚后跟传球发起的配合真具观赏性。

葡萄牙的后防线松垮得很。

换人换得太好了！埃德就是个南郭先生。

葡萄牙这次要是出不去不能怪谁了。

C罗太酷了，进球也没太开心，也不秀肌肉。

缺净胜球比缺钱还难受。

和上一个马年比，亚洲足球与非洲足球的差距越来越大，更别谈和欧美了，已经到了被开除球籍的边缘了。

2014年6月27日

巴西4∶3智利,投喂门将刷屏

内马尔会成为C罗第二吗?

准备看点球吧,反正双方门将都被各种进攻投喂得兴奋不已,就差发朋友圈了。

2014年6月29日

荷兰2∶1补时绝杀墨西哥，范加尔可去太空

还是马里打中国好看。

每次中场休息都出来个假李小龙卖保险。

葡萄牙的裁判心里有些小阴暗。

奥乔亚比奥巴马还有权势。

这就是荷兰，专治权势。

荷兰队已经不可阻挡，但离我的要求还差一个球。

真正的大师是范加尔，他可以代表全队去太空！

当德国足球开始像荷兰时，荷兰足球又像德国了。

2014 年 6 月 30 日

德国2∶1阿尔及利亚,非洲最后希望破灭

不上克劳泽,勒夫会后悔。

阿尔及利亚教练组应掀起一股反腐败学荷兰的热潮。

阿友们爆发得有点晚,可惜了,非洲最后的希望破灭。八强赛,世界杯进入真正的欧美时间和豪门盛筵,关注哥斯达黎加、关注J罗的哥伦比亚,他们谁会成为四强哥?

2014年7月1日

比利时 2∶1 加时击败美国

美国队还有点时间，但也只有跪求点球决胜的份，因为比赛已经被红魔控制，虽然飞行者霍华德一定是本场最佳。

克林斯曼在德国队休息期间继续展现德国足球的魅力，而且是他那个时代的德国足球。琼斯浪费的机会不少。

结果是八组头名进八强，但过程真不容易猜到。

2014 年 7 月 2 日

荷兰0∶0哥斯达黎加,"罗本飞"媲美托马斯全旋

这样的连续击球也打不进,对方果然练过网球。

荷兰队还是坚持用只有名门望族才用得起的奢侈品——短传渗透。

"罗本飞"堪与托马斯全旋媲美,"范佩西飞"虽然高端,但不常见。

太无聊了。小组赛的你们都去哪了?打荷兰的哥斯达黎加兄弟们?

要是打加时赛,估计哥能攒五黄。

小范为何不出鱼跃呢?

荷兰队三鬼拍门都漏掉。

这意思是不打场加时,不给冠军了?

纳瓦如斯,变态在兹。荷兰队尽遇奇葩门将。

边裁看上去也像二三代华裔,这下搞大了。

罗政委辛苦了!

范加尔是真正的大师!

范加尔居然换上了乔丹,23号压哨。

2014年7月6日

巴西世纪大败局，1∶7 负德国成就克洛泽

巴西队开启程咬金模式。

你看，三板斧乱砍。

德国队首次射门，自家前锋乌龙成对方后卫，把球挡出去了。

德国队击球的效率是独一无二的。

押小球的专家一定急死了，真不知道巴西队这么放开打。

克劳泽破纪录，接下来看穆勒，他再搞一次帽子戏法的心都有了！

3∶0！

谁说东道主有优势啊？斯科拉里专业毁优势。

4G 时代的半决赛！

这应是个点球，不过也无所谓了，已经进了 5 个球了。

这五个球是在 18 分钟内完成的，完了人还补一句：总共打门九次。巴西内马尔青衫湿！

巴西队要稳住，如果扳回一个，还有西班牙陪衬，再输两个可媲美朝鲜，再多输，就前无古人了。

这几分钟打得还有点五星桑巴的范儿！

诺伊尔位列第四妖门，可与奥乔亚、霍华德、纳瓦斯并列四大。

克洛泽把纪录拔高一个走了，以后还会有谁能进 16 球俱乐部呢？这个俱乐部的成员首先要求其国家队是四强的常客，J 罗都没希望，仅有年少成名和不懈努力是不够的，还要有背景，克洛泽一定深为是个德国人而自豪。

穆勒应该还有一个，一届世界杯两顶帽子，以后没机会了。

德国队人人都想在巴西队身上刷纪录。

巴西队扳回一球的机会还是有的,要记住今夜的所有都将记于史册。

奥斯卡这个进球是巴西队史上最困难时刻的进球,这也是有意义的。

最后统计错了,巴西射正13球两球被挡?那应该进11球了。

可以相信,但的确很疯狂,足球在进步。——穆勒

2014年7月9日

阿根廷荷兰点球决战，梅西率队进决赛

罗政委秀球技，真是一个不世出的球员。

四名上场比赛以打死角罚进点球的荷兰球员，还是后面因为扑出两个点球无需出战的亨特拉尔、加上伤愈复出的德容，这支荷兰队将超越1988年那支拥有世界排名前四位球员的荷兰队。

西莱森这是玩什么花活？

荷兰队左路的防守要修补一下。

雨起，荷兰换人，变数更大了。

范加尔为何不派三号门将上去呢？你让22名球员上过场，老天留一个让你压箱底，你却不用。

西莱森这么爱表现，应该让他第一个罚点球。

2014年7月10日

半决赛总结

半决赛总结:巴西队错在和德国打对攻,忽略了本队的弱点;荷兰队错在和阿根廷打防守,忽略了本队的优点。

范加尔半决赛紧张了,失算了。可能也是被巴西惨败影响到了,所以也可以说德国打败了荷兰。

再过4年,罗本年迈,不大会再跑出十秒多的百米成绩,也不大可能再踢铲不惧,可能要去土耳其踢联赛,而斯内德搞不好要去恒大,这一代球员的老去,如同菲戈那一代的葡萄牙,是让人唏嘘的。

上海豪雨!大珠小珠落玉盘。

想不到中央台三四名决赛的宣传片做得这么有水平。

2014年7月12日

巴西0∶3荷兰，无冕之王杀五冠王

裁判很不待见巴西啊，直接黄牌。

巴西队还是在瞎打一气，这球浩克要是传了也就有戏了，居然学罗本还要过人。

看看慢镜，罗本应该还有一点球。

荷兰队换门将，温情世界杯啊。

镜头可以再给一下卢卡吗？

这个带橙色大盖帽手持大力神杯的老球迷收到了范佩西的队长袖标，老先生每场都在，而镜头也总会给他，他是荷兰足球的一部分。

感谢荷兰精彩奉献！巴西依然失魂落魄。

希望明天感谢德国！罗本算是慕尼黑的一部分。

德国正当时！气势如虹，势不可挡！

2014年7月13日

德国绝杀阿根廷，神选德意志

阿根廷动作大,波黑。

阿根廷坐实了防守反击模式。

德国送大礼,阿根廷人不收,廉洁的阿根廷。

无功不受禄,哈哈！

德国需要快点进球,不然容易被绝杀。

太入戏了,伊瓜因庆祝动作都做完了才发现早越位了。

这球还好没进,不然又伊瓜因了。

德国队的左路防守太松了。

边裁刷存在感了。

荷兰上一场要是像德国队这样打,凭借拜仁前锋罗本的速度,就不止一个立柱了。

梅西也会紧张啊。

德国队打假球一样。

穆勒说传球别这样有想象力好不好？

阿根廷开始不好好打反击了。

决赛场上,意大利说了算。

都舍不得进个球。

要是搞点球决战,真变成门将的世界杯了。

还不出红牌？都留见红了！

阿根廷小动作太多了。

格策绝杀！好了，结束。功夫足球到此结束。

那些力挺德国的博文就是今日神选德意志见证！终于如愿！

不容易，这么多年。

圆梦在巴西！

2014 年 7 月 14 日

2010 南非世界杯
South Africa 2010

这一球的名字，可以叫作"哀伤"

南非世界杯的开幕式搁在下午，北京时间晚八点，与世界杯没太多直接关系的中国球迷居然轮到这么黄金的时间，对黄金之国徒生好感的人还不少。更"人性化"的是第一次遇到世界杯开幕式完了和揭幕战开始之间还有一个多小时的空当，足够你看完一集热播的《三国》或者《手机》，再折回来看南非对墨西哥的。

非洲时间的开幕式除了不在晚上，更不在夏天，可我的脑海中，竟只记得1990年意大利世界杯的开幕式，时间是一切的君王，从1986年到2010年，开幕式看了六次，人老了24岁，真正在记忆的硬盘里不曾被抹去或被覆盖掉的开幕式只有意大利之夏那一次，连同主题曲《意大利之夏》。当然，最终还记得的旋律亦有1998年法国世界杯的主题曲《生命之杯》，意大利和法兰西无愧于其灿烂的文化，只有这两个国家，能把世界杯办成国家的名牌，和红酒一样让人惦记。国旗的颜色都比意法多几种的南非当然也不能不说是色彩斑斓，但最终能被我们记住并不能忘却的恐怕不多，这一届的《胜利之兆》也许你只能记住名字，而韩日世界杯，我竟然连主题曲的名字都想不起来，只记得韩国队进入四强时那滑稽的场面。

恐怕是在场馆的建设方面花了太多的钱，南非人民对开幕式的花销异常节省，他们在地图上人靠人站起来翻出一个一个脚印的样子，让我想起了世博会的某些省钱省得没方向的亚非场馆，和北京奥运会烟花组成的脚印相比，南非世界杯开幕式的脚印可谓低碳又低糖。屎壳郎滚动"普天同庆"的创意被媒体追捧，可能也是会过日子又有创意的非洲朋友支的招儿。

有一位记者认为世界杯开幕式虽然稀松，但对贫穷的南非来讲，也不平。此文一被新浪置顶，招来骂声一片，被称作"彩虹之国"、作为整个非洲经济最为发达的国家，世界杯投入超预算几倍的南非被自认为中国富裕得不行的记者扣上贫穷的帽子，全是因为开幕式弄在了下午，没有折腾掉几吨烟火，团体操没有排练大半年，党和国家领导人不够重视，老百姓又比较啰唆。

顺便说一下，2009年全球人均GDP排名，南非是第78名，中国是106名。

开幕式最大的遗憾是曼德拉没能到场，当年被监禁了20多年的曼德拉坐直升机降临这个集聚十万人的球场，场面是何其壮观，期待这一幕再度降临的人们，转而为瞬间与重孙女天人相隔的曼德拉唏嘘。即便是对经历过无以复加的苦难和无以复加的荣誉的90多岁的老人，此刻失去至爱的重孙女，也是难以接受的现实。南非世界杯在隐痛中开幕，在巨大的不可预测性中启动了第一天，在阳光和阴霾的转换中开始了揭幕战，在查巴拉拉的进球中打破了沉寂。

这一球的名字，可以叫作"哀伤"。

2010年6月12日

阿根廷队开场十分钟给人的感觉是神在踢球

韩国球员是很为亚洲挣分的,八次世界杯经历,2∶0胜欧洲冠军。

即便是荷兰队,也难以如此折磨死希腊队,让他们在焦急中寻不到任何找回的机会,韩国队用曾经在世界杯上被荷兰队以狩猎式的打法痛失五球的反经验,偷师一般,完成了对希腊队的冬猎,在南非的三九暖阳里。

只不过,他们的教练已经不是荷兰人希丁克,而是韩国人许丁茂。许的西装和稍后亮相的马拉多纳的着装都很挺括,马拉多纳甚至选了一条韩国帅哥喜欢戴的银色领带,世界杯不但是球星的舞台,也是前球星的舞台,不但是耐克的舞台,也许也是阿玛尼的舞台。24年前的墨西哥世界杯,许丁茂只是一个勤劳的伐木工,一个负责伐倒马拉多纳的后卫,而马拉多纳是一片神奇的会挪动的森林,而昨晚,许丁茂让韩国队成为挪动的森林,马拉多纳则让阿根廷队成为希腊诸神。

阿根廷队开场十分钟给人的感觉是神在踢球,十分钟后,神去,落回平庸。

世界杯几十年来,韩国人培养出自己的教练和自己的思想。阿根廷队培养出绿茵世界的偶像,从马拉多纳到梅西。南非世界杯推出了屎壳郎,中国足球联赛却沦为赌场。

2010 年 6 月 13 日

德国队的四核时代

阿根廷队南非世界杯首战前十分钟,是神在踢球。德国队首战全场都是。

为了让噱头更浓一点,他们用四个进球推出了自己华丽的锋线,你可以称他们四大天王,也可以叫总统头像山、F4、飞轮海,甚至梅兰竹菊、四大名捕,总之丰俭随意,爱谁谁。德国队负责进四球,你负责打酱油。

德国队已经不止一次用高比分拯救陷入平庸的世界杯了,四年前,4∶2胜哥斯达黎加,八年前,8∶0胜沙特,20年前4∶1胜前南斯拉夫,前世界杯时代,匈牙利是七星刀,后世界杯时代,德国队是青釭剑。

任何一种江湖,都需要这样一种力量,让旁观者明白斗争的意义不是为了革命而是为了愉悦地生活,现在这一支德国队身上日渐充盈的艺术性,使德国足球脱离坦克、意志、战车之类打字机时代的乏味字眼,走向瑜伽、信心、时尚座驾之类网络时代的丰富语汇,德国足球变了,与其说是力量,不如说是思想。更恰当的表述是:思想着的力量,舞动着的意志。当我们看到那人将球撮起来,用巧劲将球打入球门下角八点钟方向时,我们以为是梅西加入了德国队,仔细看那人竟是穆勒。德国队在球门线附近仍将球回传,辗转再入的打法疑似巴西。而射门击中门框内的次数,让你毫不怀疑这还是德国队,如果把德国队看成是一部笔记本的话,他们已经从单核时代走向双核时代。从前锋的表现看,也可以叫四核时代,拥有超霸级的CPU。

黄健翔说阿根廷和英格兰都没有冠军相,那德国呢?

我很遗憾买了德国队的套票,而昨夜不在德班。如在,那是一个多么美妙的夜晚。

2010 年 6 月 14 日

普天同庆，百兽震惶

昨夜今晨，球赛都不怎样，但球迷很出彩。

丹麦美女名不虚传。

美女比靓，荷兰美女赢不了丹麦美女，美女不会自摆乌龙。

日本球迷装扮雷人，"魂""神风"之类层出不穷，不待见，好不容易找出一张清纯点的本色女子的照片，姿色不作评点。

喀麦隆的白人女子分外引人注目。

这两位颇似《非诚勿扰》中北海道四姐妹酒馆的两个主人，看得出曾经都是美女。

意大利出经典。

此战方知巴拉圭盛产丰腴的美女，热情奔放，普天同庆，蔚为壮观。

前日德国的球迷阵容，怎一个普天同庆、热情奔放了得？德国美女比较含蓄。但也不乏豪放之举。

记得现在《黄加李泡》的主角老黄曾经在1996年欧洲杯温布利目睹德国队夺冠时迸出的感慨：一个国家假如拥有德国队这样的一支足球队，那么，她的人民是会经常感到幸福和骄傲的。

颇有女人恨不生丹麦，球迷恨不生德国之慨。

2010年6月15日

端午节快乐！

昨日，上海电影节上播出的奥地利影片《白丝带》片长有144分钟，黑白胶片摄制，空镜头、长镜头多多，全片沉闷、压抑、看得你难受，一度认为是评委们出了问题，《白丝带》才获得了戛纳电影节的金棕榈大奖。直到电影借一个真相渐出的夜晚，用男爵先生的口说出皇储在萨拉热窝被刺杀的事，而用乡村老师的口说出后来才知道那一年的冬天是最后一个平静的冬天时，我才突然明白电影的年代是在1913年的德国，而所有的铺垫都在抗议一种让孩子们被教育和影响成法西斯的力量。

麦克汉内克历来作品中，最骇人的事件，绝对超越观众所见。《白丝带》真正让人不寒而栗之处，其实是用缓慢和悬疑的叙事语调描述了一个备受体罚压迫、环境剥削下长大的孩子们，在世界大战时成了被纳粹吸收的精英分子，最终危害并撼动了整个欧洲大陆。

于是，该片获得金棕榈奖。我悟到一点唯一得过金棕榈奖的中国电影《霸王别姬》和《白丝带》的异曲同工之处，希望、绝望、希望、绝望的交替，背后是更替中的时代背景，那些在"文化大革命"中长大的孩子们，不也撼动了和改变了整个中国吗？

今晨，撼动世界杯的是朝鲜人，一群足球运动员在12元月薪和失败即去做矿工的传说中登场，在55分钟里和五星巴西平分秋色，前55分钟里最具威名、最有控制力、最老油条的巴西队没有进球，空镜头、长镜头多多，一度让你认为是桑巴足球出了问题。直到球赛借一记匪夷所思的零角度进球中，麦孔先生的脚说出巴西在面对世界杯不速之客朝鲜思考了55分钟以后的态度和举措，我才突然明白这场用三次闹铃把自己硬生生从美梦中唤醒投入去看的球赛，是可以提名本届世界杯"金棕榈奖"的，这个熬出来的夜和白天在永华电影城熬出来的144分钟一样都是超值的。

第二个入球依然很巴西，这样的进球，有很深的巴西烙印，朝鲜之门被这样的进球射破，无须担心自己走不太远，因为他们的小组，已经没有球队能有相当于巴西的功力，更何况，朝鲜还在末了射入巴西一球，一个传球、突破、怒射一气呵成，足以傲视群雄的绝杀。

所有的人都对这支球队刮目相看，也对他们的国家刮目相看。一个让超一流球员郑大世泪流满面的国家，不会仅仅靠将军忽悠老百姓而赢得尊严吧？朝鲜在根子上仍有值得我们尊重的东西。

端午节的天亮了。

在韩国和朝鲜，叫端午祭，前者拿这申报成功为世界文化遗产。由他们去吧，世界杯上的端午，只属于这两个国家，不管他们是搞什么主义，是分裂还是统一，他们的足球都正端午。

伟大的左（右）后卫（前锋），端午节快乐！

2010年6月16日

买彩票的时候要把自己当成诸葛亮或者司马懿

最近,经常有朋友问晚上的比赛怎么押?人算不如天算,彩票拿在手里直犯愁,这一月纠结的生活啊。

似乎现在看球,没有一些彩头,就没了劲头。许多年前纯粹地喜欢一支球队,不计回报地付出感情倒像是初恋一般,而现在,对每一支心水的球队抛去的媚眼都有了几分调情的味道。

开放改革,老老爽煞。这 32 路风尘中的妖媚啊。

博彩要谨防妖媚,钱没有那么好赚,不然的话,国际足联就是最大的慈善机构了。入市有风险,投资须谨慎。

即便是看好了一支球队,也要提防他的反复,这好比做股指期货,即使你看对了大方向,如果局部操作不当,仍然是输钱没商量。

昨晚朋友问三场比赛的预测,第一场认为不是问题,押德国赢没错。关键要我给后两场的意见,我用《三国》的锦囊语言用短信发去四字:美胜英平。自认为很有把握,结果也才猜对一半。

昨晚的美国队像是德国队,而德国队却像是美国队。点球不进,本来是活糙心散漫的美国人的事,现在成了德国队的事;输二追三反败为胜或大比分落后追平是德国人的专利,现在成了美国人的法术。世界杯一向有这种风格上的错位,它不会最终改变大数定律,但它始终影响比赛的进程,也影响你钱包的厚薄。

这一届的英格兰和法兰西我都不看好,即使是午夜梦醒,也不愿熬夜看战,精力有限青春不再,64场球一场不落,国际足联也不会给我发津贴,不会给颁最佳球迷奖,而白日商道必大受影响。我什么彩票也没买,我押出去的是时间,如果这场球没给我愉悦,那我就输了,比如像今晨英格兰的零蛋平局,我没押时间进去,我算自己赢;前几日,熬夜看巴西对朝鲜,看得舒坦,也算赢。连赢,没多一分钱,伪赌徒。有球看,居然选择睡觉,更是伪球迷。

　　菩萨,也不一定有求(球)必应吧?就这样来找平。

　　世界杯之前把热播的《三国》看完,是有助于押球的,当你下注时,你要把自己当成是诸葛亮或者司马懿,再不成也是鲁子敬,一定要有预见性。德国输掉第二场比输掉第三场好,你就要提防塞尔维亚爆冷。德国队一向在世界杯小组赛第二场表现不佳,你得留意押个小球。因为德国队输掉肯定是小球,而赢第二场一般也是小球。事后诸葛亮告诉我们当值裁判的简历不能不察,马伦科于1973年8月8日出生于西班牙的潘普洛纳,由于曾在国家德比中照顾皇马,曾被加泰罗尼亚媒体和巴萨球迷笑话为皇马的第12人。这样的裁判是会捣鬼的,有时候他会像1914年6月28日那个塞尔维亚青年一样,用行刺王储挑起世界大战,世界上押普鲁士赢的人太多了,就让普鲁士输掉,有时候劣胜优汰也是法则。不过来自马里的主裁库利巴利制造了本届世界杯的第一粒争议球,吹跑了一次经典的大逆转,就好像是水平问题不是态度问题,当然如果他来自伊朗,"司马懿"就要查查他的态度问题。

　　德国队就是本届世界杯的王储。王储受伤的程度有待下一步观察,但我想下一场,押德国队不输总不会输,大伙自求多福。

　　朋友的短信又来了,今夜怎么押?

　　荷兰平,加纳平,丹麦平,如何?世界杯概率统计第二轮平局多,日本可怜,让他们平一场荷兰吧,澳大利亚胜是难胜了,鼓励一下让他们平一场,丹麦,也平了算了。

2010年6月19日

葡萄牙足球的《清明上河图》

上海去北京，要坐东航，北京回上海，要坐国航。北京是国航的地盘，上海是东航的地盘，所谓流量控制，专门控制非主场的公司，犹如黑哨专门吹客队犯规。

买了上航（上航现已与东航讲一家话，好比巴西和葡萄牙）的票子回上海的结果是，18 点 50 分起飞的航班最终给弄到 20 点 50 分起飞，竟然能在飞机上看完葡萄牙对朝鲜的上半场比赛，不由得让我感谢 CCTV，感谢新浪网，感谢移动 3G，感谢流量控制，感谢首都机场。

当飞机降落虹桥机场时，葡萄牙对朝鲜的比赛已经结束，智利对瑞士的比赛也已经搞了半场，让我绝未料想到的是：朝鲜队半场被灌 6 球。我很为这帮孩子担心，他们去做矿工的概率大大增加，虽然有人说在朝鲜矿工是高级职业。在完全打开的葡萄牙队面前，朝鲜人民突然发现帝国主义并不是纸老虎，发现伟大领袖的注视并不管用，将军思想没有附体，尤西比奥附对方体，中场不突出椎间盘突出，铁桶阵散掉了，后卫平行站位不堪一击，大雨滂沱粒粒诛心，一干人等恨不得来个 11 人失踪案。

从机场出来，赶到伊犁路一家能看电视的夜宵店，赶上智利头球破门。看完智利对瑞士的下半场，再看葡萄牙对朝鲜的回放，水淹七军方有切肤之感，这本是一场进球可达两位数的赛事，葡萄牙球员还浪费了不下四次的机会，朝鲜队与上半场判若两队，与上一场更是天壤之别，除了大雨的原因，排除赌球的可能，最大的问题是路线问题，朝鲜犹如第五次反"围剿"的红军，放弃了稳健的游击战，选择了体面的正面交锋，结果是一败涂地。而葡萄牙却比上一场更像巴西，C罗甚至以杂耍般的爆发终结了2009年2月以来的国家队不进球的纪录。

眼下，飞行是与外界隔绝的最好方法，这种"落地请开手机"的独特看球方式让我对这场比赛有了很强的空间感受，后面的六个进球，就像葡萄牙足球的一幅《清明上河图》，壮阔、繁荣、细微、显著。

2010年6月22日

《肖申克救赎》之世界杯版：王者的胸怀被无限的屈辱撑大

91分钟，美国队进球，门将霍华德振臂仰天，这一幕，宛如《肖申克救赎》最震撼人心的场面。曾经在碟片小摊上看到《肖申克救赎》的三个不同的译名："刺激1995""月黑高飞""地狱诺言"，三个名字全部可以用作今晚美国对阿尔及利亚赛事的冠名，当然，"刺激1995"稍作修改效果更佳——"刺激2010"。

保鲜食品冷藏风味更佳，晋级球队逆转情义无价。

《肖申克救赎》中最经典的台词"Salvation lies within."是今晚美国人自我救赎的高度总结——得救之道，就在其中。这一届的美国队真是往昔德国队的翻版，逆转能力举世无双。《三国》第80集，张昭在孙权面前说："主公，王者的胸怀是被无限的屈辱撑大的。"

Hope is a good thing, maybe the best of things. And no good thing ever dies.

心怀希望是好事，而且也许是最棒的事。美好的事物永远不会消逝的。——摘自《肖申克救赎》

好球连场被吹，脸被肘击，门柱捣鬼，对方门将姆博里诡异的门神附体似的微笑都不能动摇美国人的希望，甚至我都一度认为这支美国队是来给华尔街金融风暴还债的，主帅鲍伯·布拉德利和光头中后卫米歇尔·布拉德利父子组合是给倒塌的雷曼兄弟公司补台的，否则怎么会衰成这样？

我以为美国队要拿一个道德风尚奖回家，我以为阿尔及利亚的门将姆博里将当选为全场最佳球员，我以为阿尔及利亚要拿一个公平竞赛奖回家：自己不出线也绝不让别人出线。他们明天将在比勒陀利亚机场相逢一笑,主题词是:春运——携手回家。

这一切,都被多诺万补时阶段的进球逆转,美国队在比赛阶段表现出的坚忍和不放弃,美国球迷在看台上表现出的坚强和不抛弃,都成为世界杯永远的经典。这个经典你可以称之为救赎。

2010 年 6 月 23 日

美德换位

德国队在和加纳队的生死之战中表现不佳,比赛相当沉闷,同样是1∶0,美国队那一场,是月黑风高事件夜。德国队这一场,是夜色如冰沉睡天。南非世界杯后两场小组赛,美国队是前德国队附体,坚韧而精彩,德国队是前美国队附体,偶尔露峥嵘。细心的观众会发现,德国队中移民剧增,已经超越美国成为世界杯的移民大国。世界在变,于是世界杯也变。偶像派变成实力派,实力派变成苹果派。

两次都差点看睡过去,一次是被德国队的后卫惊醒,他将加纳队的射门及时处理掉,一次是播音员大呼另一个球场澳大利亚队进球了,第二次叫醒后睡意全无,因为两分钟后澳大利亚又进球了。感谢澳大利亚,这次来自"遥远的国度"的"亚洲球队"在最后一场生死战中表现出东道主球队一样的英勇,一样的体面出局,进入亚洲之后,他们听到了亚洲第一大国要让人民活得有尊严的号召,青出于蓝,出局也出得很有尊严。塞尔维亚有点背,他们战胜了德国,却输给德国的手下败将澳大利亚,世界杯八强终于保留了一支非洲球队,加纳。

德国队凭借"小妖"厄齐尔的一脚远射,1∶0击败了加纳队,从决战之中逃出生天。而厄齐尔的表现也并非完美,他在此前一次单刀赴会中面对加纳守门员仓皇起脚,浪费了绝佳的进球机会。

如果说第一战展示的是德国队的四核前锋,这一战则展示了德国队的上品后卫,德国队还是热门队,世博馆也还是热门馆。德国之后的路线:顺利战胜英格兰晋级八强,在1/4决赛面对阿根廷,如胜,下一个对手将很有可能是西班牙(西班牙很可能以H组第一的身份晋级)。若再胜,晋级决赛,他们的对手最可能的是来自G组的巴西!王者的胸怀是被无数的屈辱撑大的,这条夺冠的漫漫长路,也必是一条心的苦旅。

我唯一一次"下注"是一周前在万宁店买了一百多块的东西,人家赠了张竞猜奖券,填了世界杯的前三名:德国、巴西、荷兰。很轻松,输了没有任何惩罚,赢了好像是一部自行车。

德国战车,高能耗;中国自行车,低碳。

2010年6月24日

赌神在邻

阿根廷淘汰墨西哥后几个小时,搭早班飞机从温州回上海。

飞机上人不多,一排位置一人独享,补觉的心都有。两位看上去应该是喜欢看苦情电视剧的中年妇女壮怀激烈地在讨论足球,一位终于在飞机起飞前撂下电话,悻悻地说:原来所有的人都押阿根廷,只有我俩二百五,押墨西哥。

我一惊,原来赌神在邻。

这一届的世界杯,小组赛进球的数字暴跌,押球的人数暴涨,下注成了提高看球积极性的手段。英格兰被吹掉的那粒进球一定让押英格兰赢的人怒发冲冠,英格兰联络官小贝的背影纵然令人心酸,但钱包瘪了,群众才真正怒了。

FIFA现在像个喜欢搞宏观调控的政府,日渐将市场玩弄于股掌之间,布拉特坚持说误判是足球魅力的一部分,犹如坚持说腐败是发展经济的原动力。

德国队员赛后的表现很可爱,纷纷说:那个球是裁判的事,和我们无关。估计是联络官在更衣室和大家说好的,虽然他不像小贝有名,但工作显然比小贝出色。

德国队也是受害者,以德国之能,完全可以无瑕疵地拿下比赛,何苦受此冤案之累?

昨天是一个没有意外的夜晚,德阿晋级,如四年前的模样。

今夜又将是一个没有意外的夜晚,荷巴晋级,如N年前的模样。

赌神们都明白：没有意外的事件延续往往是一个石破天惊的意外在孕育。

2010年6月29日

遭遇天敌

十六强对阵图玄妙,西南东北走向,天敌之战;西北东南走向,遭遇之战。

德国队是阿根廷队的天敌,阿根廷队奔放,德国队严谨,而这一届的德国队吸纳了阿根廷队的奔放,而阿根廷队并没有拿到德国队的严谨,阿根廷队的后卫线堪忧。德国胜。即便是点球决胜,也是德国胜。

巴西和荷兰也是宿敌,是王与无冕之王之战,邓加的巴西队少了三八,多了老辣,已是不可阻挡的王者之师,但荷兰队也已经谋略起来,孙子装了很久,谋位之心已达30多年,打法日益难看,实力愈发强大,五星巴西五代称帝,荷兰队不过是30年前的两朝丞相,此战巴西胜,则必进决赛,荷兰胜,则改朝换代。

尽管很多人都想看巴拉圭乳神在国家广场裸奔的场面,但巴拉圭已经是强弩之末,不能穿鲁缟。西班牙、巴拉圭遭遇战,西班牙胜。西班牙胜巴拉圭比胜日本还容易。

乌拉圭对加纳遭遇了历史的天空,加纳承载了非洲人民的重托,布拉特要连任,非洲选票很重要,韩日世界杯讨好亚洲,让韩国进四强,南非世界杯,南非是不行了,把加纳给加纳到四强里去吧,此朝廷之意,恐难忤逆。

无球之日,戏言四强。

PS:米卢:四强球队应该是巴西、阿根廷、西班牙和乌拉圭,三支南美队和一支欧洲队,这就是本届世界杯的四强格局。

贝利：德国队还很年轻，还不具备夺冠的能力，他们缺乏赢得整届赛事冠军所必需的经验。

2010 年 7 月 1 日

浓缩的朝代：巴荷乌加如是说

荷兰队在和巴西队决战之前，狠命练了点球，结果发现巴西队崩溃得比他们想象的快，没到点球决战的时候，五星王者已经溃不成军。一个很古怪又没有重播的场面是三个橙衣人在巴西门将面前传球，还把球传丢了，巴西队的后场如同王者的宫殿，竟被几个传球丑陋的荷兰人占据着玩耍，而麦孔领衔的御林军却不知道在哪里？麦孔助攻的名气已经远大于守城，而城被破了。

90分钟，改朝换代。

前40分钟、巴西王朝欣欣向荣，中间20分钟、腐败滋生、增长乏力，最后30分钟、改革失败、江山易主。足球运动如此浓缩地展现一个王朝的背影，如有神助。

荷兰队踢得并不是十分出色，这次政变充满不完美之处，红牌、黄牌、掏错了红牌的黄牌、假摔、小动作、口角、踩踏应有尽有。但对于荷兰足球来说，他们将反超的2∶1保持到终场便已足够。这是一支最低碳的荷兰队，他们通常赢对手一球，最多两球，荷兰经济型酒店，性价比极高，他们已经连续了13场胜利，从世界杯预选赛开始直到今天。四年前的意大利已经不算什么，现在最黑的是荷兰。窃国者诸侯也。

加纳队不知是否练过点球，他们离世界杯四强无限接近，吉安略高了些许的抬脚改变了四强的格局，非洲大陆硕果仅存的加纳队死于苏亚雷斯代言的上帝之手。乌拉圭队在世界杯上已经几十年没有太露头了，勉强拿22年前丰田杯上的乌拉圭民族队来比较吧，他们在点球决战中硬生生地粉碎了柯曼领衔的荷兰埃因霍温队丰田称帝的梦想。那场比赛120分钟内也有点球，最后的点球决战，也有门柱，90分钟1∶1，120分钟2∶2，点球大战踢了10轮，民族队门将扑出4粒点球，9∶8！乌拉圭民族队夺冠！现在乌拉圭队在南非世界杯搞活动，进球扑住点球全部打对折促销，点球恩怨再续新的篇章。

巴荷四分之一决赛开始，世界杯进入高潮。这个夜晚充满了诡异的气息，这是世界杯特有的气息，在欧洲杯上你是闻不到这种气息的。这是世界杯漫长的历史性和多样的民族性所决定的，全世界只有足球这项运动有这样的特质，世界杯就是这样一张老旧的茶几，上面摆满了杯具（悲剧），这张茶几不是四条腿的，是四个相连的支撑面托起的一个几面，以便于它倒过来的时候，能够当盥洗池用，而里面盛满了洗具（喜剧）。

世界杯始终在这种荡气回肠的悲喜中走向明天，这是它真正的魅力所在。你可以忘掉所有的进球，但你忘不掉那一刻张扬的剧情；你可以忘掉所有的明星，但你忘不掉它升起和坠落的轨迹。

昨夜，有两个进球不能忘记：

一、梅洛的直传和罗比尼奥禁区边缘的单刀推射破门，这是巴西队在本届世界杯上最后的表演，崩溃以前排场的盛宴，它的名字叫"人算"。

二、荷兰第68分钟反超比分，罗本开出右侧角球，库伊特头球后蹭，斯内德4码处头球破门，这是荷兰队一球定江山的大作，斯内德身高1.7米，再高5厘米，这球都打高了，这一球让我想起1994年世界杯巴西球星罗马里奥，头球叩开瑞典队大门，罗马里奥1.68米，再高5厘米，一样不行。第二球的名字叫"天算"。

加纳说：谋事在人，成事在天。

乌拉圭说：谢天谢地谢人。

荷兰说：人算不如天算。

巴西说：五星王朝，算错一步。

2010年7月3日

阿粉在德国队的迅雷之下来不及掩耳盗铃

德国淘汰阿根廷晋级四强，奥斯卡影后查理兹－塞隆现场观战，德国女球迷湿身庆祝。

阿根廷队不仗义，输一个球，人家还可以说"阿根廷，今夜我为你哭泣"。就算输两个球，也还可以勉强说说"天不予我，非战之罪"。输三个球就比较为难了，中国队在汉城奥运会上也才输德国队三个球，不见得和中国队平起平坐吧？多少阿迷都是对阿根廷有多关爱对中国队就有多不屑的。这让阿迷很尴尬，大眼、我的好多朋友、甚至朋友的孩子，白岩松还有央视一大批女主持人阿粉在德国队的迅雷之下全部来不及掩耳盗铃。

黄健翔：节目组的人注意，待会儿李承鹏回来表情肃穆，一个都不许笑，要不然砸场子。今天晚上再不回来，搞不好小子就罢工了。——摘自《黄加李泡》网络版。

黄健翔似乎也是阿迷，但迷得没有大眼那么厉害，这一下也很受伤。

阿根廷索性将悲哀放大到极致，他们最终让德国队搞出一个4：0，这个比分是本届杯赛的次悬殊比分，再多就是葡萄牙队屠宰朝鲜队时的《清明上河图》了，而恐怕上帝亲自做梦也未必能梦到阿根廷会是那个"0"。

其实阿根廷的问题早就有，他们在第一场比赛前十分钟如神附体好球连连，而后神去楼空陷入平庸，后面的比赛又都是顺风球，他们只知道自己的前锋有多好，不知道自己的后防有多脆弱，进攻可以凭个人的本色，防守却是一个系统问题，没有一支防守好的球队是匆匆集结的，也没有一座坚城是只靠老大一振戴两块表的双臂就搞定的，马拉多纳和比拉尔多不同，马拉多纳是左派,是叛逆,他具备个人直接作战时创造奇迹的能力,但不具备比拉尔多那样只靠一道主菜便做出超级盛宴的带队能力,即便是布拉特特别关照不可对梅西犯规,梅西也无法仅靠自己精灵般的舞步就把阿根廷送上首席,他甚至没能给自己添一个世界杯进球。

如果我们对比一下 1990 年的阿根廷队和 2010 年的阿根廷队,你会发现阿根廷队走得更远的 1990 年,阿根廷人是示弱的、如履薄冰但却是心气极高的;而这一届的阿根廷队是骄纵的、纵横捭阖但却是做贼心虚的。他们在德国年轻军团的垂直打击之下现出原形,不能不说是一场悲剧,老马的人生充满了这样的捧杀和棒杀,保重,马拉多纳。

而这支德国队四年前就已经成型,进攻多点,中场多核,后卫合纵连横,年轻而又团结,他们和 1990 年的那支德国队比,1990 年的德国队是摩登的四大天王领衔的,是强势的舍我其谁的;而这支德国队却是低调的,最多也是四小天鹅之类的小朋友腔调,即使是事实上已经超越克林斯曼的克劳泽,也是沉默的。人们关心梅西进球比关心克劳泽进球要多太多,德国队能让全世界都忘记他们的克劳泽距离方丹、贝利、穆勒的世界杯进球纪录已经很克劳斯了(close),突然,在这样一个代表国家队参加的第 100 场比赛的夜晚,用斩杀阿根廷队的超炫广告方式将克劳泽推进世界杯的名人堂。他已经平了穆勒的纪录,马上超越是眼前的事,半决赛,马超。排在他们之前的是巴西的罗纳尔多,大罗一共打进了 15 个进球。不过,现在德国队闯进了四强,还剩下两场比赛,克洛泽有机会继续改写历史!他甚至还有机会参加巴西世界杯,如果他进球后还能空翻的话。克劳泽,把世界杯进球纪录定格到 20 个吧,你要感谢的真不是自己,你要向中国运动员学习,感谢你们的党和政府,感谢你们的国家,梅西和 C 罗都比你强,但他们的国家队没有你家国脚的品质保证,罗本也比你强,但他们的国家队已经不流行进太多的球了,所以,保重,克劳泽。

2010 年 7 月 4 日

荷兰队说自己是无冕之王，塞尔维亚笑了

比赛前，朋友要押乌拉圭，我不语。后来他要押荷兰，我说荷兰要让一球，荷兰赢两球算你赢。

可能是不太好取舍，赌局未成。河粉没吃到，龟苓膏也没上桌。

比赛的结果3:2，荷兰就是赢乌拉圭一球，这和这届荷兰队的低碳风格以及河粉、龟苓膏的实力差距都是吻合的，这是一场比后一场比赛预测难度低一些的半决赛。

尽管之前百发百中的章鱼保罗预测西班牙会赢德国，我想这次它可能出错了。

尽管巴拉圭乳神拉里萨·里克尔梅刚刚更新了誓言，如果战胜巴拉圭的西班牙队在世界杯上夺冠的话，她立马就将一丝不挂奉献给世界。我想不会有太多人对另一个龟苓膏感兴趣了，如果露乳是为了祖国也就罢了，但如果是为了全世界的眼球，其实大可不必在球门前起誓，Facebook上搞一下，开心网上搞一下，自己再搞个官网，一定能获得和水族馆章鱼网站一样的效果，当机！如果还不当机，把手机烤烫放进服务器里面，夹住，必当。

相信国际足联很快会要求向此类炒作者收费的，章鱼也就罢了，它没法出帐，乳神不一样，乳神是纳税人，除非你交点钱成为FIFA的合作伙伴，当然，也可能是FIFA给你发点津贴，你潜伏你奉献。总之，对自己没有好处的事，FIFA是不干的，FIFA现在是生意人，寄售几张世界杯门票还要收20%的手续费，没理由不抽头的。

荷德决战，荷兰队没有退路，输了连无冕之王都拿不到。

因为荷兰队输了还要说自己是无冕之王,那塞尔维亚就笑了。

由于德国输给了西班牙,最后一句改为:荷兰队输了还要说自己是无冕之王,那瑞士队就笑了。

形势变化快啊。

2010 年 7 月 7 日

德甲大学输给巴萨皇马联合大学

说一说这支我看好了四年的球队吧,德国。

费了那么多笔墨推荐他,输了就发一张照片似乎交代不过去。没有无缘无故的爱,更没有无缘无故的喜欢。

德国队为什么会输给西班牙?

第一是因为不够自信,这是一群科班出身的孩子,他们打阿根廷这样号称用生命踢球的球队并不害怕,他们是科学训练出来的成果,带领他们的是科隆大学的体育博士,带领阿根廷队的是天赋神功的马拉多纳,马拉多纳是特招生,千万人中只有一个,文化课不好,但特殊技能世间罕有,普通人难以效仿;而德国军团都是高分优秀生,在勒夫的带领下走着普通人成为社会精英的必由之路,他们的大学叫"德甲",一个叫杨晨的中国人曾经在这所大学就读。德甲学生是专注和刻苦的,直到他们遇到了这班西班牙人,西班牙人的大学叫巴萨皇马联合大学,排名世界第一,与意大利的国米大学同为学院翘楚,孩子们气宇轩昂,技艺精湛,且功名在身,德甲大学的孩子有些露怯,毕竟他们没有功名,而巴萨和皇马都是暮鼓晨钟中需要仰望的偶像级院校,德国军团不怕野路子,就怕正路子,人间正道是沧桑,从心理上和技战术水平的发挥上,德国孩子被沧桑了。

第二是因为还没找到绣花针大法的破解之法,2008年,德国队在欧洲杯决赛中负于西班牙,现在德国队中有8人是欧洲杯时的老臣,但西班牙队中有11人,那场比赛德国队也是被西班牙禁锢,被西班牙人的绣花针穿来穿去,慢慢窒息。两年过去,德国队对绣花针大法仍是一筹莫展,也许他们想到了进入半决赛,但没想到还是遇到了西班牙队。德国队不惧巴西、不惧荷兰、不惧阿根廷、不惧英格兰,就是对西班牙有那么一些忐忑,但还是遇上了。世界杯就是哪壶不开提哪壶的游戏。德国队打法被西班牙队相克也许还要持续一段时间,这让我想起20世纪90年代中期马晓春被李昌镐相克,进决赛就输,马晓春将那段时期称为与李昌镐的天敌时期。

有空再说吧,德国队是进入世界杯四强次数最多的队,我预测巴西世界杯他们仍能够进四强。到那时,这帮孩子仍比现在的巴西队年轻。时间是一切的君王。

2010年7月9日

我的世界你的球

新王即位,普天同庆。

第19届世界杯在西班牙门将卡西利亚斯举起大力神杯后的一声长啸中结束,这个2002年韩日世界杯上有过失意和惆怅的"80后"孩子在即将而立之时完成了他的奋斗。西班牙足球在金童劳尔的一次次无功而返之后选择了卡西利亚斯完成成人礼。这一刻,南非的世界是璀璨的,荷兰人的眼光是迷离的。回家很久的瑞士人轻轻一笑,这一届,只有他们尝试过战胜世界杯新王的滋味,而一只叫保罗的章鱼更是流露出外太空的表情,在从不失手方面,也许保罗是真正的MVP,它预测对了所有的结果。

普天同庆,每个人都能够找到安慰自己的理由,天已经亮了。

窗外,是晨曦中的珠江新城,又是一个世界杯闭幕的早晨,四年前,我在山东,现在,我在广东。世界杯是时间之刃,划过人生的古榕,老了我们的容颜。

2006年世界杯时我开了博客,2006年6月13日,开博序的名字叫"我的世界你的杯",那时我看好德国,现在也看好德国,从比赛的质量看,第三名决赛的质量要远远高于冠亚军决赛,可足球是圆的,这一次,章鱼决定一切。

世界杯是一条神奇的时空项链,串起三色球、飞火流星、团队之星、普天同庆这些时间之珠。每一次世界杯,都能记住一大堆明星的脸,还有这些球,还有穿过球的边缘的黄油手。很多时候,人类最需要的不是喝彩,而是原谅。

感谢四年零一个月来访问本人博客的友人,特别是几位从素不相识到相熟的朋友,也许能从前文中找到与我对话的自己。地球和足球,都有圆的份,你我的遇见,都是缘分。鉴于各种原因,博客在2010年7月12日搁笔,搁笔的日子很好记,就是西班牙人伊涅斯塔打进世界杯历史上进球最晚的绝杀的日子,第117分钟进球,好球。

请记住这些好球。

我的世界你的球,青山不改,绿水长流。

2010年7月12日

2006 德国世界杯

Germany 2006

我的世界你的杯

1974年,阿维兰热就任国际足联主席,据说当时国际足联的账户上只有24美金。

1978年,第11届世界杯在阿根廷举行。阿根廷人为主办这届杯赛投入7亿美元兴建彩色电视转播中心,全球有96个国家和地区12亿人能清晰、逼真地欣赏世界杯盛况。但中国刚刚实行改革开放,只有一种9英寸的黑白电视机开始出现在温州一些积极响应邓小平号召的家庭,中国人显然被排除在那12亿人之外。

当年,我7岁,上小学一年级,除了到邻居家看铁臂阿童木之类的雪花闪闪的动画片以外,主要的爱好是看48本一套的小人书《三国演义》,当时的市场行情是看一本小人书2分钱,因为小人书摊去得多,我可以拿到5分钱三本的协议价。

1978年,世界上最有名的球星是荷兰人克鲁伊夫,但他没有去阿根廷,结果阿根廷人获得了冠军。

那一年,商界最有名的华人是移居美国的上海人王安,他的个人财富一度超过20亿美元,王安公司成为全球最大的信息产品厂商,比尔·盖茨刚刚将微软的Basic语言投放到日本市场,微软的年营业额约为100万美金。当时,孙正义还是伯克利分校学生,但已经开始做国际技术倒爷。

1982年,第12届世界杯在西班牙举行。意大利队夺取了冠军,继巴西之后成为历史上第二支三夺世界杯的球队。意大利人罗西荣膺最佳射手。中国人得以看到世界杯电视转播了,1982年世界杯改变了一个叫李文钢的中国工人的一生,他狂热地崇拜起了罗西,义无反顾地辞职离婚,改名"罗西",开始了他的"足球万里长征"。1982年我上小学五年级,家里还是没有电视机,自从在邻居家看中国女排战胜日本女排夺得世界冠军后,迷上了排球,迷上了小鹿纯子和《排球女将》,当年的我对足球还不是太懂,但已经知道言足球必称巴西和贝利已经过时了,要说就说马拉多纳,要说就说阿根廷我为你哭泣,别问为什么哭泣。

1986年,第13届世界杯在墨西哥举行。我上高一,开始了叛逆的青春,看过了琼瑶看"射雕",看过了古龙看手抄。在夏日的夜晚,就着家乡的杨梅酒,醉看世界杯,看马拉多纳用上帝给的手和神仙给的脚一统天下,通宵不知倦,豪情两相照。

1990年,第14届世界杯在意大利举行。CCTV开始直播全部比赛,已经很畅销的《足球》报推出了一份铜版纸印刷的《进军罗马》和《罗马决战》,在当时是很豪华的,媒体的进步似乎也印证了12年改革开放的成果,南风北渐,大家以学粤语为荣,想着1997年去香港,谭咏麟、罗大佑晃点我们的耳,意大利的模特儿忽悠我们的心。

1990年世界杯,意大利又出了个昙花一现式的人物,叫作斯基拉奇,大二的我用打台球时一个经常的用语来形容他——"摸鱼",浑水摸鱼的意思。那一年,一个重要的新闻是王安公司破产,而微软发布了Windows 3.0。

1994年,第15届世界杯在美国举行。罗马里奥领衔的巴西队为祖国夺取了第四个世界杯冠军,意大利球星罗伯特·巴乔发挥神勇,进入淘汰赛后,他的进球先后帮助意大利击败了尼日利亚、西班牙和保加利亚,终于晋级决赛。在同巴西的冠军争夺战中,巴乔在点球大战中罚失。1994年,我开始大规模地写球评,把地中海比作巴乔的眼泪。《足球》报发行了一份当时看来奇贵也很奇怪的粘贴画册,我毫不犹豫地把钱汇去了广州。那时,《足球》报还是需要晚三天才到温州,互联网还没流行,所以我在《温州日报》上的球评流量很大,快速写完,马上传真,随即付印,乡亲们等着要看。同年,美籍华人杨致远创办雅虎,我花了1万多块钱买了台 486，就着 14.4kbit/s 的小猫，看着 Netscepe 的灯塔图标，嘀嘀嗒嗒地上网。

1998 年，第 16 届世界杯在法国举行。开赛前，我去了趟巴黎，在协和广场的大力神杯下，挥就一篇《美人如玉剑如虹》，齐达内秃头如剑，谢顶如虹，左右开弓，神奇终结了罗纳尔多们的步伐，法国队获得第一个世界杯冠军。那一年，如史诗一般，欧文横空出世，小贝红牌加身，英格兰被阿根廷击溃，博格坎普绞杀阿根廷，巴西狙击荷兰，法国终结巴西，龙战于野，其血玄黄。

1998 年，两位斯坦福的大学生创立 Google！马云正在筹备他的阿里巴巴，腾讯、携程等互联网的新公司纷纷出炉，在温州国际信托投资公司工作的我率温州市金融队获得市运会的足球金牌。

同年，阿维兰热卸任国际足联主席，据可靠消息这时国际足联账上已有 40 亿美金。

2002 年，第 17 届世界杯在韩国和日本举行。我移居上海已经两年多，用 E-mail 给报社送球评，互联网乍暖还寒，新浪、网易、搜狐刚开始转好，股市开始不景气。只有那支韩国队走了一波独立的行情，因为众所周知的原因，居然进了世界杯的四强，闹得有些过分。决赛中，巴西战胜德国，第五次获得了世界杯。其时，上海的房价走出低谷，大批的温州人到上海买房，被称为"温州购房团"，随后连战连捷，相当于楼市的巴西队。

2006 年，第 18 届世界杯在德国举行。德国队在主帅曾经的金色轰炸机克林斯曼的领导下，打出了一场攻势足球的样板揭幕战。我果断地圈定了巴西和德国进入决赛的预言，至于谁负谁胜出，天知晓！

这一年，中国股市进入大牛市，互联网进入 2.0 时代，宽带早不稀罕，言必称 3G，大家都写 Blog。

注：1978—2006 年，中国进入一个长达 1/4 个世纪之久年均两位数经济增长率的年代。中国的城乡居民存款余额从 1978 年的 210.6 亿元人民币

增长到 2006 年的 16 万亿元人民币。1978 年 GDP 总额是 3600 亿元,预计 2006 年中国的 GDP 将直逼 20 万亿元。

2006 年 6 月 13 日

韩国战胜多哥，最多算个小虎

在亚洲球队的世界杯成绩中，韩国要好于日本，但论足球底蕴、技术含量、球员气质和球队的整体美感，日本已悄然超越韩国。虽然日本没有像韩国一样匪夷所思地进入世界杯四强，但我相信球迷的心中，日本已是一个足球大国，而韩国最多只能算个小虎，尽管日本被澳大利亚逆转，韩国有可能战胜多哥。日本队与韩国队站在一起，就像东京与首尔摆在一起的感觉。

这个曾经在本土蹂躏了意大利队的东亚之虎今晚将对战小组最弱且陷入奖金内乱的世界杯非洲新兵多哥，当1∶3成为亚洲球队的标配之后，韩国队抽到了一张捍卫亚洲荣誉的上上之签。但易胜博公司开出的盘口也仅是韩国队让平手/半球，看来在接连的1∶3之后，没有人真把世界杯四强和六次连庄世界杯决赛圈的韩国太当回事。

2006年6月13日

破圈

韩国队获得了有史以来第一场本土以外的世界杯胜利,亚洲球队获得了本届世界杯的第一场胜利,多哥在世界杯处子秀上攻入第一粒进球。这是一场见者有份的比赛,也是一场平庸的比赛。

我抽空还看了一会儿 CCTV 经济频道的《赢在中国》,在复星的郭广昌和当当网的俞渝他们讨论夫妻要不要共同创业这个问题的时候,韩国队终于凭借李天秀和安贞焕的两粒进球实现了一个小小的翻盘,遗憾的是没能搞回来一个 3:1,以证明亚洲球队不仅善于被人家喂三球,也能给人家喂三球。

非洲球队之所以是二流球队,是因为他们的稳定性太差,比较懒散,率性而为,纯真得像个孩子。顺可上九天揽月,1994 年"绿鹰"尼日利亚 3:0 横扫后来闯进四强的斯托伊奇科夫领军的保加利亚,是最经典的本色之战。但非洲球队从来不善于打逆风球,一旦打得不顺,反被人家四海捉鳖。多哥在本场比赛的最后,放弃了追平的努力,也放弃了他们曾经孜孜以求的奖金。

韩国队为了保证他们的胜果,见门也不射,小富即安。我们在成果上向韩国队表示祝贺,在过程的反思中则不由胸闷:中国队怎么会被这样一支平庸的球队屡屡挫败呢?

2006 年 6 月 13 日

以用户的名义指责所谓的冠军夜宴

世界杯是门户网站,球迷是用户,球队的表现是内容。互联网的潜规则是:第一,用户免费;第二,用户体验是最重要的;第三,内容为王。

在百忙之中,挤出整个的昨夜今晨,买了两个面包熬夜,像我这样的用户可谓网站的衣食爹娘了,用户只是期待看亚非新兵破处后,一睹欧洲及世界冠军法国队、世界冠军及五星王者巴西队的风采,带着两个面包赴这个世界杯夜宴的用户大失所望,前一场平局、八张黄牌;后一场小胜、八人梦游。用户体验极差!

法国队自2000年欧洲杯之夏以后,便乏善可陈。8年了,英格兰的贝克汉姆都升级成3个男孩的爸爸了,法国队还都是老人当家。齐达内的中场只留下那回光返照的一传,法国队的前锋已经和业余球队差不多了,该传的射了,该射的传了,在禁区内完全没有感觉。亨利的脚软得像棉花,虽然有一脚踢中瑞士队员的手,但充其量也只是中国前锋的2.0版,不明白1周前的热身赛中,面对这支多哥一样的球队,娇嫩的中国队慌什么慌?叫人家摸了三把咸猪手去!

据赛前统计,相当多的用户期待巴西4∶0战胜克罗地亚,广告不厌其烦将罗纳尔迪尼奥塑造成永远不想长大的天才,张斌还煞有介事地和一个医生球迷讨论罗纳尔多的体重会不会影响他的过人。总之,这一切的一切,我都理解成用户对巴西这样一支天赋异禀的球队的期待。我认为在所有的球队中,巴西是与生俱来的天才队伍,可以比作达·芬奇、牛顿、爱因斯坦;荷兰和阿根廷是亚天才,相当于比尔·盖茨或者孙正义、布林和佩奇;德国和意大利是超人,像巴菲特和李嘉诚;其他的队此消彼长,基本属于正常人,略为优秀的比如英格兰、法兰西基本和杨致远、马云差不多。但今晨的达·芬奇啊,给了我们一堆看不懂的密码,除了卡卡那个叫作进球的显码之外,我们真看不懂巴西队在做什么？这就是夜宴？真是胡扯！还不如看一场《乌龙山剿匪记》或者《武林外传》的"我拖我拖拖拖拖"呢。

2006 年 6 月 14 日

哪里有激情，哪里就是我的祖国！

所有的球迷都应该顶一下西班牙，在巴西哑火之后，西班牙队用欧洲之身演绎了南美之魂。迄今为止，讲西班牙语的球队表现远胜讲葡萄牙语的球队。除了今夜西班牙队水银泻地的表演以外，阿根廷队面对误判满不在乎的神情也让人感觉非常的酷。我忍不住想学几句西班牙语，想想总有机会用得上。富兰克林说过：哪里有自由，哪里就是我的祖国。对一个中国球迷而言，哪里有激情，哪里就是我的祖国！

乌克兰一定不是我的祖国。乌克兰的球星中，我只记得别拉诺夫和舍甫琴科，前者当年代表苏联队在 1988 年欧洲杯上横扫英格兰、意大利，获得亚军，是古力特、巴斯滕的荷兰队最好的对手。后者事实上成了荷兰人巴斯滕的接班人，在 AC 米兰纵横捭阖，名满天下。不幸的是，和巴斯滕一样，他们的世界杯演出都让人无比伤感。在看完比赛后很久，我都很难拼接出乌克兰队的全貌，他们太零散，以至于不堪一击。

乌克兰的表现更像是一支中级的亚洲队伍，他们给了沙特机会，给了亚洲球队进入 16 强的机会。从"武大郎开店"的角度看，亚洲接纳澳大利亚，绝对是一个错误，也许我们更应该考虑乌克兰。

印象——乌克兰，除了《十面埋伏》中漫山遍野的山花和《特务迷城》里的废墟之外，加上了舍瓦的悲壮。

2006 年 6 月 15 日

长阳

昨晚7点的饭局，大家讨论股票和足球。一桌7人，对9点的厄瓜多尔对哥斯达黎加的比赛都不在意，仿佛面对两只ST又没有题材的股票。

对于女球迷而言，也许还有午夜对贝克汉姆的期待，除此之外，似乎在经历了多个晨昏颠倒的日子以后，我们迎来的将是一个鸡肋之夜。

没想到厄瓜多尔突然拉了一根长阳，一根光头光脚的长阳！长得足以吞噬德国队对哥斯达黎加4∶2的前期高点。德尔加多和他的"接班人"特诺里奥构筑了最令人惊艳的锋线，将厄瓜多尔死死地封在了涨停板上。哦，黑马！本届世界杯长达一周的黑马荒终于因此了结。黑黑的南美双煞在量价配合之下，迅速进入多方的视线，被买家追捧，后市有望再创新高。

这个夜晚成了回补所谓冠军夜宴跳空缺口的一个夜晚。厄瓜多尔的突发性让人感受了电击般的快感，我们终于有了期待，像期待1994年的保加利亚、1998年的克罗地亚和2002年的土耳其一样，期待厄瓜多尔，期待这支高原骑兵颠覆12年来的"东欧法则"，为南美板块贡献一只牛股。

我希望厄瓜多尔战平德国获得小组第一，让德国去PK英格兰，中国球迷图啥？不就是图个热闹吗？英德大战，伦敦上空的鹰，我们永远期待的饕餮大餐！

2006年6月16日

梦想照进现实

几乎是对南美球队阿根廷的一个呼应,非洲球队加纳勇敢地展露了自己的梦想,迎来了非洲球队在本届世界杯上现实的一场胜利。

几乎是另一个6∶0,加纳队匕首一般的短传无限量地插入捷克队的禁区,直接捧红了捷克门将切赫,如果不是切赫的话,真的又会是一个6∶0。塞黑可以将六蛋分成两份,分给塞尔维亚和黑山两个国家,捷克净吞两蛋,却必须兜着走,要是早几年或许还可以分一个给斯洛伐克。

据CCTV竞猜统计,猜中阿根廷对塞黑6∶0的比例是5.7%,而猜中加纳对捷克2∶0的竟只有4.3%,可见在球迷眼中,这个2∶0比昨夜的6∶0来得还要稀奇。不为别的,只因捷克是世界亚军,而加纳更多的是活跃在青年赛的赛场,多哥的表现使得人们对加纳也不看好,似乎年轻意味着没谱。

加纳队可是为我们贡献了不亚于阿根廷的演出,绿茵变成了他们的草原,开场两分钟即告领先让他们豪情万丈,每一个加纳人,都表现得像狮子王。我喜欢看这样的演出,非洲球队一旦进入状态,便通灵一般,与草皮结盟、与大地交融,相隔万里,也让你迷醉在非洲泥土的清香。可惜的是吉安在未得裁判允许的情况下点球射左下角入网被黄牌警告,不仅错过一个点球,也将错过下一场同美国队的比赛。我很看好的蒙塔里对罗西基犯规被黄牌警告,累计两黄也将错过下一场比赛。

怀着带有草香的梦想,加纳队想走多远?四强?

2006年6月18日

乌龙茶，恰恰恰

美国队排名世界第5了？和中国队滑落到第68名一样，美国队的座次飙升也是闪念间忽然落到你面前的事实。

由于美国的热点太多，足球一向不受人民恩宠。前夜，纵使阿根廷队天外飞仙得可以，也不及人们对比尔·盖茨宣布退隐江湖的关注；5天前，布什突降伊拉克，也远比捷克灌入美国队3球来得有爆炸性。我们几乎忽视了1990年世界杯以来似乎届届有份的美国队，甚至对上届世界杯美国队的八强地位也不放在心上，尽管不像对韩国队四强地位一样的鄙视，但在经验上，总归还是拿美国当弱旅。

意大利队显然也不拿美国当干部，他们算计好今晚提前出线的。结果意大利人遭遇了美国人自"9·11"以来最顽强的反击，情急之下，喝了杯乌龙茶。其实这个乌龙球没什么怪异可言，世界杯赛前的中法热身，中国队的小王就痛饮过一杯一模一样的乌龙，我在业余足球生涯结束时的告别赛上，也几乎一样地恰恰恰了一回。乌龙不怪，关键是该组局势变得怪异了，下一场美国对加纳和意大利对捷克，都弥漫着末世的味道。

从世界杯的剧情发展看，非洲队进一支到八强以上会比较好看；从名牌号召力方面的考虑，种子队意大利走越远越好。可是意大利已经遭到了相当多的球迷的唾骂，皮耶罗更是盛名不存，意大利、捷克孰优有待商榷。从历史的角度看，让美国人火一把也许对世界杯的未来有利；从经济的角度看，美国队的进步对股市有点好处。

从哲学的角度看,我们不用管那么多,恰恰恰,一杯乌龙茶,看了睡或者睡了看都可以。

2006年6月18日

有多少风流，就有多少折坠

当齐达内在终场前被换下，悻悻地扔掉护腕时，"有多少风流，就有多少折坠"这句话便像打满屏幕的文字一样映在我的眼前。

几分钟前，齐达内有点失态地推倒了韩国队的后卫2号金永哲，吃了一张黄牌，累计两黄，下一场比赛他将无法上场，如果他的战友不能较大比分地战胜多哥，那么这个扔掉护腕的镜头将是他在世界杯赛场上的最后一幕。

1998年，韩国队在法国世界杯上，仅积1分出局，被荷兰队狩猎一般地狂灌5球，是那一届的塞黑啊！而法国队是绝对的王者，他们甚至开创了人类球队世界杯对巴西的最大胜绩的纪录，之后两年，法国队一路高歌，又将欧洲冠军收入囊中。"齐达内"对任何地球上的球员而言，都是一个如雷贯耳的名字。那时候，齐达内是法国足球的核心，法国人踢球变得非常简单，他们只要把球传给齐达内，然后让齐达内派发，这样，就可以赢得比赛。齐达内有时派发给亨利，有时派发给特雷泽盖，有时直接派发到对手的网窝。他的球风洋溢着古典主义的气息，他为法国队赢得的荣誉，就连普拉蒂尼也无法与之相比。球迷称他"齐祖"，在中国文字中，"祖"是对男根的崇拜。1998年的时候，齐达内的图像挂满整栋巴黎的大楼，2002年的时候，又挂满韩国汉城的大楼，被韩国球迷顶礼膜拜。也许和齐达内同场竞技，曾是韩国球员金永哲的梦想，而梦想照进现实的今夜，他的偶像用一记恼羞成怒般的推搡推倒了他，轰然倒地的显然不仅是金永哲，我们难过地看到，齐祖，从一个魔术师走向了"麻瓜"的回归之路。

齐达内低调寡言，谦虚平和，好好学习，天天向上。他的折坠绝对不是个人的问题,而是法国足球的问题。法国足球就像一个还没有获利模式的网站,凭借机遇拿到了 VC 的大笔投资后,慢慢烧光。

  结束了,不管法国队还能走多远,这一推搡已是精神上的告别;如同我们不管阿根廷队走多远,塞黑一役,他们已是无冕之王。

2006 年 6 月 19 日

后海看球

上海人在电影院看世界杯,北京人在后海。

有天晚上,和朋友去后海,从平安大街下车,有个牌坊,上书荷花市场,外地人完全不知所云,但见前面的广场,纳凉的人多多,趿着拖鞋,穿大裤衩家居打扮的不少,京巴狗撒着欢,一片盛世景象,带着酽酽的皇城根的味道。

后海的荷花开了不少,衬得沿岸的酒吧很知夏,北京艺术家多,思想者多,愤青也多,把个后海岸装点得很泛春。沿路的"茶马古道""天荷轩"之类的说不出风格的带点妖气或沾点仙气的所在,居然都摆了大屏幕电视或安了投影。找一家叫"胡同写意"的酒吧找不到,那里有韩日世界杯的留存和我的记忆,到了德国世界杯,竟然就消失了。这一月,世界杯是王,后海酒吧是后,后宫三千粉黛,在水一方摇摆。

走到帅府酒吧,在露天的台子坐下,五香毛豆、帅府辣子鸡、清炒油麦菜下啤酒,一瓶啤酒干完,9点的球赛也开始了。是日本对克罗地亚那一场,没有进球,乏味得紧,瞌睡打起来了,最后拿羊肉串嚼着,才没睡倒在后海岸边。邻桌四男两女,看球蛮地道,其中一个为人民服务,也为人民币服务,打电话投注,街上红男绿女穿梭,水上有风。

2006年6月19日

火焰刀之在不在乎

因为不当队长,因为不是首发,因为终于不在乎,所以劳尔进球了。

因为40年没有进入第二轮,也因为终于不在乎,所以葡萄牙出线了。

因为理了新发型,因为忘记了自己的使命,舍瓦带领他的球队又赢回了4个球。

无所谓,破碎就破碎,要什么完美,放过了自己,我才能高飞。果然,就是这样。

有些事情过于执着,便有太大的压力,往往就做不好。放下了执着,倒一路光明了起来。

因为你不在乎,所以再给你多点。这个定律一样适用于足球。

德国人不在乎赢几个球,厄瓜多尔不在乎输几个球,结果,巴拉克闪现了巴西人擅用的原地挑传,波多尔斯基用起了鲁梅尼格式的滑射,施耐德居然耍起了荷兰人最擅长的小腿弹球,克劳泽玩起了贴着南美标签的人球分过。

今夜,德意志是身怀小无相功的鸠摩智,用道家的功夫佛家的心情演绎着别人或前辈赖以成名的绝技,看得我们一愣一愣。

英格兰队和瑞典队更是闻风而动,舍命打了场好球,英格兰还是太在乎那个38年的纪录,他们曾经多一点,但最终拿不到那一点,没能打破不胜瑞典的宿命,庆幸的是没输,终究是保住了小组第一,避开了淘汰赛面对德国火焰刀的局面。火焰刀前,也许只有巴西才会不在乎。

最后一轮小组赛,往往是贿赂和放水大赛,比如多哥,已经什么都不在乎了,会不会有人再给他们多一点呢?这是没有任何证据的怀疑,但代表资深球迷的怀疑。因为名与利,世上总有人很在乎。

火焰刀为鸠摩智独门武功。

鸠摩智使用火焰刀之时,只见他左手拈了一枝藏香,右手取过地下的一些木屑,轻轻捏紧,将藏香插在木屑之中。如此一连插了六枝藏香,并成一列,每枝藏香间相距约一尺。鸠摩智盘膝坐在香后,隔着五尺左右,突击双掌搓板了几搓,向外挥出,六根香头一亮,同时点燃了。火焰刀的催力之强,实已到了不可思议的境界。

在天龙寺中,鸠摩智使用火焰刀,藏香所生烟气作碧绿之色,六条笔直的绿线袅袅升起。鸠摩智双掌如抱圆球,内力运出,六道碧烟慢慢向外弯曲,分别指着枯荣、本观、本相、本因、本参、保定帝六人。他这火焰刀的掌力,虽是虚无缥缈,不可捉摸,却能杀人于无形,实是厉害不过。

不过此番他只志在得经,不欲伤人,是以点了六枝线香,以展示他掌力的去向形迹,一来显得有恃无恐,二来意示慈悲为怀,只是较量武学修为,不求杀伤人命。这是鸠摩智小机智的虚伪之处。

——《天龙八部》

2006年6月21日

夜半观荷仙未至，拂晓寻根庭无尤

午夜三点，是人最瞌睡的时候，不管是早起的百灵鸟型还是晚睡的猫头鹰型的人，这一刻，总在黑甜乡中。但对于大多数球迷而言，今日的三点，是个重要时刻，必是不休不眠，要起来的，这一刻，连红眼航班都不太有，除看球外，也许只有搞祭祀活动才配这么早起，要虔诚地准备的。

想必不少人是放弃了9点的葡墨战，忽略了同时的科塞战，而看荷阿之战的，期待看这两个世界杯名门之争，像期待微软收购Google，或是Google收购微软一样的石破天惊的感觉。

阿根廷，是右手能拉开500斤大弓的神箭手，荷兰是飞翔的超人世家。我们不介意荷兰卷起了罗本，阿根廷雪藏主力前锋克雷斯波与萨维奥拉，一场无关生死的对决，自然不需要亮出最能喝血的剑。但通宵达旦的球迷，和点击博客的寻宝客一样，希望看到一些精彩的东西，希望夜半观荷，可见有仙子微步凌波；拂晓寻根，能睹尤物当庭婀娜。

这是一场各有心事的比赛，一场你试我探的比赛，一场捣糨糊的比赛，一场平庸的比赛，一场合谋和妥协的比赛。阿根廷的右手绑了缩头牌石膏，会飞的荷兰人更是蜕变为那个和世界杯同步天天和我们见面的失业小超人，我们听到的砰砰声，再也不是仙人指路般的短传摩擦脚弓，飞花摘叶破网之声，而是一个傻超人撞上更傻的防盗门的声音。

也许阿根廷需要白驼山牌壮骨粉，而荷兰小超人需要去一下中华英才网。

2006年6月22日

流过的幸福是短暂的美

一直认为,球队分四个档次:第一,赢得好看;第二,赢得难看;第三,输得好看;第四,输得难看。但看了今天的澳大利亚与克罗地亚的平局,要与时俱进的话,还必须加上两个档次的球队,第一,赢得好看;第二,赢得难看;第三,平得好看;第四,输得好看;第五,平得难看;第六,输得难看。

今天巴西第一档,开场虽然有点吃摇头丸的样子,但一清醒,马上唰唰唰唰四下,就搞定了,如果不是他们想让大罗开进球专卖店的话,可能进球还多。媒体看巴西,遮天蔽日的好评要给了,这里先不提。

日本第四档,虽然最后的场面熊了点,但对巴西还能保持领先,本届世界杯开赛以来,可谓绝无仅有。菊花与刀,流过的幸福是短暂的美。日本人的进步,在于和任何球队较量,都有得一看,这是其他亚洲球队难以望其项背的,日本队早知道他们要回家,在望乡时分,他们还不忘追捕巴西一回,玉田圭司,这个像判官一样的名字被全世界记住了!我不由长叹,啊,野麦岭!日本人永远是中国人前面的野岭,吾国吾民吾球队,唯有自强不息,翻山越岭,方能雄踞亚洲不被人欺。

意大利和加纳队都是第二档,赢是赢了,线也出了,可不怎么地。也是捷克和美国这对 FIFA 排名前五的队伍风流折坠,天意使然。加纳是世界杯非洲新军,但雄霸世界青年赛日久,淘汰赛应该飘一下乞力马扎罗山的雪;意大利名牌多,全世界人民好这口,人心亦是。也不多提了。

克罗地亚队第五档,堪称东欧中国队,先进球便不知姓甚名谁,一球在手马上做缩头乌龟。被人扳平,又急得兔子红眼,一次犯错再次犯错。一支集兔子的短视与乌龟的窝囊于一身的球队,让我们挥手和他们说再见。小组赛或许是调料,淘汰赛绝不需要。

澳大利亚第3.5档,按说逆水行舟追平出线,应予嘉奖。但卡拉奇那双黄油之手让澳大利亚队成色大折,自动降半档。最后的场面极其混乱,放到第3.5档已属抬举。他们总算不是克罗地亚队,把流过的幸福变成短暂的美。

2006年6月23日

韩国队六个方面亚洲第一

韩国队在亚洲是支牛队,四支队伍出去,其他队都是一分,韩国拿四分,此"牛一"。

韩国队逆转了多哥一场,追平法国一场;算上理论上对巴西那场的被逆转,日本人被逆转两场;沙特半逆转(后被追平)一场,伊朗追平一场。韩国最优,此"牛二"。

人说:能够狂奔90分钟,面不改色的球员,是韩国球员;能够奔跑90分钟,气喘吁吁的球员,是欧洲球员;能够跑动90分钟,汗流浃背的球员,是南美球员;能够散步90分钟,倒地抽筋的球员,是中国球员。我们先不说老拿咱中国队开涮对不对,就说韩国那到了黄河心也不死的劲头,环视亚洲,无人能出其右。韩国对瑞士下半场,瑞士人基本是气喘吁吁了;韩国人犹奔命一般像刚刚开场,绝对可做高丽人参的形象代言,此"牛三"。

韩国队比赛惯见红,森德罗斯攻门时与崔辰哲头部相撞,鼻梁骨撞伤鲜血直冒;崔辰哲右眉骨也被撞破出血,到场边止血后还戴上了保护头套。森德罗斯用流血换来首粒进球,韩国队那股"你要进球,拿血来换"的煞气,亚洲无两,此"牛四"。

韩国队动不动就"咱上面有人"的暗示令意大利都胆寒,亚洲球队最接近国际足联权力巅峰的是韩国,可惜这一役对瑞士,那是国际足联主席布拉特的老家,再有人有不过主席;哪怕韩国来个"咱底下有钱",再有钱没人敢拿。不过那上下齐手的"真我"风范,也是亚洲第一,此"牛五"。

咱国CCTV-5的解说员如此看好韩国,在伤停补时阶段,仍在算如果韩国进3球可以出线,恐怕野蛮女友听了都会动容,这谁啊?这也太看好韩国了吧!有这么一往情深的跨国粉丝自《大长今》以后实不多见,日本没有吧?此"牛六"。

综上,在成绩、勇气、体能、争斗场面、"公共关系"和文化推广六个方面,韩国队都是亚洲第一,当然,澳大利亚不计在内。

2006年6月24日

德国队形势越来越好，进入柏林真正的雄关只有阿根廷

18届世界杯，东道主夺冠5次，进入决赛7次，东道主夺冠概率高达28%，天时地利的因素是一大原因，但最关键的是人和。不知是人心还是天意，抽签的结果往往对东道主很有利，而在赛程的推进过程中，东道主又是灵猫一般，有好几条命。1974年德国世界杯，贝肯鲍尔更是率领德国队冲入决赛，并击败了拥有天才克鲁伊夫的荷兰队。

面对16强的分组形势，几乎可以丈量德国队离柏林决战的距离，德国队面前真正的雄关只有阿根廷队。

这是一届没有大冷门的世界杯，按小组赛表现，正常情况八强应该是德国、阿根廷、意大利、瑞士、英格兰、葡萄牙、巴西、西班牙。

德国队真正的恶战是对阿根廷的1/4决赛，在世界杯赛场上，这两支球队最近的交锋是在1986年和1990年，奇怪的是两次都在决赛中相遇，堪称经典。1986年，阿根廷依靠马拉多纳的天才，在西德队追成2:2的不利形势下，方寸不乱，终于以3:2捧走金杯；1990年，阿根廷日薄西山，靠马拉多纳的"雷峰夕照"和卡尼吉亚的投机取巧挤掉巴西打进决赛，被马特乌斯领军的德国雄狮当头拿下，布雷默点球制胜。这两场经典战事的德国教练贝肯鲍尔如今坐上了看台，将衣钵传给福格茨，再多次换手，辗转传给了1990年世界杯打进3球的金色轰炸机克林斯曼，中间德国队走了一段不短的下坡路，最终在克林斯曼手里完成了新老更替，并被改造成了一支进攻型的惯用长矛的球队。有意思的是这个阶段阿根廷也完成了新老更替，彻底走出了

马拉多纳巨星退场后留下的一条长长的下降通道,培养出梅西这样的希望之星。

也许现在下这个预言太早了一点,但我很希望德国队与阿根廷队能够在上半区演绎一场特洛伊般的战斗,告诉我谁是真正的阿喀琉斯!

2006 年 6 月 24 日

剖析世界杯三大定律：八强中如有黑马，必在今晚

世界杯第一大定律：总有黑马。

世界杯第二大定律：夺冠的不一定是最强的。

世界杯第三大定律：所有定律，巴西除外。

本届杯赛，不似上届那么邪乎，亚洲两个东道主，中间还隔了个日本海，兜得欧洲球队有点晕，结果冷门迭爆。但冷门总是有的，因为有个黑马必在定律。

现在的14强有9支欧洲队、3支南美队、1支非洲队、1支大洋洲队。加纳颇具黑马相，但生不逢时，遭遇巴西，九成没戏；澳大利亚有运筹帷幄的希丁克，也有运球唯脱的黄油手门将，加之大赛经验欠缺，适逢百年老窖一级文物意大利队，八成没戏；瑞士对乌克兰，黄馒头对黄馒头，谁胜谁负都正常；按说法国打不过西班牙，西班牙赢了自然不能算爆冷，法国即使赢了但咱也不好意思叫他们作"黑马"。剩下的黑马候选人就只有厄瓜多尔和葡萄牙，俩队都在今晚登场，所以说：八强中如有黑马，必在今晚。

先说厄瓜多尔队，第一是有世界杯经验，在韩日世界杯赛场上，厄瓜多尔小组垫底没有出线，但他们却在最后一战中击败了劲敌克罗地亚队，世界杯处子秀虽然青涩，但至少自信已经建立，长大成人的感觉有了。第二是从厄瓜多尔的预选赛成绩来看，1：0战胜巴西、2：0战胜阿根廷、5：2大胜巴拉圭、2：1战胜哥伦比亚都是令人肃然起敬的成绩，如果说这些胜利都是在海拔2800米的主场基多取得而不够参考价值的话，这届2：0胜波兰、

3∶0 胜哥斯达黎加可不是蒙的,叫英格兰来未必能在这两支球队身上拿 5 个净胜球而不失 1 球。第三是英格兰队的表现差强人意,战胜特立尼达和多巴哥与巴拉圭队已是费力,遇上瑞典队又两度被对手追平,现在锋线更是不整,尽管英格兰队被誉为十年来最好的一支,几乎要冠以黄金一代之名了,但我们知道,黄金一代差不多就是被人家爆冷的另一个说法。

再说葡萄牙,虽说是尤西比奥以来第一次晋级淘汰赛,但过去数年葡萄牙队一直是荷兰队的"克星",此前他们与荷兰队有过 9 次交锋,5 胜 3 平 1 负,唯一一次失利还是在 15 年前,这次大赛,葡萄牙黄金一代的说法终于不大有人提了,这也是葡萄牙能够走牛的一大因素,因为行情总在绝望中诞生。巴斯滕是最好的球员,但作为教练临场指挥的经验可能不如葡萄牙队的斯科拉里,斯科拉里率队在世界杯决赛阶段连续取得了 10 场胜利,其中有 7 场是在韩日世界杯期间率巴西队取得的,11 连胜可期。

因为荷兰的历史地位在,所以葡萄牙只要胜了荷兰,就算是黑马,不管他们是不是接受这个说法。今晚是博彩者的夜晚,厄瓜多尔与英格兰的胜负赔率是 6∶1.4,葡萄牙与荷兰的胜负赔率是 3∶2.2,赔率体现了一种习惯性的看法,而黑马专门用来颠覆这种惯性。

今夜,总会有一匹黑马让很多人泪流满面。

2006 年 6 月 25 日

一个谜语告诉我们全部，为何英格兰混到现在？

小学的时候，有个同学拿了一个自认为很绝的谜语到我家来挑战，谜面是"刘邦笑,刘备哭"。我这个曾经在工人文化宫一答惊人的"神童"还没想明白，灯谜大师我的老爸就猜出来了。那时没有互联网，猜谜都是靠硬功夫，是对智力、阅历和文化功底的挑战。谜底是一个字"翠"。意思是"羽死"，因为有个羽（项羽）死了，刘邦笑；还有个羽（关羽）死了，刘备哭。

昨晚八点的时候，我就发过文章，今夜，总会有一匹黑马会让人泪流满面。当荷兰人橙色的眼泪飞起来的时候，当厄瓜多尔人黑色的脚弓在抽泣的时候，你可知谁人在笑？好了，歪批一个谜语出来，谜面是"英格兰活，荷兰死"，打什么呢？打一个婴儿用品的名字吧。

婴儿用品，乃是太太团的专长，看台上的维多利亚想必想也不用想，看一下相公贝克汉姆，再瞄一眼他们家老三，立马猜出谜底：贝乐！

贝克汉姆的笑容是英格兰队最抢镜头的时刻，尽管走火入魔的英格兰人编出了大不列颠密码：全与七有关的英格兰夺冠的七大理由，比如第7次进军世界杯，要打满7场，教练和队长的名字都是7个字母，决赛在7月，队长是7号，7位主帅率军冲冠等等，其实要真说密码那些都是瞎扯！真正让英格兰队混到现在的密码是：贝克汉姆那炉火纯青的正7反7的古典驾驶技术，弯刀一般的任意球。

英格兰队用丑陋无比的4141阵容打更奇丑的足球，唯一的例外，是贝克汉姆的那一脚。但是，多少年来，英格兰只是给我们看这只"7"字形的时尚和技术同色、优美和力量齐飞的右脚,纵是再艳丽,我们也有点审美疲劳。英格兰,你不是一个人的球队,尽管上一场比赛结束,你曾经连这个人都想换掉,理由是他踢得不好。要是换掉了贝克汉姆,英格兰也许就是剩下球衣了,直接跳进洗衣机算了。鄙视英格兰,括弧,小贝除外。

厄瓜多尔出局,他们离黑马还有 7 厘米,对高原来的他们,7 厘米可以忽略不计,但这是关键的 7 厘米,像高考的分数线一样,只有合法没有合理。

荷兰出局,他们和八强之间竖着主裁伊万诺夫熬了大半夜,辛辛苦苦码起来的 16 张黄牌和 4 张红牌,他们忘记了他们曾经被叫作飞翔的人,他们原本可以像刘翔一样跨过这些牌牌的。他们的情绪太暴,他们有内乱,他们太年轻,他们不走运,他们遇到了克星,他们不会把握机会,他们遇到了伊万诺夫。原因可以有很多,但我们看到一个搞笑的镜头是,被罚下场的荷兰球员不是和巴斯滕在一起,而是和葡萄牙的德科在一起,在场上,大家都假摔和猛铲以及战术抽筋,在场下,却露出别样的真诚。

那一边,小贝一定在真诚地笑着,葡萄牙人用红色的血和黄色的肉拼下了荷兰之后,等待他们的是,是小贝狡黠的弯刀,一个大大的 7 字。

2006 年 6 月 26 日

一个点球引发的疯狂，谁是机器谁是人？

厄瓜多尔蹲下，对澳大利亚说，你踩我的肩膀，你上，出口在上面，总要有一匹黑马出去，替我问候巴西！——这是世界杯版的《海神号》。

厄瓜多尔遇难，把黑马出关的任务交给了澳大利亚。上一次率韩国淘汰过意大利队的希丁克差 10 秒钟就得手，10 秒，刘翔可以跑 100 米；姚明可以投中个 3 分；意大利队可以冲进八强；CCTV 的广告可以卖 838 万元；黄健翔可以疯狂。

代表本人和黄健翔老师探讨一下，欢迎回复。

第一，你可以不喜欢一支球队，但你不可以借用 CCTV 的平台为己所用，肆意表达个人的情感，而且用得如此烂情（针对烂队的说法）。你知道，如果你带了一台私人喜欢的笔记本上直播室，如果这家笔记本的厂家没付广告费，你必须把它的 Logo 遮住。因为它用了中央电视台的通路，而通路是有价的。中央电视台世界杯期间的广告平均每秒 83.8 万元，10 秒钟的广告可以卖 838 万元。而你却说是因为你不喜欢这支球队，你喜欢意大利，所以你大喊大叫，图个过瘾，你要把胜利献给马尔蒂尼，那是你私人的事，你占用了 10 秒，你得为意大利额外做广告付钱。我也喜欢意大利，我也想告诉全世界，可是我只能写博客，你是否想过，你这样的呐喊，对那些中国的澳大利亚的球迷是否公平？他们已经很胸闷了，如果有人被你气死，后果会很严重。

第二，你说你心里有个结，是因为新西兰 1/4 个世纪前淘汰了中国，先不说你在连线世界杯的时候说个人的私情妥与不妥，就说说地理。我知道你的地理很好，你刚出道的时候，因有次开场说了一句"在法国多彩的阳光下，这场比赛开始了。"而被球迷誉为一个知识型的解说员,但是你是否真不知道新西兰是一个独立的国家?你或许可以在世界杯赛场上不承认黑山共和国,但你不可以将新西兰并入澳大利亚的版图,如果新西兰大使的助理的助理提出抗议,你就不是扣奖金那么简单了。

  第三,我们说奖金,你很辛苦,应该拿奖金。我认为张斌应该拿更多,不是因为他级别比你高,是他修养比你好,如果不是他打断了你,我不知道你还会说些什么话出来,你因解说中国女足名气如日中天的时候,那时你可以代表中国人民振臂高呼,因为你是中国中央电视台的雇员,中国球迷喜欢你用别样的方式喊出我们共同的心声。但同样是因为你是中国中央电视台的雇员,所以你不可以当众抱怨你不是机器,你是人。因为CCTV付你工钱,你就必须遵守规矩去工作,有思想可以找领导谈,找家人倾诉,但不可以当着全国人民的耳朵发牢骚,我们没这个义务,而你没这个权利……

  我不想再写了,尽管要说的还有很多,中国足球的落后,不光是球员的落后,我们球迷也有份,足球评论员更有份,甚至GDP都有份。没关系,咱们慢慢来,知耻近乎勇,只要人人都献出一点爱,中国足球将会有更美好的明天。

  性情有度,过犹不及。一石激起千层浪,评论过于激烈,考虑请伊万诺夫出山,用红黄牌控制一下局面。

2006年6月27日

穿一件雨衣站在风里，左手接鲜花，右手挡鸡蛋

韩国队出局的时候，球迷分成两派，一派倒韩，一派扶韩；澳大利亚队出局的时候，又分成两派，一派倒黄，一派扶黄。

看了赖飞的 blog 项下的评论，再看郭韬略的 blog，回头又看我的，唯一的体会是新浪真的伟大，仅用一年多的时间，就打造了这么大的平台。让你说，让你骂，自由与个性，是 blog 的生命，吹牛不用纳税，骂人也基本免责，打不过可以逃，逃不过还可以打。真理越辩越明，个个都是大腕。甲方乙方，赴完世界杯夜宴，还不见不散。球迷们我斗故我在，痛快淋漓，天天都有贺岁片。想想以前隔三天才可以看到《足球》报的日子，改革开放 28 年，真是越来越接近最好的时代。

看完评论，还要评论。

看下来，对黄健翔的争论激烈程度远超对韩国的，伊万诺夫来了，那些个红黄牌也根本不够用，黄健翔已经站在那儿，披一件雨衣，左手接鲜花，右手挡鸡蛋。

分歧在于三个方面。

第一，关于激情的解读。扶黄派球迷认为没有激情就没有足球，所有反黄的球迷都是伪球迷，哪怕你看了 20 年足球，哭过喊过笑过，都是伪球迷，哭是懦弱，喊是 sb，笑是神经。反黄派的球迷认为激情不是喊叫，更不是骂人家烂队。

第二，关于民族情感。兹事体大，不得不争。扶黄派球迷认为健翔好样

的,澳大利亚的邻居多年前干掉我们,我们要报仇,他们还要加入到亚洲来,搞得我们难出线,他们是害虫,我们是"来福灵"。反黄派的球迷认为澳大利亚没什么不好,他们还帮我们干掉日本队呢,意大利还有墨索里尼,踢得又不好看,为什么非得代表我们喊万岁呢。

第三,关于真挚和虚伪。扶黄派认为,健翔真诚,张斌虚伪(抱歉,又牵扯了一人进来),反黄派的认为,真挚不是说伤人心的话,尽管是真话,说到位的话不等于虚伪。

如果评论能统计出正方反方的年龄、背景、经历,会是非常有意思的事,对我国社会学的研究绝对是个贡献。

2006年6月27日

西班牙华丽道别，一切为了成就巴西

西班牙队出局的时候，CCTV-5准备充分，反应又快，立马打出"西班牙再见"，乐曲响起，西班牙人给我们展示了最有风度的一次道别，他们没有去计较那个任意球，没有要举证那个球西班牙不犯规，没有戳穿出演"哈姆雷特"的亨利王叔，西班牙人把风度留给了自己，把温度留给了我们。西班牙人拍拍齐达内的肩，挥挥手，不带走一片云彩，祝贺该祝贺的，安慰该安慰的。西班牙，你有今天的风度，必有明日的风采！我们共同期待你有华丽的复仇，一如今日华丽的道别！还没说完，看下论坛，中国球迷已自动分成了保法派和倒法派，比《自娱自乐》里面的米继红分角还快。

午夜，罗纳尔多打破了尘封已久的世界杯个人总进球纪录；拂晓，齐达内演绎了昔日重来，他在终场前的表现无懈可击，那一秒，可以称作王者归来，或者叫作团队之星。

这一夜属于法兰西，更属于巴西，阿德里亚诺攻入了巴西队在世界杯历史上的第200个进球；队长卡福以自己的第19场比赛超越了邓加和塔法雷尔，成为巴西队世界杯历史上登场比赛次数最多的球员；巴西队在世界杯上取得了11连胜，超过此前由意大利在1934年和1938年创造的7连胜历史纪录。这一夜，是纪录之夜，是登顶之夜，以后的巴西，每前进一步，就都是纪录。有意思的是，这一迈步，横亘在前的，又是法国！老而弥坚的法国队，拈花一笑的齐达内！

世界杯，你是否真有一种神奇？是否将一切在命中注定？要知道，从1998年世界杯决赛被法国队击败以来，桑巴军团一直将他们的胜利保持到了现在。他们止步于法国,就必须起步于法国,我的神啊。

巴西克西班牙易,克法国难。1986年6月21日,世界杯1/4决赛,法国1∶1巴西,点球大战后5∶4,普拉蒂尼战胜苏格拉底和济科;1998年7月12日,法国世界杯决赛,齐达内两次将皮球顶入塔法雷尔把守的大门,临近结束的时候佩蒂特还攻入一球,结果法国队以3∶0战胜了巴西,罗纳尔多那时清瘦,但还不如如今肥胖而更有效率。

巴西,哪怕再强,也要过天敌一关。阴阳五行,相生相克,巴西面对宿敌法国,必须要重新创业,要赢在德国,必须要卖力干活。

三天后,球迷会有三大阵营:罗尼派、齐祖派,还有苹果派。苹果派没有立场,只要好看。

2006年6月28日

求道励志谋略,三个柏林灿烂金杯的主人

从八强出齐的时候开始,我们休息,但世界杯仍以它的规律向前,并将给我们展示更加壮阔的前景。四强何属？有32种可能;柏林双雄,有16种可能;谁是柏林灿烂金杯的主人？有8种可能。我们坐在轮盘前,上帝在扔骰子,一切皆有可能。

不看星相,不论名气,不唯成绩,只为从看球者的角度,因慨叹世界杯之求道、励志和谋略之功,设计世界杯三种剧情,以飨同道。

第一篇——求道篇。少林足球雪八年之耻,达摩求败六度涉王道。

道可道,非常道。巴西为足球而生,为求道而活,巴西是求道派,不是胜负师。巴西代代出英豪,从贝利、加林查到苏格拉底、济科,到罗马里奥、贝贝托,又到罗纳尔多、罗纳尔迪尼奥,巴西是足坛的泰斗,是蹴鞠的少林。达摩堂首座罗纳尔多一苇渡江、面壁八年,只为再求一败,求败者不可得,求胜者亦不可得,此道也。巴西积11连胜,德国大战至今仅失一球,中后卫卢西奥和胡安铁布衫九层九功力,门将迪达金钟罩差一点十层,罗尼、卡福、阿德里亚诺等人将五大纪录作古,巴西队可谓72绝技样样精通,加之佩雷拉还有《易筋经》压箱底,见法国齐祖大师王者归来,更是激起万丈豪情,与王者对话,用狮子的吼声,展龙象般若之功,我们期待。

第二篇——励志篇。德国青年重走复兴路,心灵鸡汤营养全世界。

现在拥有绝对主力巴拉克、拉姆、克洛斯、波多尔斯基、梅策尔德的德国队平均年龄28岁左右,主教练克林斯曼40岁出头,是名副其实的青年军团。德国队从2000年起,在与世界强队的18次交锋中无一胜绩,德国青年们接

过前辈的传统和屈辱的战表,头悬梁、锥刺股,不眠不休,六年生聚,练出闪电制胜的法宝,本届世界杯上没有哪支球队能够像德国队这样取得如此多的开场入球,少年朝气,无人能敌。少年胜于欧洲则国胜于欧洲,少年雄于地球则国雄于地球。红日初升,其道大光;河出伏流,一泻汪洋。潜龙腾渊,鳞爪飞扬;乳虎啸谷,百兽震惶。鹰隼试翼,风尘吸张;奇花初胎,矞矞皇皇。德国队将击败潘帕斯草原的旷世"魔兽"阿根廷,演绎《少年德国》之传奇,心灵鸡汤营养全世界。

第三篇——谋略篇。意大利再现厚黑奇谋,防守反击成大象墓地。

意大利队将意大利足坛丑闻所制造的空前混乱带来的压力转换为向前的动力,他们轻车熟路地断了乌克兰新军的粮草之路,他们熟悉意甲培养出来的舍甫琴科,他们盯死了舍瓦,也就进入四强。半决赛里皮再祭厚黑大旗,对付血肉模糊杀出1/4决赛的德国或者阿根廷,用他们临近比赛结束时的唯一进球甚至点球淘汰对手,埋好大象,进军柏林。意大利出过像巴乔这样的盘球大师,偶尔也会打攻势足球,但传统,加之主力队员赞布罗塔、加图索、内斯塔都受伤的原因,将使里皮将防反贯彻到底,意大利是真正的胜负师,他们从来不介意是否赢得难看,他们会对你说:要好看吗?请你去米兰;要艺术吗?请你去佛罗伦萨;要血性吗?请你去罗马;要胜利吗?请你看我们,我们是大象墓地!

2006 年 6 月 30 日

中国足球评论——一种悲凉的存在

世界杯开幕以来,中国记者给国际足联留下深刻印象的有两件事。第一件事是不遵守采访规则,擅自进入混合区采访,使用非本场比赛球票蒙混入场并受到警告;第二件事是"解说门"事件。

我不想再评论"黄健翔事件",我只是想分析一下这两件事背后的东西。

我开始看意甲的时候,张路老师是北京足球研究所的副所长,他被中央台邀请以嘉宾身份解说意甲联赛,那时候马拉多纳在那不勒斯队踢球。从张路老师那里,我获得了很多的足球知识和看球门道。当时孙正平、韩乔生是体育评论界的主力,宋世雄将退未退,这种状况持续了很多年。直到中央电视台成立体育频道,印象中这个时间和《东方时空》推出的时间差不多,中央台好像是进行了一次社会招聘,白岩松、水均益浮出水面,黄健翔、张斌出现在CCTV-5,一时间中央台活跃了一阵子。我记得经过了1995年美洲杯、1996年欧洲杯,特别是《足球之夜》面世以后,大约在1998年,黄健翔成为体育评论界的大腕,和小白小水两位一样,都出了书。

但是,这以后差不多十年过去,CCTV-5还是没多几个评论员,张斌是全能的,但做了领导,剩下刘建宏、段暄和黄健翔成了三个火枪手。张路还是客串,正经职位是中信国安俱乐部的总经理。奇怪的是,CCTV-5就这么混到了现在,中国的贸易顺差越来越大,中国的外汇储备从1300亿美金到了接近1万亿美金,但足球评论员不超过5个,为亿万球迷服务,这一点黄健翔们绝对可以自豪。但球迷把缺兵少将的C5托起来,C5成了一条悬河,一旦决堤,一泻千里。

其实"韩乔生语录"是慢性的解说门,语录的不断累积至少也说明了韩老师在超负荷的工作状态下,力不从心索性放飞自我了。与黄健翔事件不同的是,韩老师语录更多的是逗人一笑,范德彪式的;而黄健翔直接将矛盾白热化到战争的边缘,是亮剑式的,引起轩然大波。

为什么我们不能通过社会招聘,打开央视之门,培养一批个性化而又职业化的解说员呢?

与其这么多的记者跑去德国,记者采访记者,团团乱转,为完成任务铤而走险,还被人家警告,不如踏踏实实转几个去练练解说,与其一定要在现场说球,不如分一些场次,让评论员多看几台电视,多角度看赛场,在演播室一样说。与其把时间浪费在路上,不如多做点功课,多学点东西,网络无处不在,何必一定要在现场?与其追求表面文章,不如练好内功;与其拼死挤柏林,不如潇洒走"博林"。

中国足球(严格说是中国足球评论)在世界杯花絮中秀了一把,用别样的方式让世界感受到我们的存在,可这是一种悲凉的存在。

2006年6月30日

柏林七子——德国队获胜的七个关键人物

2006年6月的最后一天,柏林、点球。

德国人刷新了世界杯点球大战的不败纪录,在世界杯的四场点球大赛的胜利中,德国军团保持了15脚点球连中的惊人纪录,在点对点的时候,德国人是机器,是程序编好的机器,是完美的狙击手。阿根廷仰天长叹,既生瑜,何生亮!南美的点球大师两个点球射失,阿根廷出局。

七个重要人物成就德国四强之梦。

一、贝肯鲍尔,集世界杯冠军球员与冠军教练于一身的足球皇帝,德国世界杯组委会主席,当我们看到他在看台上与德国女总理相拥而庆的时候,你不得不佩服他超越足球的组织能力和领袖风范。马拉多纳还在看台上和球迷们摇旗呐喊、撕破喉咙的时候(而今夜,他却不知被整去了哪里?)贝肯鲍尔早已迎着国际足球的权力巅峰而去,衣冠楚楚,富贵逼人。贝肯鲍尔为德国足球打造了一个胜利之场,柏林球场充斥着将德国队推上四强的能量,这种无形的能量最可怕,这是让对手绝望的力量。德国队胜利后一小时,我们只够时间抽空洗个澡吃个消夜,贝肯鲍尔却已经坐到了汉堡球场的看台上,凝视着下一个对手——意大利,一切尽在掌握中。据说我国前方记者中有场场发来现场报道者,莫非是与贝肯鲍尔同机而往?非也,怕是票也没有,边在酒吧看电视边往死里码字呢。

二、克林斯曼,贝肯鲍尔的真传弟子,德国队主教练,正走在复制贝肯鲍尔荣耀的路上。克林斯曼成功改造了老旧的日耳曼战车,给战车换上了梅塞德斯奔驰的内胆,变得崇尚进攻且令人赏心悦目。克林斯曼临场指挥妙手迭出,此役用奥东克换下施奈德,博罗夫斯基换下罗德里格斯,又用诺伊维尔替下进攻功臣克洛斯,屡见奇效。克林斯曼这个已经融入全球化进程的德国人保持着德国人的严谨作风,又融合了美国人的创新精神,正步步为营地以另一种身份接近他触摸过的大力神杯。

三、莱曼,终于让德国门神卡恩成为替补的人,让卡恩真诚的鼓励和祝贺定格的人。这场比赛最终变成莱曼与佛朗哥的对决,阿根廷代代出门神,但莱曼一手遮天,捍卫了德国的荣誉,晃动着他灰色的身躯,扑出了两粒点球,赛后新浪最优球员评选,莱曼得票率41%。

四、克劳泽,德国队百年一遇的前锋。一个擅长空翻的德国人、一个擅长头球的德国人、一个脚法秀美的德国人、一个在世界杯赛场上打进10球的德国人、一个长得非常德国的德国人,新浪得票率27%。

五、巴拉克,德国队队长,青年近卫军的带头大哥,场上的灵魂,最优秀的中场球员,带伤踢点球仍然干脆利落的射手,国际足联技术小组选中的本场比赛最佳球员,新浪得票率23%。

六、佩克尔曼,阿根廷队主教练,阿根廷进球后佩克尔曼用坎比亚索换下里克尔梅,放弃了里克尔梅、没有梅西的阿根廷无异自废武功,阿根廷由此丧失进攻纵深,终因保守而痛失好局。佩克尔曼赛后主动请辞。

七、米歇尔,斯洛伐克籍主裁判,漏判一个属于阿根廷队的点球,而且够狠,一竿子打到底,索性判假摔。把比赛拖进点球,推掉所有的责任,间接造成海因策去追打德国队领队比埃尔霍夫,但终场哨已响过,你们闹吧,小米走先。

2006年7月1日

FIFA四人麻将，谁是最后的赢家？（德阿之战麻将版）

当今世界足坛，最有权势的人是瑞士人布拉特；最有影响力的德国人是贝肯鲍尔；最有群众基础的巴西人是贝利；最有知名度的阿根廷人是马拉多纳。

马拉多纳是非权势主流的枭雄人物，与前三者格格不入，球踢得比谁都好，日子过得比谁都乱。1990年世界杯决赛阿根廷因一个有争议的点球负于德国，马拉多纳拒绝和与当时的国际足联主席阿维兰热握手，震惊全世界。马拉多纳公然与FIFA叫板，各国政要待FIFA为上上宾，自然不敢多纳老马，只有意大利黑手党党魁和古巴领导人对老马青睐有加。但马拉多纳是阿根廷足球教父级的人物，是阿迷心中的太阳，国际足联不能用强，只好由着他做一个性格老青年，由着他带着大旗上看台，由着他大放"厥词"、逮谁骂谁。

老马一会儿说把左脚借给马克西，一会儿要把梅西变成梅西多纳，一会儿又圈出包括里克尔梅等一批候选接班人来，牛气冲天，国际足联这帮政客哪里看得惯？明着还不能办他，商议来商议去，甚至都咨询了施拉普纳，终于想出一计：动用中国国粹——麻将，引诱老马，以愿赌服输的名义办掉他！

老马是从问题青年过来的，对黄赌毒都来得喜欢，一说麻将立马就到了。于是，四个大腕，一桌麻将。布拉特坐庄，贝肯鲍尔在布拉特下手，贝利在贝肯鲍尔下手，马拉多纳在贝利下手，循环过来，布拉特又在老马下手。位置是抽签排好的，可牌桌牌具签筒都是贝肯鲍尔家的，贝肯鲍尔略施小计，冲布拉特眨眨眼，就把位置排成这样了。

开局后,贝利死盯着老马,老马打"一饼",他也打"一饼";老马打"三条",他也打"三条",总之哪壶不开提哪壶,贝利无所谓输赢,还特烦犟头犟脑的阿根廷,逮着坐老马上家的机会,一路盯下来,愣是不让老马占便宜,老马只好自力更生,艰苦自摸。

那边老布可是拼命地给贝肯鲍尔喂牌,直把贝肯那一副烂牌托得只差一张牌就"听牌"了。

老马果然是天才,触类旁通,把麻将打得踩单车过人似的,第49分钟的时候,还摸到一张财神,加上手里有一对"红中",听两张牌,只要见谁出"二万"或"红中",他都能糊。

70多分钟的时候,贝肯终于被老布喂饱了,手里的牌三个一组、三个一组,排得跟德国部队似的,只剩下两个单张,一张"一万",一张"红中",贝肯本来想出"红中",牌都拿起来了,一想又不对,马拉多纳乃神人,搞不好就会多出一只上帝之手来的,留一张"红中"听叫更奇诡,让老马防不胜防。于是,就打了那张"一万"出来。老马心跳骤然加速,心道怎么不是"二万"呢,差点赢了这局啊!但既然"一万"都打了,"二万"想必很快就会出现。老马又认真地自摸起来。

快到90分钟了,老布摸到最后一张"红中",扔出去前一激灵:不对啊,"红中"一张都没出,不会是老马听"红中"吧,一想,老奸巨猾的老布就把"红中"收起来了,反正老布不在乎自己能不能糊,只要贝肯能糊就行了。

大家大眼瞪小眼地又打了几圈,快到120分钟了,贝利说话了:嘿,再摸下去快没牌了,要重来啰!——贝利还是那副乌鸦嘴的腔调。

贝肯鲍尔正郁闷呢,咬着手指等"红中",贝利这么一叫,他一急,就把中指给咬破了,血都出来了,贝肯一看中指见红,急中生智,把中指这么一举。老布不愧是精通5国语言的主席啊,马上明白了这一肢体语言的含义,把那张焐热了的"红中"给打出来了。

老马一看,激动得站了起来,发出最后的吼声:和……啦!

只听得上家的上家传来低沉的金属一般的声音:拦和!贝肯鲍尔把牌一

推,抢在马拉多纳前面开和了!

　　马拉多纳的脑子里嗡的一声,一股无名火直冲脑门,正无处发泄,突然看到贝肯鲍尔还竖着中指呢,大怒:你丫的赢就赢了,还敢问候我母亲?!一个巴掌就向贝肯鲍尔刮过去了,嘴里还叫着:排——山——倒——海!

2006 年 7 月 1 日

大师注定要谢幕几十次

巴西倒下,被法国腰斩,在57/90处,一刀两断。

阿根廷可以将那首脍炙人口的眼泪之歌一元钱转给巴西了。阿根廷人死于左轮,那轰鸣之声说的是"洒出一腔忠勇血,换得男儿六尺躯";英格兰人死于左轮,可以说是非常体面和时尚,甚至比不死都强,那个装模作样拿着世界足坛最高薪酬的埃里克森到哪里找这么好的句号?可巴西他不该这么屈辱地倒下,而且是全尸不保。

说巴西队自己打败自己已经是一种抬举了,他们被法国击败,是一场完败,败得比西班牙要清冽得多。他们或许可以将死于法国之手,改成死于齐祖之手,这样看上去会舒服一些。法国队已经是一支很平庸的球队了,但齐达内却凭此战成为无可争议的新球王。巴西队是一支天才的球队,却被法国队葬送。狮子领导的绵羊可以战胜绵羊领导的狮子,两百年前,法兰西人的皇帝拿破仑如是说。如同1990年的阿根廷,平庸得一塌糊涂,却因为马拉多纳的一记妙传,用5秒钟的才华腰斩巴西,16年前的那个操刀者叫作卡尼吉亚,今天的刽子手名唤亨利。

世界足坛三代领导人:贝利—马拉多纳—齐达内,就这么定了。罗纳尔多是世界杯最佳射手,可最佳射手不一定是领导人,罗纳尔多和齐达内的关系,以后就像穆勒和贝利的关系一样。

今夜的齐达内将先前的一切都变作了铺垫,1998年家门口的世界杯不过是场青春秀;2000年的欧洲杯是王朝初立,而今夜,在谢幕时分,方一统天下。巴西成了齐达内最大的抬轿者,他们用五星大轿,五个还带着体温的世界纪录托起了齐达内。莱比锡体育场被齐达内一脚踢破的更衣室的木门成了齐达内登顶之前一个纪念,看着那个破木门,我们必须再追记韩国队一功,你曾经将大师逼至墙角,逼得大师恼羞成怒,所以,授予你第七个亚洲第一。

"这一切太美了,我希望它能延续下去……"齐达内赛后陶醉地说。大师,注定要道别多次,说不玩了,又回来了;又说不玩了,再又回来了。迈克尔·乔丹就是一个例子,退役,复出;再退役,再复出。到现在还没玩够,这不,还买一山猫队玩着呢。

巴西球迷在看台上哭了,那是我见过的清泪,16年前,在一女球迷眼中纵横,今夜又在新一代的眼眶里打转。巴西,你走了,连个用滥了的"像英雄一样离开"的评说都得不到,你只是成就了齐达内。

2006 年 7 月 2 日

你是否倒霉就看你是否透支过幸福

巴西队出局的时候,突然觉得世界杯像一场儿戏。巴西人还不如我们伤悲,更觉得我们的情感无厘头得紧。眼见这支号称领先世界足球水平300年的球队被齐达内涮得像智障一样,我们发现接下来的投票倒真成了问题。

中国有句古话叫"乐极生悲",换成一句世界杯名言就是:你是否倒霉就看你是否刚刚透支过幸福;股市的术语叫作"天量天价,见顶";江湖格言是:出来混,总要还的。

小组赛的时候,世界杯的问题主要是实力强弱的问题;1/8决赛,主要是战术对错的问题;1/4决赛,主要是意志品质的问题;半决赛以后,那就是命大命薄的问题了。

面对眼前的迷你"欧洲杯"或者说世界杯的2.0版,唯一能说的一是天命,二是人事。所谓尽人事,按天命。这样最好。

为什么天让法国来灭巴西?因为创办世界杯的是法国人,巴西专为世界杯而生,法国人专为收拾巴西人而活。

巴西人的天量就是那五个世界纪录,最要命的就是罗纳尔多成了最佳射手。

阿根廷人的天量就是那个6∶0,上一场,已是末路,但还是很侥幸地淘汰了墨西哥,终于在这一场,出局了。

英格兰人的天量就是贝克汉姆那一脚惊天动地的任意球,都惊动那么大了,下一场贝克汉姆完成任务的就不再是黄金右脚,而是白金右手了,像大哥一样——抹去弟兄们横飞的眼泪。

乌克兰上一场，很幸运地点杀了瑞士，接下来那晚，出局了。

意大利上一场，很神灵附体地淘汰了澳大利亚，接下来，居然还挺住了，幸福透支得不少了；德国淘汰阿根廷也属走运，所以，德意之战基本又是五五开了。但德国是东道主，东道主就是庄家，即使和闲家摸一样的牌，还是庄家赢。

葡萄牙上一场，是点球制胜，但并非靠运气，因为从运气来讲，两个队员踢飞点球，也已是霉运当头，主要靠的是里卡多，扑出 3 个点球，一个好门将 = 半支球队，里卡多有戏，葡萄牙便有戏。巴西队走光了，但巴西人还有，巴西江湖最后一个大佬就是斯科拉里。他担负着葡语球队的终极荣誉，有他和里卡多，葡萄牙应该可以赢法国。更何况，法国人的使命已经结束，而葡萄牙人的使命刚刚开始。

世界杯变成了欧洲杯，欧洲杯意味着什么？意味着丹麦、希腊都能拿冠军，意味着冷门的登峰造极，意味着世界尽头的冷酷仙境。葡萄牙会夺冠吗？我敢想但不敢说，这不，除了天命，还有人事哩。

2006 年 7 月 3 日

亢龙有悔，至阳德国倒在充满钢铁气息和熔炉味道的夜里

以前的德国队，最出名的是翻盘能力，1982年，德国在加时赛中被法国连进2球，最后还扳平比分，并通过点球大战淘汰了对手；德国队的历史上，先失两球再扳回来的战事数不胜数，仿佛先失一球再赢回都不好意思叫逆转。但这一次栽了，因为失球太晚，没有时间。

德国队第二出名的是点球神经，点球大战几乎战无不胜，如果再多撑个几分钟，德国战车开到12码前，意大利纵是天外飞仙，也是魂飞天外之仙，必败。然而，格罗索穿履带，战车歇菜。

德国队第三出名的是闪电战，这是克林斯曼掌军之后的贡献，开场15分钟之内先声夺人，然后顺风球当逆风球打，1∶0赢你是你侥幸，2∶0是他客气，如今，被防反之祖意大利遏制住，霹雳当头，却是晴空一片，再无先手而得。

德国队第四出名的是长枪阵，打瑞典的时候远射如掷标枪，枪无虚发，友邦惊诧。不明白今夜长枪为何全部入库？德国人像为了纪念巴西一样，打起了短传渗透。贝肯鲍尔说了一句巴西、德国进决赛，居然把德国足球的技术梦想给鼓舞了起来，德国人拿出一把匕首，舞出了几片刀花，追着意大利跑了几圈，结果是荆轲刺秦，壮士不归。皮耶罗奏响追魂锣。

意大利是卖油翁一个，卖的是厚黑之油，谋略之油。无他，手熟耳。有的是厚黑的功夫，且手法娴熟，已臻化境。对付初出茅庐的澳大利亚是这样，对付百炼成钢的日耳曼也是如此。引蛇出洞的时候有的是耐心，打蛇七寸的时

候有的是准星。格罗索,一个左后卫,一个八袋弟子,护法角色,却屡屡使出致命一招,打澳大利亚的时候,制造点球;打德国,更是越俎代庖,狠过斧头帮帮主。

再说一下皮耶罗,皮耶罗是单刀名将,但很少做关键先生,锦上添花的事却也很少失手过,不勾生死簿,只敲追魂锣。

决赛,指望意大利给我们打一场亢龙之战,显然是奢望。但意大利的精妙之处永堪品味,那就是"有悔",正是这种亢奋中隐忍的悔意,让至阳的德国人折戟沉沙,倒在了多特蒙德那充满钢铁气息和熔炉味道的夜里。

2006 年 7 月 5 日

世界杯异化的年代：没有关羽，只有蒋干和庞统

世界杯开盅，两个骰子躺在盅底。一水的黑色，一水的妖冶。米兰 VS 巴黎，空气里弥漫着香水的味道、欲望的味道、堕落的味道。

两支爬进决赛的球队，两支靠假摔而爬行的球队，在所有的兔子都撞死在木桩上的时候，乌龟一笑而过。是木桩伤害了你，不是我，我只管一笑而过。挤一下 C 罗的眼睛，捂一下亨利的脸，更厚的厚，更黑的黑，大家都没有办法，获胜一定要靠点球。世界杯沦为制造点球的比赛，90 分钟都为制造一个点球出来，造不出来，再给 30 分钟，还造不出来，就都给点球，大家比点球。PK 嘛，世界杯不就是超男大赛吗？感谢中国，你用超女 PK 感染了我，以灵魂附体的形式加了世界杯为好友。

让英雄死，让天才亡。本届世界杯的秘诀就是：不求最红，但求最黑；不求胜够，但求皮厚。

没有千里走单骑的世界杯是苍白的，1986 年马拉多纳，1990 年巴乔，1994 年奥维兰，1998 年欧文，2002 年空缺，2006 年空缺，世界杯已经异化，异化成一个没有关羽的年代，一个只有蒋干和庞统的年代。这是一个没有铁血的年代，一个没有丹心的年代，一个只有白纸扇的年代。阴谋在汗臭之下滋生，阳谋在鲜花之上蔓延。柏林，史上最酷的城市，等来的是史上最阴的高手，只带毒镖不使长剑的高手，碧血一腔，被毒封喉，柏林是黑色的，意大利是黑色的，法兰西也是黑色的，黑色是毒药的颜色。

没有常山赵子龙式的前锋的世界杯是黑色的，巴斯滕是最具赵子龙元素

的前锋,但世界杯不是他的长坂坡,无论是当球员还是当教练,他都与现代世界杯格格不入。国际足联的存款从24美金到了40亿美金以上之后,再也不见方丹和普斯卡斯这样的射手,方丹穿着一双借来的球鞋,在一届世界杯上打进13球,创造空前想必也是绝后的纪录,法国队曾经拥有这样的神奇前锋!而1998年以来,法国队前锋无人,靠的是像图拉姆这样的后卫和齐达内这样的中场奇人,强力前锋呢?空缺!意大利队更是后卫的天堂,格罗索的成名是前锋的遗憾。意大利历史上不乏偷鸡型的前锋,可如今,连这也拿不出手啊。

柏林决战,世界杯,让我们挣扎着把她看完。

为避免有些心直口快的朋友见将蒋干和庞统放在一起,不分青红皂白板砖先飞过来,特此声明决无贬低庞统之意。本文的意思无非是怀念强力前锋和特别对得起观众的单刀王,感慨世界杯沦为谋士的天堂,谋士有天壤之别,高下之分。冠军主帅堪比庞统,无能谋士只比蒋干。至于为何将他俩放在一起,缘起一个搞笑的谜语,不登大雅之堂,不提也罢。关于伪球迷和伪三国之说,请看完鄙人的全部文章,再扣大帽不迟,谢谢。

2006年7月6日

厚德载物，玩命快递——德国队是奥迪A8W12

7场比赛，德国队也有假摔，亦不乏裁判照应，德国媒体口也甚毒，但还是应该把"厚德载物"的牌子像第18届世界杯铜牌一样颁给德国，至少在我的"博林"。

德国人会铸大错，但也能勇敢地承担。布雷默能承认1990年世界杯决赛那个点球的获得有失公允便是勇敢，尽管已经过了16年。德国队员胸前的三颗星里面哪怕有再多的恶行，因为这16年后的诚实，也应该被豁免。35年前，德国前总理维利·勃兰特在波兰的犹太人聚居区，作为一个曾经屠杀了600万犹太人的国家的代表，面对着犹太人死难者纪念碑，默默地屈身，双膝跪倒！全世界因此而豁免了德国在"二战"中犯下的罪孽。也许有人会说这有何难？请看一下我们的东邻日本，便可知这一跪才叫简约而不简单。

喜欢德国，以前是因为他的意志，今天是因为他的德行。

喜欢德国，不仅是因为在我们海上的工地上，一般的打桩船只能打19米的桩，而配备德国榔头的打桩船可以轻松地打25米的桩。

喜欢德国，不仅是因为德国有克虏伯公司这样影响近代历史以及当今中国的百年老店。

喜欢德国，当然也不仅是因为有舒马赫和W12奥迪A8。

今夜，玩命快递的车王是拜仁希望之星施魏因施泰格，是他，捡起了半决赛德国人丢掉的长枪，用标枪一样的远射告诉你德国队还有一个突然爆发的男人。两个月，克林斯曼只用了两个月便扭转了整个局面，波多尔斯基当选最佳新秀，克洛斯眼望金靴，巴拉克与贝肯鲍尔私语队长心得，莱曼和卡恩留给世界的也不仅仅是感动。如果说C罗还算有作为的话，最值钱的也就是那一脚奇诡的任意球让卡恩表现了W12奥迪A8的劈弯和折返的能力。

德国有罗拉这样快跑的女人，更有"小猪"这样快递的男人。德国有默克尔这样的女杰，更有贝肯鲍尔这样从球员到教练再到政治家无师自通的奇男。德国是个很男人的国家，是我们比较有把握不会打假球的球队，我们可以回顾一下本届世界杯的历程，是谁给了我们别样的激情？射手榜前两位都是德国人，最佳新秀是德国人，唯一一个准帽子戏法的主人也是德国人，德国人以两个两球净胜让开局和收官同样精彩。我们应该感谢德国。

这场比赛是完美的，完美到最终还勾勒了菲戈和戈麦斯黄金一代的告别场面，他们的配合挣回了葡萄牙足球的一点颜面，葡萄牙黄金一代的绝唱落在新一代德国队乳虎啸谷、鹰隼试翼的时刻，2010年的南非，必是百兽震惶。

2006年7月9日

在我们生活的年代，做球王远比做冠军艰难

《意大利之夏》《凯旋进行曲》《我们生活的年代》，精通音律的德国人用三曲终结了让我们追随一月的第18届世界杯。

满树的银花飞舞，没有红、没有绿，只是纯白，那是里皮头发的颜色。红与绿戴在了大力神杯的头上，那里有意大利人激动的泪水和口水，中国人摸一次都很难的金杯，第四次被意大利人亲吻。有一个中国人，曾经有预见性地喊出了"意大利万岁"，也将被人牢记。那个勾起了无数兴奋的左后卫格罗索，用最后一记义无反顾的点球让谋略之王意大利登顶，锲而不舍追查国内假球案的检察官也许将成为渐渐淡去的背景。

多梅内克将银牌收入了西服的口袋，那个银牌有点灰白，几乎也和他头发的颜色一样。

多梅内克换下了里贝里、亨利，齐达内用红牌撤下了自己，没有齐达内、亨利、里贝里的法国队还是法国队吗？一切都不重要了，站在桌子上的意大利人卡纳瓦罗让法国人午夜梦醒——世界杯，我终于失去了你！

球王齐达内用他完全展开了身姿的头球留下了曾经沧海后的最后一个绿茵视频，但长笑的是布冯，球王用头球垫起了意大利队的精彩，这个冠军的强项在于扑救。

令全世界都措手不及的是齐达内的另一个头球，几乎是迅雷一般击中意大利人潮湿的胸膛，发生什么了？大师、冠军、足球先生、艺术家、魔术师、我们眼中的球王、第18届世界杯当仁不让的准金球奖得主，给了我们无数惊诧和仰慕的齐祖，在第108次代表法国的时候，几乎用雷霆一击将现实击碎。

齐达内走向更衣室，他与世界杯擦肩而过，他是比赛的主宰，没有他的法国队让意大利人夺冠显得无比的容易。

在我们生活的年代，做球王远比做冠军艰难。今夜，足球之神给人类教导的是：你们更需要的是原谅，而不是喝彩。

这也是第18届世界杯给我们最重要的东西。

矩阵的世界，伟大的柏林，德国，再见！

2006年7月10日

世界杯决赛结束后的第一天——从齐达内想到寒山寺

5点看完世界杯闭幕式。

6点写完《在我们生活的年代,做球王远比做冠军艰难》,时间刚够刷牙,来不及刮胡子。

6点一刻,上车奔机场。

8点准时起飞。

9点20分,到上海虹桥机场,随手拿了张《上海证券报》,一则新闻很吓人:美财政部首邀中国加入G7(西方七国集团)。看来我们国家的经济远比足球出色,虽然咱的实力还弱,还不一定非要凑那个热闹,但至少人家愿意陪你玩了。

9点40分,在延安路高架上,收到新浪短信:今晨中国选手郑洁/晏紫首次夺得温网女双冠军,继澳网之后拿下今年第二个大满贯冠军。哎呀,这可是中国体育的大事,光顾了世界杯,居然半眼也没瞧温网,只知道她们进了半决赛、决赛,还真赢了。世界杯的时候,那个天天出来系鞋带,喝什么啤酒,然后叫:"咱国家赢球了,咱叫得比谁都响。"的那人哪儿去了?该叫不叫,浑!

10点整,到办公楼。楼下大厅的墙上正播世界杯新闻——齐达内红牌谢幕。几个在我们楼上办公的葡萄牙人走过,边看边说,他们的国家在半决赛被法国淘汰,也不知他们怎么评论法国。

2点,看了一下新浪竞技风暴,话题还是齐祖,早上一通忙乱,下午得空回想一下齐达内，觉得还是惋惜，真是有多少风流就有多少折坠，难道做一个血性的男人和真我的球王就不能两全吗？马特拉齐纵是再出言不逊，就当他是骂他自己不行吗？此去不远有个寒山寺，早先有个叫拾得的高僧云：忍他，让他，避他，由他，耐他，敬他，不要理他，再过几年你且看他。再过几年，齐达内的日子应该过得不错，马特拉齐估计好不到哪里去。社会人积累的是信用度，像马特拉齐这样口碑很不佳的人，再过几年，我们代齐祖看他。巴乔信了佛，泰森信了毛主席，乔丹买了山猫队，齐达内呢，在法国南部的葡萄园云中漫步？我的一个朋友甚至怀疑这是一场假球，那个勺子是多么的匪夷所思。那我们更要关注齐达内，如果哪一天齐达内和甲骨文的总裁 Larry Ellison 一样开起了私人战斗机，玩超豪华的游艇，那这场比赛就是假球，当然包括其他的相当的远远超过齐祖收入水平的奢侈消费，群众的眼睛是雪亮的，这不，还有博客呢。

6点12分，收到新浪头条新闻：法国齐达内获世界杯金球奖。好像世界杯又打破了一个魔咒，应该是以前没有人能够在决赛拿了红牌还捧金球的吧？谁说政治家不好？这个一定是布拉特和贝肯鲍尔商量的结果，这样才是一个和谐的世界杯啊。

巴西和西班牙获公平竞争奖，葡萄牙成最受欢迎的球队。都是被法国淘汰的球队，奇怪，被齐达内的勺子和意大利的电话门搅得心烦意乱的人会想：难道这些都是支持法国进决赛的补偿吗？算了吧，世界（杯）没有有些人想的那么黑！当然，也不会像有些人想的那么红。

2006 年 7 月 10 日

2002 韩日世界杯

Korea Japan 2002

学习西非兄弟，把枪找回来！

西非洲的兄弟前天夜里开了个会，小伙们踊跃发言，最后归纳成一句话——趁齐达内病，要法国队命！

果然！昨晚在韩国微湿的天空下，塞内加尔队的法甲帮演出了"乱棍打死老师傅"的惊天一幕。

勒梅尔手里有英超、意甲和法甲欧洲三大联赛的最佳射手，却只因中场缺一个齐达内，威力尽失。看着顶替上场的德约卡夫屡屡被断，不禁想：何止11个杨晨不抵一个齐达内！11个德约卡夫又如何？

露脸的是法甲的替补席尔瓦，他虽然长期在法国守门，平常却没有和法国队哼哈二将对话的机会，阿森纳之"哼"亨利和尤文图斯之"哈"特雷泽盖一向视法甲门将如刍狗，今天折在一个替补手里，可要好好记住他的名字。

中国队应该视塞内加尔队为楷模，要让世界记住我们的名字（当然，偷项链不算），人家世界排名也在40名以外，也是历史性地第一次打进世界杯，第一天就碰到全冠王，愣是脚不软，脑子也不含糊，多好的处女作啊！

我们的球员还没跟巴西对火呢，就会想些和某某偶像交换球衣以及准备摸摸谁的头之类的事，整天还惦记着弄点感想给在自家身上下了本钱的媒体，修了几世，猛一遇到四冠王，还没开战，枪不见了。

让我们一起大声地喊他们一句吧：马山，把枪找回来！

2002 年 6 月 1 日

英格兰，你的名字叫科娃

世界杯如火，法网如荼，有空也会瞄一眼来自罗兰加洛斯的消息。昨天看到英格兰队，突然觉得这支小贝领衔的时尚之师像极了网坛叫座不叫好的俄罗斯尤物库尔尼科娃，性感是没得说的，每次都走不远也是可以预见的，出局是需要理由的，否则球迷会闹的。

虽然比法国伤员齐达内走运，英国病人贝克汉姆快速修复了他的左脚，赶上与天敌瑞典的对决，但他的右脚又显得太昂贵了，除了用来制造惊世骇俗的贝氏弧线以外，舍不得铲球、更舍不得与人对脚。英格兰由此变成一支奇怪的球队，有定位球时，是两个人的球队，一个是随便找的英国大汉，比如坎贝尔，他的任务是在对方禁区内找个地方跳起来，然后把头伸出去，剩下的事情由贝克汉姆来做。小贝十有八九可以把球踢到那个头上，连反弹的角度和力量都一并算好，小贝是绿茵场上的斯诺克之王，右脚就是他的球杆。但通常的情况下，英格兰是10个人的球队，小贝只负责在场上展示队长之美，展示他的军旅头、鬓角或者美髯。

也许是老大在右路的光辉亮瞎了后排弟兄的眼，英格兰后卫是最喜欢把球回传给守门员的后卫，也是最会开小差的后卫，瑞典队算不上顶级强队，竟可成英格兰人34年逢之不胜的梦魇，阿历克斯·安德森第60分钟的进球延续了这段历史，平局其实已经足够将英格兰人再次逼至危崖。

2002年6月3日

人家在飞 我们在推

昨天恐怕是美国人在"9·11"之后最牛的一天,美国队仅用36分钟就废了黄金一代,如果给他们穿上黑风衣,你将看到又一个"骇客帝国"。旋风式的腾空动作、剑鱼一般的冲顶,骇客!骇客!吃葡萄不吐葡萄皮的骇客!

美国人有太多的理由不买世界杯的账,对大多数美国人来说,看世界杯还不如看"湖人"如何掐死"国王",不如看霍利菲尔德的铁头怎样撞晕拉赫曼。可就凭他们那6岁大的职业大联盟,凭拉美移民的一点点兴趣爱好,也可以硬生生复制出一个骇客帝国来,从世界青年锦标赛打到奥运会,再到夺取中北美加勒比金杯,到今天把一个世界足球先生菲戈打得胸闷,将名将科斯塔整得连滚带爬。美国人连续四届参加世界杯,但你也很难看到熟面孔,昨天属于拉莫斯们,而今天已经是多诺万、比斯利、奥布莱恩和麦克布赖德的天下,既然葡萄牙占据了黄金一代的名头,美国人只好用一场血洗一般的战争来证明自己更加名副其实。

其实何止是美国在飞?君不见,给了中国人很多难堪的李东国在韩国队中已难觅踪影;再看日本队,在中田英寿的影子下,一个叫作稻本润一的小家伙也已具八分王者之相,但中田也才25岁啊!他与李铁同龄,但成熟度可以让你不相信自己的眼睛。可你知道中国队一个前锋可以用几年吗?看看海东眼角可以夹死苍蝇的皱纹,答案写在他的脸上。

中国的甲A联赛比美国的职业大联盟还要早两年,比日本的职业联赛稍晚,1996年以前,中国队碰日本,几乎是见一次揍一次,可今天的日本队,你还敢和他对视吗?你甚至想把日本划出亚洲算了,省得我们见一次挨揍一次,有个韩国队还不够操心吗?太极虎轻轻松松就吃了波兰。虎狼环伺,还牛皮哄哄,只有不争气的中国足球才可以做得如此不动声色。

不要推客观原因,成绩是检验效率的标准,中国足球这几年都干了些什么?还有两场比赛可以说明一切。

2002年6月6日

亢龙有悔

有一种皮球叫飞火流星,有一个男人叫贝克汉姆。

有一个球场叫"天穹",有一种点球叫"亢龙有悔"。

当贝克汉姆扬起他那张地球人最熟悉的俊脸时,分分明明的线条之中,竟有一片飞舞的酡红。在四年前那个被驱逐的夜晚,这是一抹羞愧的赤色;在昨夜卷土重来的点球时分,是判官笔尖的点点朱砂;而在点球命中的一刹那,却绚烂成昭雪人间后的漫天丹霞。

英格兰抽中了红色队服,红色成就了贝克汉姆。

贝克汉姆走向 2002 年的罚球点的时候,我想起了 1998 年的巴乔,为什么每一个有强烈的英雄暗示的男人都会选择点球这一最直接的方式?难道这一蹴而就的快感可以一下子熨平时间之河绵绵流淌的悲伤?

《易经》第六条爻辞:亢龙,有悔。

贝克汉姆跑动,抡起他的右脚,右脚内侧已聚千钧之力,龙行虎步,亢奋凌厉,突有悔,力至外脚背,飞火流星携雷霆之势直挂天穹网底。曾以为,里瓦尔多使诈以前的那颗蛇蝎般的点球已是天下第一,未料想贝克汉姆使出亢龙有悔。

世界杯或许是点球之杯。

亢龙有悔,盈不可久。两年前的欧洲杯,英格兰终结 34 年逢德不胜德历史之后死于罗马尼亚人的点球,昨夜的英格兰人以点球的胜利终结了 N 年逢阿不胜的历史,等待他们的又将会是什么?

2002 年 6 月 8 日

回家

巴黎时间10点20分,那个控制不住自己腿的欧洲人齐达内平静地走向有着不可思议的手的巴特兹,两个"足球狂热症"的患者无可奈何地碰了一下手,谁比谁都明白,法国队已经无药可救,他们马上就要离开仁川,但不是去日本,而是回家。

法兰西打破了36年以来冠军从不在第一阶段结束后回家的纪录,映衬他们的是,塞内加尔与世界杯如胶似漆的初恋,巴黎的浪漫被一群来法甲打工的黑汉子悉数收走。

门柱、门楣、汉江、汉城,在法国人心中重千斤。在檀君诅咒的传说里,高卢雄鸡的自信被差之毫厘的射门封印,坠落在遥远的高丽小邦。

或许今天某一家报纸会庸俗地打出这样的大标题:齐达内是人不是神!用这一人类惯常的思维方式,对往昔一厢情愿的爱慕进行义无反顾的清算。的确,齐达内可以拥有所有的冠军头衔,可以是本场比赛的最佳,甚至可以是拿破仑再世。但太晚了,经过两轮的混战,世界杯已经变成人民战争,开始让英雄走开。幸运的是,在貌似强大的法国轰然倒地时,齐达内保持了冠军的尊严,给我们一个相见不如怀念的背影。

负于丹麦后,勒梅尔在抱怨运气不佳的同时,也坦承法国队对本届世界杯准备不足。据说法国队的训练场极其豪华,自称为"冠军花园",全队一般只在下午5点开始训练不到1小时,自由松散。在他们的新闻发布会上,面对各国记者,法国人只讲法语,甚至连英语提问都不允许。对于本国记者,专门开了好几个小房间安排采访,门口写着"不是法国人不能进"的字样;在与塞内加尔的揭幕战前,甚至没去适应场地。在揭幕战上,特雷泽盖一脚将球打到门柱上的时候,我们看到的是一张快乐而轻慢的笑脸。

"飞火流星"其实是这样的意思:当傲慢像飞蛾扑火的时候,荣誉不过是天际流星。

2002 年 6 月 12 日

一打无比健康的鸭蛋

按照惯例，每当中国足球失败，就要重新定位一次，虽然对历来就是黑夜比白天多的中国足协来说，推搪与敷衍在技术上都没有问题，但这一次仍然难度颇高。毕竟，进一球、得一分、平一场，三大愿望都没个交代。阎世铎现在后悔当初没加个括号，里面写"中一柱"，若如此，倒是双倍完成任务，杨晨和肇俊哲都可以戴红花。

算上与埃因霍温及葡萄牙的热身赛，中国队五场大赛一球未进，失球倒有一打，中国队每一次冲锋，给人的感觉都是没戏，两次击中门柱也是浑水摸鱼的成分多，12个失球却只只线条饱满，像一打无比健康的鸭蛋。

其实，中国队的表现归纳起来也就12个字：技不如人、头脑简单、包袱太重。一个鸭蛋涂一个字，刚刚好。

巴西这样的对手实际上是最可爱的，他们功夫绝伦又童心未泯，既爱表现自己也给对手机会。既做大师也当小人，有时偏执，有时狡诈，像周伯通，好玩得紧。哥斯达黎加不才，虽失五城却也有梅开二度。土耳其土则土矣，却能先破巴西之门，独领风骚几分钟。唯独一个中国队，呆头呆脑一无所获，既没有热血流，也没有震天吼，亚洲没了雄风，更没有高昂的头。球衣是换到了几件，但也是耻辱的纪念。

看得出来，杨晨、郝董、曲波、大头，很多人都想射入中国人在世界杯上的第一球，当16强的梦想幻灭时，"进一球"就像一枚魔戒套住中国队的无名指，包袱太重、患得患失，本来是一场赤条条无牵挂的战事，终于也演化成中国队"求不得"的第九难。

在温布尔登中央球场的门口,刻着一首诗:"是否你能在失败之后拥抱胜利,并将这两种假象等闲视之?"

捧着一打无比健康的鸭蛋的中国队,你的心理是否健康?

2002 年 6 月 14 日

安得贞焕千万坚

安得贞焕千万坚,大庇天下韩士俱欢颜!

坚硬的韩国人!坚硬的安贞焕!第一颗金球来自非洲人的柔软,第二粒金球源于亚洲人的坚硬——这是上帝的美学思想。正如塞内加尔的绿色丛林水一样淹没了至刚的瑞典黄,大韩民国的赤色磐石亦如山一般压垮了至柔的地中海蓝。

神秘的金球、绝妙的阴阳。

这是一场充满争议的比赛。图兰朵谜语一:"是什么在白昼死去,却在夜晚重新诞生?"韩国人的回答是"希望",而全世界的答案好像都是"谎言",指责东道主韩国队依靠裁判淘汰了意大利。

当亚洲的荣誉在夏雨的午后被日本人挥霍掉的时候,几乎所有的人都认为即使在清凉的夜,也只能看另一幕90分钟的名为"亚洲之死"的韩剧。韩国人就是执拗去猜图兰朵之谜的王子,他的前面,已经有12个人被砍掉了。但坚强的韩国人最终演出了六幕剧"亚洲未死"。

第一幕:希望。两个意大利后卫像押了意大利输一样,拖倒两个韩国人同时申请了点球。安贞焕和他在绝食中祈福的妻子都相信上帝与他们同在。

第二幕:失望。安贞焕主罚点球,布冯完胜安贞焕,台词:上帝在哪儿?

第三幕:绝望。罚失点球,再失角球。对白:意大利人的夜角球和土耳其人的午后角球一样,都可以是削平亚洲人的弯刀。

第四幕:苦战。安贞焕努力将自己变得像个技术高手,他在门前用脚后跟停球、转身过人再打门,偏出。字幕:安贞焕和劳尔的差距就是佩鲁贾与皇马的差距。

第五幕：转机。第88分钟，薛琦铉破门，亚洲未死。图兰朵第二谜"是什么如火焰般燃烧，但当你死去，它就变得冰冷？"答案——"热血"。韩国人将意大利人科科撞得满脸是血裁判视而不见，托蒂莫名其妙地领到一张黄牌。所以很久以后，图兰朵故乡的意大利人认为第二谜的答案最好改成"裁判的良知"。

第六幕：制胜。加时赛第28分钟，安贞焕用他倔强的铁头打入了制胜的金球。

韩国人的胜负心很重。图兰朵第三谜"让你燃起烈火的冰块是什么？"答案是"图兰朵公主"，而韩国人的答案是"荣誉"，他们对荣誉如此执念，他们不惜一切代价去搏。他们是如此坚信自己能够创造奇迹，尽管需要一些手段，但当事人从不会说：你行你上。

2002 年 6 月 19 日

东方不败

既然韩国队一场不败杀进四强,我们只好叫他"东方不败"。

欲练神功的东方不败舍弃的是什么东西,不用我说,大家都明白。只是这下定决心的一刀不是安贞焕们自找的,比他们高很多的球氓与政客闪电般的出手,使他们的阳刚之躯变得异常尴尬。

当金泰映的乌龙球被吹掉时,我们尚可以豁达地一笑:东道主是猫嘛,猫有九条命。而战神一样的罗德里格斯底线传中,哈雷的头球破门又被吹掉时,我们已经有一些愤怒,这可是一枚金球啊!后来西班牙队漂亮的单刀一再被吹成越位时,比赛已经没有任何意义了。加时赛最后一刻,西班牙的角球都被劫走时,我已经预感到"更深的红"要死了。果然,互罚点球时,连给他们的哨声都特别短,像催命的凶铃。三个裁判像吃了"三尸脑神丸"一样,发疯似的践踏"更深的红",而对"淡红",最多是找点茬让李天秀除下带了半个多小时的项链以示明察秋毫而已。我不再为莫伦特斯击中门柱的惊艳一枪而惋惜,那个球要是进了,也许他会被红牌罚下,在这个暗无天日的黄梅季节。

韩国队赶走意大利的时候,打出的标语是"大韩民国,一统江山"。也许明天他们会写"千秋万代",后天会写"泽被苍生",他们已经非常日月神教了。他们真的认为人有多大胆地有多大产。韩国队不用谢天谢地谢人,他们只要卸磨谢魔就够了。我不知道那位韩国小姐是否还在绝食为夫君祈福,韩国队十六晋八的时候,那还算佳话。如此八晋四,则是笑话了。

足球当然有偶然性,甚至偶然是可爱的,但强行把偶然变成必然的话,会是多么可悲，多么法西斯。你打进了半决赛，可你不能给世界愉悦，你只会说你很想，你只是东方不败。

2002 年 6 月 23 日

1998 法国世界杯

France 1998

美人如玉剑如虹——世界杯开幕之前看巴黎

在法国世界杯开幕前的两周,我两次来到梦一样的城市——巴黎,巴黎在世界杯的光环中摇曳着,她比香水更为神秘。

从在北京登上法航班机的时刻起,世界杯概念便开始凸现,法航是98世界杯正式赞助商,每一个乘坐法航班机的客人均可以参加抽奖,法国航空公司为幸运者准备了200个观看决赛的席位,他们别出心裁地在波音747–400宽大豪华的机身上喷涂了一位球员凌空飞射的形象,这可能是世界上最大的足球运动员的画面了。法航有一条浪漫的广告语,叫作"足球满布天空"。

足球真的满布天空吗?当我们的车子进入巴黎时,我开始怀疑。我曾经在北京亚运会前夕去过北京,那是一个多么震撼人心的景象啊!满街的亚运标志,和满街的"盼盼"。而巴黎没有这些,偶尔见到France98的标志和那只可爱的高卢小公鸡,或是代表法国电信,或是代表可口可乐,寥若晨星,不成气候。美人如玉的巴黎啊,你是否拒绝给世界杯一个灿烂的、摄魂的眼波?

我必须去凯旋门。那里有拿破仑不一世的霸气和傲慢孤独的法兰西形象,他或许会与世界杯惺惺相惜。我站在高50米,宽45米的凯旋门内,凯旋门内侧,刻有追随拿破仑南征北战时功勋卓著的将军名字,雨果是咏唱拿破仑感情最激动、歌声最激昂的诗人——"拿破仑在世纪的门槛上挺身而出,又神采奕奕,又沉思默想"。France98,法国人又一次站在世纪的门槛上,这一次,他们能不能挺身而出?神采奕奕的雅凯和沉思默想的齐达内,这一次,你们能不能将名字刻上法国人心中的凯旋门?

凯旋门在形式上没有与世界杯呼应,只是距离不远有一个书亭,有很多关于世界杯的刊物,我买了本France98,想看看法国人如何酿造这一世间美酒,France98里面广告、漫画铺天盖地,但并非眼前景象。

凯旋门东面向市中心铺展开去的就是号称世界最美大街的香榭丽舍,去看看有没有朋友杜撰的壹玖酒吧,我沿着这条街走去,笑着对自己说。FIFA!发现一家好店——国际足联授权直销世界杯纪念品的商店!商店里人头攒动,世界各地的球迷在这里"血拼"(Shopping),香榭丽舍寸土寸金,这里的东西很贵,但显然非常好销,我发现有许多中国制造的纪念品,其中有一些徽章,八成是金乡做的。在世界杯的商品市场上,中国队倒是屡屡出线,我在"我们的主场"流连了一会儿,临走时向朋友打听这家商店的租金,这是一个公开的商业秘密——每天20万法郎!由此推算,它的每日销售额应该在两百万法郎以上,据说法国世界杯组委会下设"France98公司"承担生产销售世界杯纪念品的组织工作,预计销售总额可达80亿法郎,组委会可获利8600万法郎,香榭丽舍专卖店的红火仅仅是世界杯商业上成功的一个小小的缩影。

香榭丽舍大街的尽头是协和广场,法国大革命时代,这里有赫赫有名的革命的恐怖——断头台,但现在这里已是民族和睦、世界和平的象征。书上说,广场的正中是来自埃及卢克索神庙的3500年以前古埃及人雕成的高23米、重250吨的方尖碑,但我看到的竟然是一个巨大无比的大力神杯!这是"乾坤大挪移"吗?

法国人用了障眼法,他们在方尖碑的外部用金属线材做了一个大力神杯,但目前仍然是空心的,"老定"的法国人仍在做工程的扫尾工作,此时距世界杯开幕仅有一周!方尖碑成了大力神杯的内核,在几层保护膜的包裹中,埃及法老用象形文字亲自撰写刻在方尖碑上的碑文,给人强烈的震撼,最后一句是"太阳之子啊……你在创造生命!"我不知道世界杯算不算是一种生命,但它显然也是太阳之子创造的,它的阳刚威猛,它的如虹剑气无不说明了这一点,法国人将倚天长剑一般的方尖碑包容在大力神杯之中,是一项经典的法国式的创意,它像巴黎的美女,像法国大餐,是独一无二的。

美人如玉剑如虹,这里才是 France98 的精华所在。

1998 年 6 月 10 日

宇宙的光辉

如果说佛教徒罗伯特·巴乔的法兰西之旅是一次慈航的话，那么今天凌晨他在与智利队的比赛中射中那个有争议的点球则是一次普渡。点球恩仇，苦海无涯。这一回，巴乔借佛性之桨渡了过来，为了意大利，也为了他自己。

古龙先生在《猎鹰·赌局》中写到一个叫秦歌的英雄，大意是"秦歌之所以是英雄，是因为他被江南五虎砍得只剩一口气，第二年，他还敢再上虎丘（江南五虎的老巢）。"一个智者，如果同时又是勇士的话，那他差不多就是英雄。巴乔是这个武侠故事的欧洲版主角，四年以前在美国玫瑰碗体育场与巴西队的点球决战中，他踢飞了那个后来被称作"世纪点球"的点球，从此成为亚平宁半岛上的落魄游侠。颠沛流离，命运多舛，虽然在最后关头，天助自助者，搭上了去法兰西的末班车，但吉凶未卜。

这是他第三次参加世界杯赛事。开局不久他便有一次妙传令意大利队先拔头筹，但意大利队很快被南美劲旅智利队反超。雨天的泥泞中，在对方禁区拿球转身时，巴乔甚至出了洋相。罗伯特先生忧郁的面孔不时划过银屏，阴差阳错地，他失去一些机会，像他这样看上去背运的人，能再次拯救意大利吗？有过1990年出道时鲜衣怒马的风光和1994年一骑绝尘的辉煌，难道要在法国1998年体验一次星际陨落的悲凉？我不禁为其攥拳，我比意大利队的教练老马尔蒂尼还紧张。

到现在我都认为他不该去罚那个点球，那10%不中的概率完全有可能让他永世不得翻身，是他创造了点球机会，让别人去罚，罚中了他有一半的功劳，罚不中与他无关，这是很浅显的道理。但巴乔已经站在了罚球点旁，这一次,他距离足球特别远,仿佛隔着千沟万壑,塔皮亚身后的球门里,是一张无边无际的网。地藏菩萨说:"我不下地狱,谁下地狱?"巴乔是想起了这句话么?

巴乔跑动,踏遍万水千山,右脚背触球。机敏似狼的塔皮亚向右侧横扑,巴乔的 12 码外,是他的宇宙。沾了水的三色球泛着冷冷的微光似沾了露珠的地球在塔皮亚的指尖与右侧门柱之间闪身而入,如白驹过隙,更如巴乔足球生涯中,又一个匆匆四年。雨后的莱斯库尔体育场,出现了一道彩虹,那是宇宙的光辉。

1998 年 6 月 12 日

"赤脚"的赤子

西班牙是世界杯的常客,已经是第10次参加世界杯,尼日利亚是第二次;昨晚西班牙上场的球员四人来自巴塞罗那俱乐部,两人来自皇家马德里,大部分系出西班牙名门,尼日利亚上场的球员有国际米兰的、阿贾克斯的、切尔西的、皇家社会的,整一个寄人篱下的大杂烩;著名的英国立博公司给西班牙定的夺标赔率是1赔15,与阿根廷差不多,给尼日利亚定的是1赔29,相当于挪威队,西班牙是D组的种子队,尼日利亚是"白卵车"。以上四点综合起来一句话,西班牙队是"穿靓鞋"的,尼日利亚队是"赤脚"的。

赤脚的不怕穿鞋的。0:1落后不怕,1:2落后也不怕,总统刚刚去世,三军缟素的尼日利亚队成了名副其实的"哀兵"。凭着夺过奥运冠军的那丁点儿底气,他们居然没把热身赛1:5被荷兰队痛宰的事儿放在心上,在场上,他们像一只纵情绿茵个性迥异的草蜢。6号韦斯特的如草绿发和10号奥科恰的黄色卷毛自由地出没在西班牙人拘谨的阵式中,陪衬他们的是学富五车的劳尔老师踏西瓜皮式的失误和才高八斗的恩里克一次次无功而返时沮丧的面容。这些走出非洲的赤子们一次次用他们的身体语言向世界展示他们感悟到的足球,在这些赤子之心里面,仿佛有一片原始的、自由的、无垠的旷野,他们似乎永远是心情舒畅的踢球者。

9号叶基尼、15号奥利塞赫、11号杜瓦尔……除了35岁的门将鲁菲,这群平均年龄25岁不到的年轻人几乎都习惯于虚晃、沉醉于飘忽、迷恋肢体的舞蹈,他们有时候表现得比罗纳尔多还要罗纳尔多,只是比年纪相仿的罗纳尔多更多一些质朴和纯真,少一些老练和狡黠。相信参与今夜三场赛事的六支劲旅,尼日利亚最容易让球迷眉飞色舞。

8号阿迪普祖一记桑帕约式的头球破门、11号拉瓦尔用左脚射出贴地飞行的低平球、9号叶基尼门前的凌空飞射(射高)、15号奥利塞赫25米开外的左脚背怒射中鹄……尼日利亚队打的是逆风球,但仍然像领先很多时的表演。

且看这班"赤脚"的赤子吹吹打打走在法兰西的路上,看他们能走多远?

1998年6月14日

中国队进不去,韩国队赢不了

就像中国队眼看世界杯出线又始终出不了线一样,韩国队也是多次眼看要在世界杯上赢球又始终赢不了,这一次又没能捅破这层窗户纸,在领先一球的情形下输得还挺惨。

在接下去的一周内,本来就很严肃的车范根一定不会有笑容,荷兰、比利时都比墨西哥要强大,更不知道会和他们打成什么样子。

不过,最痛苦的应该是河锡舟,他虽然将皮球踢进墨西哥队的大门,但因为进球后过于兴奋跑到人家背后铲球触犯了"天条"而被罚出场。"河殇"直接削弱了韩国队的战斗力,以致形势逆转,使韩国队痛失好局。

这是缺乏经验的表现,他铲球的区域并不是危险区,对方背离韩国队球门很远,即使传出了球,也不构成威胁,他积极地过了头。所谓过犹不及,小河成了本届世界杯第一个被新条例制裁、被红牌罚出场的人,担负着捍卫亚洲荣誉任务的韩国队此番想必又会有辱使命。

1998 年 6 月 14 日

世界杯是新人的天堂

我们是在先看了几年意甲之后再看英超的,有时候我们觉得英超更好看是因为其中有个性化的、英国式的倔强,英国人往往在不受重视的时候极度张扬他们的个性,以唤回人们对他们尊严的感知。

这一次,国际足联没有给英格兰队种子队的名分,但他们在对突尼斯的战斗中表现出种子队的素质,在这个"自费"做种子的团体中,你必须注意两个人,他们类似于伦敦上空的鹰,他们是英格兰的战神。

第一号人物——4号因斯。因斯是霍德尔实施"稳定压倒一切"战略的王牌,他的阻截能力是英格兰中场防守的关键,也是进攻组织的本源。是役因斯多次抢断成功并即时发动攻击,英格兰队的第二个入球的一半功劳也在他。几年前我们在意甲看他为国际米兰队效力的比赛时,常见他因动作粗野而受到处罚和指责,而今日的因斯很少犯规,利物浦乃至英超果然有化流氓为名流的本事。

第二号人物——16号斯科尔斯。23岁的斯科尔斯司职前锋,在希勒和欧文的光环包围下,他的名气实在太小,但他"未经考验的天真"果然如霍德尔赛前所言起到了积极的作用,当天皇巨星般的希勒吸引了众多后卫的眼光时,斯科尔斯开始脱颖而出,先是在坎贝尔左路传中时,他有一记头球打在对方门将的眼上,满场飞奔的斯科尔斯又先后在左右两路各觅得一次破门良机,英格兰人特有的用高举的双臂表示要使用某一套演练千遍的定位球战术的进攻方式又让他做了一些最终徒劳的努力,而在比赛临近结束时,他成名的机会突然来了——第一号人物因斯喂给他一个好球,他带着球向右绕了一个小弯,避开突尼斯21号巴查亚的堵截,在14号西伊和10号高德巴尼围追到位之前,用右脚内测打出一个香蕉球,这个球使他荣登世界杯射手榜。

希勒当然也不错,但他受到的关照要几倍于斯科尔斯,世界杯是新人的天堂,却是天皇巨星的炼狱,希勒能进一球,已着实不简单,英格兰队不是种子,但他是英格兰队进球的种子。

1998年6月16日

风格相仿，火候未到

在摩洛哥队与挪威队的比赛之后，非洲球队开始被人们看好，7号哈吉一举成名。但他们与巴西队显然还差两个级别，风格相仿、火候未到使他们的攻防处处受制于世界冠军巴西队，当0∶3落后，败局已定时，看巴西队主教练扎加洛频繁换将试阵，法国人亨利·米歇尔终于按捺不住，用15号阿卜拉米换下2号萨巴尔，索性也试起阵来。

摩洛哥是明摆着追不平了，不知道摩洛哥人是为了保存战斗力还是丧失了原先那种"舍得一身剐，敢把皇帝拉下马"的豪气，总之包括哈吉在内的摩将们打得全无精神，他们甚至连好歹射入一球充充场面的心气儿都没有。这一点，好像非洲球队不如东亚球队。

巴西队已是笃定小组第一了，余下一个名额挪威、苏格兰、摩洛哥都有机会，我希望摩洛哥队打起精神踏平苏格兰争取出线，这是从球迷观赏的角度出发，因为英伦三岛的球队，有一个英格兰已经够瞧了，而有冲劲、有性格的非洲球队总是多多益善的。

1998年6月17日

南特的盛宴

天才的表演,梦想的舞台。为1984年欧洲锦标赛而建的南特拉·鲍乔瓦球场昨晨被金黄色的巴西队惊世的演出镀上煌煌的金色,在这个法国西部的小球场看球的球迷,看到了本届世界杯迄今为止最精彩的两场比赛——尼日利亚对西班牙,巴西对摩洛哥。南特将以她的足球盛宴闻名全世界。

罗纳尔多开始进球了!这是巴西队的福音。8分30秒,罗纳尔多接过里瓦尔多的过顶传球,未等皮球落地,起脚刁射破网。虽然他那价值连城的左脚被摩洛哥的希巴重复踩踏,但并不妨碍他继续脚下生花。下半时开场不到5分钟,他在左路断球,晃过一名后卫,将球蹭到门前,让倒霉的贝贝托也开了斋饭。

而在他的一射一传之间,贝贝托传卡福,卡福传里瓦尔多,里瓦尔多垫射破门亦如行云流水一般。在与挪威一役大出风头的摩洛哥中场球员哈济时不时仰天长叹——既生巴西,何生摩洛哥?

在非洲,摩洛哥队是把自己当巴西队来用的,他们与西班牙只隔了一个直布罗陀海峡,因此在与欧洲球队的频繁交流中,他们向来以小巴西自居。但在原汁原味的艺术足球面前,他们的小桑巴就显得比较业余了。摩洛哥队也打短传、打渗透,但丢球快,组织不起有效的进攻,使得塔法雷尔这样的黄馒头门将亦可力保不失城池,他甚至连一次扑救险球的机会都没有!

英格兰的主教练霍德尔带着他的爱将出现在看台上,他们把巴西队看作决赛的假想敌。他们一定注意到了——罗纳尔多区域在后移!是役,罗纳尔多有时候表现得像个中场球员,他在中场找球,也给同伴喂球。罗纳尔多拉到外围要球这在以往的比赛中不是多见的,一些吹毛求疵的媒介过去常常指责罗纳尔多只会在前场游走,而把防守、抢断等等艰苦的工作留给他的同伴！罗纳尔多的表现是最好的反驳,因为包括霍德尔在内的很多人固执地认为当今世界最优秀的足球运动员有且只有罗纳尔多。他是南特盛宴的大厨。

在上半时的后段,不知道什么事使巴西队突然紧张起来,队长邓加似乎很生气,这是盛宴上的不谐之音,我不知道它将会给巴西队带来什么。

1998 年 6 月 18 日

门将的阴谋

这似乎是一场不值得着些笔墨的比赛,因为整场比赛下来,没有一粒进球。但从整个D组的形势看,这又是一场分出了胜负的比赛,因为比赛的结果使巴拉圭队暂列小组第二,而让种子队西班牙屈居第三。

拥有举世闻名的职业联赛的西班牙被逼上了绝路,他们要出线,除了要在小组赛最后一轮中灭掉保加利亚外,还要期待已经笃定小组第一的尼日利亚队不输给巴拉圭,尼日利亚的这群自由的小伙实在太难指望了,他们对无关紧要的比赛不在乎的程度令人咋舌,他们热身赛大比分告负的战绩现在让西班牙人不寒而栗。当然,从理论上说,西班牙打平保加利亚也还有出线的可能,但如果堂堂的西班牙队到了这步田地还有这么不长进的想法的话,他们也就与戚务生带的中国队没什么区别了,巴塞罗那和皇家马德里的脸面将让他们的属将们丢尽,相信这些雄壮的斗牛士不会这么窝囊,所以我敢大胆地说,第三轮的比赛,西班牙必将战胜老态龙钟的保加利亚,但西班牙仍将是半条命,因为尼日利亚对巴拉圭的比赛结果,谁也不敢说。

像巴拉圭这种以两个0:0谋取"副统帅"地位的行为确实有些"阴",而主谋显然是他们那位一心想在世界杯赛场上破门的门将奇拉维特。奇拉维特聪明绝顶又好大喜功,他既是队长又是精神领袖,门将成为灵魂人物本来就匪夷所思,如果巴拉圭终因门将之力而晋级十六强的话,那真是世界杯赛场上的一大奇观。

奇拉维特捧过南美解放者杯,又得过丰田杯,他甚至已为俱乐部和巴拉圭队打入了41球!他有很强的技术资本,又兼具超强的领导能力,在今晨的赛事中,他扑出了劳尔射出的一个势在必进的球,也踢出了一个质量不错的任意球,在他的谋杀时间、争取平局的思想指导下,5号阿亚拉被西班牙人轻轻一推,就像被拳王击中一样仰天躺下!最后所有的巴拉圭人都得偿所愿!这场战事让我感到人们关于奇拉维特是半支巴拉圭队的说法是有道理的。

奇拉维特的"阴谋"开始受到全世界的重视,英格兰人已经为奇氏成为世界杯上的最佳射手开了1∶1000的赔率,奇氏还有一个心愿——若他的球迷需要,他会竞选巴拉圭总统!我也很想知道好设赌局的英国人准备为此事开多大的盘口?

1998年6月20日

不求最佳，但求满意

这是一场双方的指导思想完全不同的比赛，西班牙人想赢，巴拉圭人想平。

在尼日利亚1∶0战胜保加利亚后，平局亦可以让巴拉圭队位列小组第二，巴拉圭队大概是总结出了"不求最佳，但求满意"的战略方针，于是，一场亚松森保卫战开始了。

中国足球先生冈波斯在场上非常卖力，他像在国安队一样勇敢地冲锋，积极地回防，但犯规较多，下半场他很快被换下了，顶替他的是防守型中场球员13号帕雷德斯，"532"阵式变成"541"，巴拉圭队主教练卡佩基亚尼防守为本的思想是显而易见的，这不像是出自一个巴西人的手笔。但这一手笔却获得了成功，巴拉圭队不但顶住了西班牙队潮水般的进攻，还利用西班牙队大军压上后防较弱的缺点，组织了两次像模像样的反击，反击是手段却不是目的，除了想让西班牙队知道应该留点兵力在后方以外，他们不指望别的，因此反击未得手，巴拉圭球员仍然神采奕奕。

我们注意一下比赛结束时的场面，会发现一个有趣的现象——巴拉圭门将奇拉维特高举双手频频向观众致意，好像他是本场赛事的最佳射手。

1998年6月20日

寂寞让伊如此美丽

伊很寂寞,和伊一起来巴黎的同伴有两个已经怆然离去,另一个差不多也要回家,仿佛本洲本土来的一切都与这里格格不入,克罗地亚来的向日葵和荷兰来的郁金香把一切的风光夺尽了,伊决定孤注一掷。今夜,伊要在里昂古老的月光下向世界展示其孤独的美丽,伊的名字叫"朗",朗是月光如水的意思。

伊出手了,伊的食指尖上,有一个叫作"马达维基亚"的精灵在跳舞,从左手到右手,又从右手到左手,不知疲倦地舞着蹈着。突然,他弹向前方,卷起三色的小球向中间送去,中间的精灵一个漂亮的摆渡,在伊的中指尖上跃起一个叫艾斯蒂利的精灵,将球顶出一个美丽的弧线,最后,小球落入网窝。这是伊和伊的姐妹们无数次梦想的一刻,指尖上的精灵们沸腾了,它们从指尖上滑落,在草地上狂奔,这是一件多么不容易的事情啊!

又过了十几分钟,左手食指上的马达维基亚突然动了一下又戛然而止,眼睛盯着右手无名指上的阿里代伊,阿里代伊的脚下正是那个振翅欲飞的三色小球,小球一下子知趣地飞了过来,马达维基亚用足尖接起小球,滑落在草地上,一颠一颠跑了30多米,又看到那个网窝了,起脚!——又是一条致命的弧线,小球的飞行没有遇到任何阻隔!这是一次完美的攻击,像传说中的月夜斩。这一次,伊笑了,全场的掌声是对伊美丽的公认,这使伊想起与那个叫作澳大利亚的对手交锋的夜晚,一样的月光如水水如天,一样摄人魂魄的月夜斩!

伊的最后一个已经确定的对手叫德意志。这是一个著名的女强人,她培育了一些举世闻名的勇士,当伊的一些精灵才几岁的时候,德意志母亲哺育的那个叫马特乌斯的勇士就已经成名了。况且,伊在伊的三名主要的精灵成才最关键的青春期里,将他们寄养在德意志母亲那儿,伊的境遇之所以要比伊的姐妹好很多,主要是因为有他们。这一点,伊和伊周围的人都很明白。这真是一场可怕的交锋!

　　伊若有所思地站在杰米尔球场的风中,像一朵风中的玫瑰,寂寞让伊如此美丽!

1998 年 6 月 22 日

小的不幸

英格兰队绝对还有戏，今天凌晨他们1∶2惜败于罗马尼亚队，可能是上帝一次有意的安排。

判断一支队伍强弱的最简单的方法是看它的翻盘能力。本届杯赛，尼日利亚是翻盘之王，德国、意大利次之，英格兰亦有几分功力，但时运不济，下半时47分钟时，英格兰少年英雄欧文一记极其舒展的劲射险些创造奇迹，是慕尼西帕球场的那根门柱挡在了他和历史之间，英格兰遭遇小的不幸。不过，他们的名相丘吉尔不是常说——"小的不幸可以避免更大的不幸"吗？

这的确仅仅是一场小的不幸，下一场英格兰的对手是打法背时的哥伦比亚，黄健翔说还有一线生机的哥伦比亚届时会拼老命，我很难想象有气无力的哥伦比亚队拼老命的样子，就像想象不出刘邦弯弓射大雕的样子一样。应该说，击败哥伦比亚队，对于实力如斯的英格兰来讲，只是一项简单任务。问题在于，他们可能只落得小组第二，而要硬起头皮去迎战H组的第一，H组的第一大约60%是阿根廷，40%是克罗地亚。

英格兰是一支慢热的球队，在与罗马尼亚对阵的上半场，他们像全体在泰晤士河上梦游，清风徐来，波澜不兴，直到在考文垂效力的罗马尼亚队9号摩尔多万用考文垂式的凌空飞锤将他们惊醒之后，他们才发现他们的英超给自己预备了一个足够自伤的流星锤。于是，着急的他们将十八般兵器尽数搬出，沉闷被打破了。看台上，英格兰的球迷站起来坐下去，坐下去又站起来，球迷的每一次联动都对应着英格兰队一次扳平的机会，终于，欧文以一记罕见的"滑射"破门。1∶1本来是一件皆大欢喜的好事，但下半时44分钟时,以一张雕式抓球的照片名震宇内的希曼被库特莱斯库踢了一个穿裆球!这是一个小的不幸,也是一次醍醐灌顶!世界杯最后的贵族往往要经历这种羞辱的阶段,小的不幸可以避免更大的不幸。这种事情出在小组赛总比在16晋8或8晋4中出现要好得多,如果霍德尔也这么想的话,那么今夜他可以睡个好觉。

需要有一支球队给英格兰祭刀,哥伦比亚光荣入选,当英格兰完成此项工作后,即便迎头碰上阿根廷,那也只好当作多打一次决赛了。

1998 年 6 月 23 日

追不平，输得起

当英格兰的球迷像蝗虫一样掠过马赛后，英格兰队的队员却表现得温文尔雅，是役，法国裁判的四张黄牌都给了罗马尼亚队，但罗马尼亚队取得了胜利。英格兰队输了，但仍然很有风度，像一个绅士走下赌台，尽管输了钱，仍然客气地与荷官及牌友们打着招呼。

这是一场势均力敌的比赛，但前半段，英格兰队打得很不好，霍德尔用贝克汉姆换下上一场表现优异的因斯则有点问题，他们两位如果都在场上可能会更好一些。缺少因斯，就缺少一个好的中场，至少目前是这样。罗马尼亚队打进的第一个球是因为有一个好的中场，老将哈吉虽然有些英雄迟暮，但罗队的首粒进球他还是有功劳的。

下半时霍德尔用欧文换下谢林汉姆，则是一处妙笔，欧文的冲击力和把握机会的能力都远远高出他的这个年龄段的选手，他比健力宝小将还小，但能力显然有天壤之别，他差点两度将比分追平。

英格兰有些时运不济，但这场比赛相信还输得起。

1998年6月23日

我是如何弄垮世界冠军的？

我的名字叫"挪威",我的家在北欧,也许是这两年我们那儿的冰天冻地与南美洲的热带雨林被一个叫作"厄尔尼诺"的玩意掺和在一起的缘故,我两次遇到令全球都很惧怕的雨林的儿子——巴西。值得自豪的是,我两次弄垮了巴西,而且每一次击中他的次数都是有着号称前锋世界第一的他击中我的两倍。应该说,我有很好的运气,但我想我弄垮巴西的关键是我的教练奥尔森布置的战术和他对我在防守反击方面不止一次的絮絮叨叨,他常拿住在街对面的丹麦成才的事例来教训我们,小丹麦就是靠防反拿了一回欧洲冠军。那个高兴劲啊,就甭提了,把我和三个北欧街坊瑞典、芬兰、冰岛都吵得几天睡不着觉。

这次回去,我可要吵他们了,不,还不急着回去,先跟那个叫作"意大利"的小子比试比试再说,连巴西都打赢了,谁怕谁呢?

我只有一个叫费洛的前锋,其他的队员站成三排,他们差不多都有1.9米的高度,奥尔森说了,这叫"挪威的森林",专门对付无孔不入,到处蔓延的南美雨林。巴西的罗纳尔多厉害吧?但挪威的森林用了一些中国桃花岛的奇门八卦,他进去左晃右晃照样出不来。考虑到奇门八卦毕竟太深奥,我也用不熟,一不留神,给那个34岁的巴西老将贝贝托识破,点了我一处穴道,不过好在其他关节还能动。

我看场外的奥尔森有些紧张,他像个小孩子一样把手指头放在嘴里,每一次阵式被人家突破了他都这样,况且,此时另一个战场战报飞至,摩洛哥3∶0领先,已经暂列第二条好汉之位,我唯有弄垮巴西方能夺个第二。

托·弗洛是我的宝贝,在英格兰那儿开的光,每次都不会让我失望,这一回,他突到雨林的禁区,盘过一名卫士,奋勇起脚,亦点了巴西一处穴道,我们扯平了。

弗洛还没完,他对雨林的方位已很熟悉,当他再一次踏入雨林禁区时,巴西的巴亚诺违反了规则。裁判让我用"点球"的方式来点穴,一向以稳妥著称的雷克达尔终于派上了用场,他的兰花拂穴手迅猛无比,一下点了巴西的死穴,巴西遂垮。

我再一次弄垮了世界冠军,有些看上去很难的事情,做了以后你会发现其实也很简单。

1998 年 6 月 24 日

夜熬了，气逃了

看小组赛第三轮的比赛，真是糟透了，巴西和尼日利亚两支技艺绝顶的球队在功利的驱使下，抛弃了侠义；裁判"夹板"了喀麦隆。于是，像智利、巴拉圭之类的球队小人得志地跻身16强，而表现越来越好的摩洛哥、西班牙不得不提前回家。

亚洲的沙特队和韩国队在出线无望的形势下分别逼和了非洲冠军南非队和欧洲红魔比利时，他们像亚洲十强赛时的中国队，只有死定了才放得开，真是早知如此，何必当初！

这回征战法兰西，亚洲的这一筐"田鸡"，只有伊朗队的眼睛最"豹"，但伊朗队亦落入了"回国可以交代就行"的俗套，认为打赢美国就万事大吉了，对付其实早就今非昔比的德国队，亦无战而胜之的持久勇气，在抵挡了几分钟后，大门一旦失守，也就马马虎虎只盼比赛早点结束了，当克林斯曼再度叩开阿贝德扎德的十指关后，更是无心恋战，硬是让轮胎都只剩三个的德国战车又风光了一回。

如此挑灯看球，真是夜熬了，气逃了。

1998 年 6 月 26 日

生存或毁灭

英格兰队在今天凌晨完成了他的简单任务——击败哥伦比亚从小组出线。正如我在《小的不幸》中预测的那样,英格兰舰队迎头撞上了直挂云帆济沧海的阿根廷,沧海横流,方显英雄本色的阿根廷三战全胜,一球未失!生存或毁灭,对于英格兰来讲,已经是一个问题!

"是否应默默地忍受坎坷命运之无情打击,还是应与深如大海之无涯苦难奋然为敌?"——怕是督战的查尔斯王子都不得不扪心自问一下此类哈姆雷特式的问题。阿根廷、荷兰、巴西已是三座难以逾越的高山,何况高山背后还有影影绰绰的德意法!英格兰不比法兰西,他们走入了顶级高手拼成的"木人巷"!

英格兰队拿哥伦比亚祭刀,他们是少数几支在第三轮还有进步的球队,他们的反面是错了舞步的桑巴和敛了翅膀的雄鹰,也许,一口不泄的真气是他们的长征之本。

当英格兰缺乏创造力的中场球员也开始进球时,他们生存的希望增大了,安德顿德射门和贝克汉姆的任意球告诉人们他们除了有希勒和斯科尔斯抢点外,还有其他几手。此役,他们的后卫索克斯、亚当斯和内维尔在抢逼围方面的独到之处多少能够使"后防欠稳"的指责减少一些,况且,后卫中杰出如坎贝尔者亦可以试一试连过数人的"八步赶蝉"之功。

他们还有一个叫"欧文"的法宝。在与哥伦比亚后卫的竞技中,欧文的盘带甚至让人怀疑他英式前锋的身份,他更像一个巴西人。物以稀为贵,欧文的价值显然要高于谢林汉姆,三轮过后,他和希勒搭档的前锋线是一把淬过火、饮过血的快刀。不知它能否割下巴蒂斯图塔一缕飘逸的金发？

英格兰最大的毛病是有时整体战术模糊，场上缺乏一个帅才，他们的"六脉神剑"经常会发不出来！如能练成收放自如，则无敌于世矣！纵观16强，只有英格兰队每走一步都有一个深刻决绝的"生存与毁灭"的问题，即使他们那位只喝橙汁不喝啤酒的小欧文在战胜阿根廷后又把橙色军团像橙汁一样喝下，也还是要继续这一痛苦的话题。

1998 年 6 月 27 日

链式防守，只差一步

法国队的造化大，他们在加时赛临近结束时由五号布兰克射入世界杯历史上的第一粒金球，尽管巴拉圭队可以自豪地说——我们一直在努力，但无疑法国队的努力程度更高一点，他们在生死之战中表现出的不屈不挠和公平竞争的精神令人钦佩，这毕竟是一支出过方丹、普拉蒂尼的国家队啊。

巴拉圭队改变了世界对他们的看法，他们能踢到这个份上，从某种意义上说，也已经是一种胜利，他们再一次证明了南美无弱旅的说法，尽管他们领了很多黄牌，也有几处暗度陈仓的手球，但仍然瑕不掩瑜。遗憾的是，中国足球先生冈波斯在场上表现平平，巴拉圭队的风头全给包括门将在内的后防线出尽了。

巴拉圭队可以回家了，他们比 40 年前的先辈强多了，当时巴拉圭队在世界杯赛场上以 3∶7 败给法国队，而这一次，他们甚至可以说与胜利只有一步之遥！

1998 年 6 月 29 日

并不优雅的凯旋

雅凯大军再一次凯旋！但这是注重优雅、精致的法国人最不优雅的一次凯旋，是一次近乎大难不死的胜利，在奇拉维特奇特的顽强抵抗下，他们似乎是用肉搏的方式攻打另一座巴士底狱。

巴拉圭人用他们的坚强防守让所有的观众越来越感觉他们是一个决不可轻视的存在，他们绝无"即使止步，也可交代"的二流想法，而我们知道，这一想法在一不小心就混入16强的二流球队中是多么流行啊！今天的巴拉圭队，依稀有1990年阿根廷队的影子，当时的阿根廷队在巴西队的痛殴下奄奄一息，但他们凭借马拉多纳的一记妙传将第一号种子巴西队挡在8强之外！可惜，巴拉圭的马拉多纳是一个叫奇拉维特的门将，尽管他也想进球，但上帝没给巴拉圭前场任意球或点球的机会，而他尽管凭借多次天才的扑救，耗到点球决战前的5分钟，但终于功亏一篑。

在个人喜好方面，我不喜欢奇拉维特"门将的阴谋"，也看不惯他不时地吻金牌和脉门的样子，尽管法国的门将巴特茨外形上要比他邪一些，但我觉得奇拉维特更像个邪教教父，以他为首的防守怪圈像一个可卸千斤的棉团，邪乎乎的。巴拉圭踢的是一种反足球，可算是世界杯赛场上一朵充满妖意的罂粟花，他们亦是成功者，至少以后不会再有人分不清奇拉维特和伊基塔了。

本来法国人以为与巴拉圭比赛是抽了一支好签，但比赛开始30分钟后，他们肯定不这样想了，如果时光能倒流，也许西班牙队更好打！缺乏轻松、运气和齐达内的法国队的确有一些一筹莫展，两名20岁的前锋特雷泽盖和亨利前场把握机会的能力略有欠缺，好在全队尚能保持阵形。是役，巴拉圭队领了 5 张黄牌,都够一副顺子了,但法国队一牌未得,也许他们的粗暴和不智在齐达内踩阿明一脚的时候都用完了吧。法国人焦急而不慌乱,这是他们的胜利之本,当机会终于来临的时候,特雷泽盖在禁区内头球回磕,5 号布兰克踢进了本届杯赛第一粒金球!这几乎是为法国队捡回一条命,萨斯特雷在天有灵,一定也会朗声长笑——毕竟,这一次并不优雅的凯旋也不寻常。

1998 年 6 月 29 日

两种失败

本来,我以为尼日利亚和墨西哥能击破上届杯赛最后出现的欧洲七军会首、巴西一柱擎天的八强格局,因为他们的实力已经达到八强的高度,但没想到在48小时内,他们都成了法国酒吧(98)的过客,大老远地赶了来,才喝几杯啤酒,没等到真正地演出开始就醉了,身强力壮的丹麦人和德国人把他们抬了出去。

古老的非洲有一则寓言:"曾经有一只鹰,不幸中箭坠地,它凝视着箭杆,悲叹:吾乃殀殪于自身之羽!"当我看到这则寓言时,尼日利亚正在大谈如何对付巴西,死粉们认为尼日利亚拿不下巴拉圭是一种谋略,是在下一盘大棋。他们看不起丹麦就像瞧不起灰姑娘。临阵时,雄鹰们随便摆了个三后卫的阵势,他们认为他们的闪电战很快奏效,他们掌握了制空权,三后卫可能都用不到。结果报应很快就到了,快速反击的高手大劳德鲁普一下便突破了三个后卫,将球传给穆勒,穆勒弯弓搭箭,如一颗毒刺导弹轰天。雄鹰中箭坠地,箭杆上的鹰羽闪着诡异的光!——寓言成了预言。

墨西哥没有寓言,他们有辣椒和仙人掌,如果说尼日利亚的失败是可怜的,那么他们的失败是可敬的。费尔南德斯说:"小瞧我们的人将向我们道歉。"其实,他们的表现够好了,已经没有给人小瞧的余地。他们在小组赛中,就已经一改过去华而不实的花蝴蝶球风。两度0∶2落后,两度顽强扳平,几乎可以取代德国队,成为新一代的翻盘高手。唯一的区别是:德国人有几十年的翻盘历史,光是以马特乌斯为首的这群三十几岁的老将就不知翻过人家多少好局了,而他们的翻盘史才十几天。墨西哥队先进球,把翻盘的权利留给了德国队,德国队遂以 2∶1 反超,先进球不好吗? 很难说,足球有时太微妙。

德国队凭着经验在搅局,他们全场犯规 23 次,领了 4 张黄牌,这两个数字都是墨西哥队的两倍。很明显,德国队已快到"戏不够,拳头凑"的地步。能逼得一向傲慢的日耳曼人斯文扫地是小辣椒们失败中的胜利。克林斯曼说,到目前为止这是我们表现最好的一场比赛。好什么? 除了那次门前捡漏,是犯规犯得好吗?

对付德国队最好的办法是金球制胜,那是翻不了身的,我们等着看第三种失败吧。

1998 年 6 月 30 日

日食

日不落帝国的太阳被阿根廷的门将罗阿像摘点球一样摘下了。一身皂服的罗阿像一朵横空出世的乌云遮住了正午时分的希勒和八九点钟的欧文，一度光芒万丈的英格兰落入无边的黑暗。

贝克汉姆一定恨不得要截肢了，是他用叛逆的右脚恶作剧地绊倒了西蒙尼，被高佬判官尼尔森一牌罚下，导致了全局的被动。他的右脚曾经在和哥伦比亚的交锋中踢出一个像他的容貌一样漂亮的香蕉球，但这一回，却把英格兰绊倒在八强之外。比赛结束了，他低着头看着这只"穿过你的左路的我的右脚"，千万个悔恨涌上心头，他本来可以成为一轮红日的，但这一回，命运之神却让后羿把其他九个太阳一起射落了。

最不幸的是欧文，这位英格兰的少年英豪，本来可以成为和罗纳尔多比肩的未来战士，上半时15分钟时，他飞快地盘过查莫特和阿亚拉，将球射入网窝的镜头将成为我们从本届杯赛上获取的最美好的记忆之一。欧文接下来要做的是看着那些曾经被他冲垮的后卫线一步一步地接近大力神杯，接下来他只能像那个同名的先辈一样，做一个"空想社会主义者"了——足球之残酷，莫过于此。

在这批英格兰的英雄惜别世界杯之际，我要特别表扬一下希勒，他在日食一般的黑暗中顽强作战的能力令人敬佩。在进入以贝克汉姆被罚下为标志的长达75分钟的战略防御阶段后，希勒不得不在前插的间隙客串右后卫。这位名震天下的锋线杀手打起防守来居然毫不逊色，他可能做梦也没想到今夜他要与阿根廷的奥特加演一出攻防对手戏，但他仍然多次在门前大力解围,仿佛他在这个位置上做了多年,他踢出的任意球厚重、丰实,他是大哥级的人物,是战车上的阿波罗。

日食,但太阳还在。"是否应默默地忍受坎坷命运之无情打击,还是应与深如大海之无涯苦难奋然为敌?"——许是先哲提的问题太深刻了,次次都在点球决战中败下阵来的英格兰队将继续他们千万次的追问。

1998 年 7 月 1 日

一条大河波浪宽——写在1/4决赛之前

1/4决赛是一条烦恼的河流,只有蹚过这一江浑水的四个强手才有问鼎大力神杯的初始条件。之所以称之为"一江浑水",是因为这是一条由运气、技术、经验、体能、意志力和控制力等支流汇集而成的大河。所谓"是非成败转头空,浪花淘尽英雄",浑水摸鱼的、踏浪而行的、随波逐流的、其他都不会只会唱涛声依旧的,我们都可以看得到。

浑水摸鱼

浑水摸鱼的两位。丹麦算一个,虽然大小劳德鲁普实力不如以前,但全队实力尚存,在不被看好、放手一搏的情况下会打出很高水准,与尼日利亚一战,十多分钟进两球就很有浑水摸鱼的意思,他们凭借大劳的组织和小劳的反击在巴西门前"摸鱼",进了算中大奖,不进也没怨。法国是第二个,别看东道主强大,杜加里、珀蒂伤了肌腱,亨利坏了脚踝,纵是齐达内解冻,对付防反之祖意大利,也只能走浑水摸鱼一条路了。

踏浪而行

踏浪而行的两位。巴西是一位。巴西式的完胜是他们踏浪而行的标志,他们的优点人尽皆知,他们只需防止被人"摸鱼"就行。荷兰是另一位,荷兰打韩国表现出的狩猎式的围剿能力和他们一脚触球穿插传递的道行是他们踏浪的本钱。

随波逐流

随波逐流的两位。克罗地亚是一位,八强席位已是一旦拥有别无所求了,进四强和不进四强都随遇而安。阿根廷也是,点球淘汰英格兰已经是祖上积德、神仙保佑。如果说没有马拉多纳的世界杯是没有女孩的舞会,那么没有马拉多纳的阿根廷队也只是没有舵手的龙舟,划到哪儿算哪儿吧。

涛声依旧

什么也不会,只会唱"涛声依旧"的一位——德国队。有人说德国队是不怕千招会,就怕一招熟。程咬金的三板斧,横一竖二斜三,砍上就是真的。老将们总能在适当时候出现在适当的地点,克林斯曼捡漏、比埃尔霍夫的头球轻轻一动就把墨西哥队给毁了。什么也不会就是什么都会,德国的哲学家们好像老早就说过这类给自个儿鼓劲的话。

意大利队我不敢说,看看他们的表现再给他们定位吧。

1998年7月2日

四种方式看世界杯

有人说:每四年一届的世界杯足球赛像一把尺子,可以用来丈量我们的生命过程。不错,一个世纪满打满算,也只能办25届世界杯。这期间要以没有大规模的战争和灾难为前提,世界杯要以和平安详的地球为载体。真正的球迷,一届接一届地看着世界杯,四年加四年地慢慢变老,墨西哥、意大利、美国、法兰西、日韩,每一届世界杯,都在我们的生命之柱上留下印痕,印痕有深浅,问题是——你怎么看世界杯?

当然,最好的方式是你亲临世界杯,像普拉蒂尼一样,一场一场地看现场。不过,这至少要三个条件,第一,你要有足够的钱,笔者刚从巴黎回来不久,那里的黄牛将开幕式及揭幕战的票炒到了8000法郎一张,折人民币1万多块,坐在圣丹尼体育场的看台上,平均每分钟要烧掉96元人民币,舍得的人不多;第二,你必须有闲,要有一个月的长假;第三,你要懂点外语,去法国看球,不懂法语也要懂点英语,否则如聋子看球,不如在家看电视,黄健翔们倒可以把赛事一一给你交代清楚。足球是世界的,顶级球迷必须懂多种外语,新任国际足联主席布拉特懂7种外语,足球迷的楷模。看世界杯最好的方式要最大的付出,吃糕儿要濑配,不容易。

去不了现场,只能看电视。看电视又分群观和独品两种,独乐乐,众乐乐,孰乐? 答曰:各有乐法不同。

群观气氛好,前两天笔者去过作为温州球迷协会"据点"之一的红绿灯酒吧,灯红酒绿,球迷满座,可以围在一起看投影,也可以三五知己坐在一起看电视,有感即发,比较痛快。但群观比较喧杂,缺乏午夜梦回时的那种独吞天下的荡气回肠。

独品可以细细咀嚼每一块足球文明的碎片,如果你舍得投资的话,你可以布置一个以你为中心的独品空间,电视音响在前方,资料两边放,啤酒在左手,遥控在右手,坐地夜行八万里,遥看巴黎圣丹尼,何其乐也!

有一种介于群观与独品之间的看球方式值得推荐——那就是在自个儿看球的同时上 Internet,网上有许多极品球迷在数字化空间游荡,寻找谈话对手,试试看,你也可以遇得到!

1998 年 7 月 3 日

丹麦：弹簧

开场仅一分多钟，丹麦队即中了大奖，穆勒和小劳的传递加上约根森的劲射撕开了巴西人尘封已久的防线，丹巴之战的第一幕竟与丹尼之战无异！

勇敢的丹麦将士展现出令人咋舌的抢攻姿态，他们一开始就告诉人们此战在势均力敌方面和意法之战是一致的。他们甚至放弃了赖以成名的防守反击，与巴西队力拼中场，北欧狐步与南美桑巴争艳，他们好像有完胜巴西的那么一点想法。

好在巴西队是四届世界杯冠军得主，经得起风雨，也见过彩虹，巴西队员比尼日利亚赤脚的赤子们镇定许多，而且，他们对付丹麦的进攻阳谋也比对付挪威的防守阴谋得心应手一些。很快，贝贝托接罗纳尔多妙传将比分扳平，不久，里瓦尔多又将比分反超。

令友邦惊诧的是丹麦队下半场一如既往地打攻势足球，似乎这才是丹麦足球一直以来的风格，他们没有阴谋，他们以实力向巴西叫板，他们也曾经是欧洲冠军。看来他们是不愿意与意法等浑水摸鱼者为伍，他们要争做一个踏浪而行的高人。高人自可以从风中斩获，他们居然把比分追平了！

丹麦队全体推进，中前场队员敢拿、敢控、敢传，前卫敢插，后卫敢拉，场面煞是精彩，让你感觉是一支全攻全守时代的荷兰队披上了十字军的马甲。看完拖沓冗长的意法之战坚守到后半夜的球迷，终于一饱了眼福，世界杯赛一场少一场，真希望接下去每一场都是这个样子。

巴西队不敢怠慢啊，他们使出了浑身解数，总算没让丹麦队抢了风头，终于，里瓦尔多在禁区弧顶的一记充满个人英雄主义色彩的远射第三次洞开了丹麦队的防线。巴西队几乎用尽全力向观众再一次证明了原本看上去毫无争议的"巴西人踢球最富观赏性"的说法。

真不敢相信这就是那支被法国的替补阵容打得找不到北的丹麦队,难道真如丹麦队主教练约翰松所言,他们是一只压力越大反弹越高的弹簧?不知道这只弹簧能不能给后来者以启发,比如克罗地亚,敢不敢做一回弹簧?

1998 年 7 月 4 日

结局不意外过程很惊人

巴西 3∶2 胜丹麦,相信也会有一些球迷赛前猜到这个比分,但比赛之过程就可能让预测者满地找眼镜了。丹麦队创了本届杯赛两个第一,第一快入球;让第一号种子第一次先失球。下半场,他们还在对方禁区做了个精妙的巴西式的三角短传配合后险些破门,睡过了头刚刚打开电视的球迷可能会以为是巴西队穿错了衣服!

从这场比赛的技术统计看,巴西队射门 10 次,丹麦 8 次;巴西射正 7 次,丹麦射正 4 次;但进攻控球时间巴西队为 11 分 46 秒,比丹麦队的 13 分 32 秒还要少近两分钟!这可是丹麦队了不起的地方,谁不知道巴西队的控球功夫是天下一品的呢?丹麦队这种打法,根本就是想赢的打法,而且是企图用正面进攻打阵地战的方式打垮对手的想法,这对于 98 年世界排名第 24 位,欧洲排名第 13 位的小丹麦来说,是极其不简单的。

丹麦队为我们上演了一出好戏,他的表演将使他获得全世界的尊重。

1998 年 7 月 4 日

克罗地亚：蹦床

如果说丹麦队是一只弹簧的话，那么克罗地亚队就是一张蹦床。他们经受住德国老爷车45分钟的重压后，在下一个三刻钟内，超强地反弹，将其掀翻，丢了一个辎辘（沃恩斯被红牌罚下）的德国战车终被弹出四强之外，告别半决赛。

德国队凭借让人犯困的战术、浑水摸鱼的技术和人老近妖的经验混到今天已殊为不易，他们中没有一个具备连续过对方两名队员的能力，却能挺进八强。反观三条线齐整冠军相十足的英格兰队早已打道回府，如果再让老爷车开到半决赛上去，那真是世界杯家门不幸了。

克罗地亚继承了上届保加利亚战车杀手的衣钵，但克队的胜利要更加顺理成章，更具说服力一些，相信0：3输了个干干净净、明明白白的德国队也会自认技不如人，毕竟，差距太大了。

德国战车跌撞而来的一路上，一共有五个对手，都不是鱼腩，为什么直到第五个才真正阻止了它前进的步伐？我们不妨来比较一下，看看克罗地亚这张红白方格的蹦床奥妙何在？

与南斯拉夫相比，克队体力好，或者说体力分配好，精神也集中一些。南德之战上半时是南斯拉夫主攻，虽入两球但显倦怠，破绽一露，即被德国队"翻案"；克德之战是由德国队主攻，40分钟时德国队还被罚下一人，伤停补时阶段，贾尔尼得手之后，上半场克队基本是讨好还不吃力，而德国队是吃力不讨好。下半时克队以到家的传接球技术为基础大范围调动，心急如焚的德国球员疲于奔命，而克队只是有条件地打一些质量很高的攻击套路，不但没给德国队任何翻盘的契机,而且轻松地将战果扩大。

与墨西哥队相比,克罗地亚队高空球不弱,队员人高马大,站位又佳,德国队打冲吊不占半点便宜,打短传又技术不济,尴尬得很。德墨之战,德国队先用高空球打墨队后卫身后让克林斯曼捡漏,又凭比埃尔霍夫冲顶高球终让墨西哥人饮恨,但此等"摸鱼"招法对付克罗地亚全不管用。

克队球星放光,临门一脚好。在技术上,如今的德国队其实是鱼腩,即便用橄榄球的打法,技术粗糙的美国队也可以压着德国队打,只是美国人临门一脚奇臭无比(可能是橄榄球射门只管门柱不管门楣的缘故),得势不得分,未修成正果。而克队弗拉奥维奇远射之刁和苏克近射之稳,如"飞花摘叶、伤人立死"之功,无不见血封喉,德队不败,几无道理。

1998年7月5日

阿姆斯特丹春天的郁金香

我曾经问一位荷兰朋友，问她对荷兰足球的看法，她说有一首歌可以表达，那首歌叫作《阿姆斯特丹春天的郁金香》，是一首脍炙人口的荷兰情歌，我不止一次在鹿特丹到阿姆斯特丹的高速公路上，听广播里播放这首歌，歌词的大意是"心中的话说不出口，让阿姆斯特丹的郁金香告诉你……"1988年，古力特、巴斯滕、里杰卡尔德和他们的战友夺得欧洲杯，凯旋的勇士们坐船经过阿姆斯特丹阡陌纵横的运河时，球迷就将大把大把的郁金香扔向他们，一河的花香表达了荷兰人对足球情人般的关爱。

我后来得知一个被很多人忽略的历史：荷兰是欧洲大陆最早成立足协的国家，而他们加入国际足联的日子比英格兰还要早一年！荷兰足协1889年成立，意大利是1898年，德国是1900年，百年底蕴的足球之国中，第一名是荷兰。

十年前，我去过阿贾克斯的新球场，就在高速公路的边上，汽车可以从球场底下通过，球场的顶棚是活动的，像一辆庞大无比的敞篷车，又像一个足球世纪的摇篮。现役国脚罗纳德·德布尔、弗兰克·德布尔、克鲁伊维特乃至荷兰剑客三代"掌门"克鲁伊夫、巴斯滕、博格坎普都出自 AJAX。在荷兰，很多时候"AJAX"就是足球的同义词，从世界的眼光看，AJAX 和 PHILIPS 一样只是一个品牌，而在荷兰人心中，这是他们的精神家园。

在荷兰的公路边上，有得是草地、森林和牧场，每隔一段路，就会看到一个绿草茵茵的足球场，没有围墙、没有栅栏。欧洲的天黑得晚，七八点钟，还可以看到年轻人在这里玩球。巴西的少年英豪很多是踢街头足球出身，而荷兰的少年似乎生来就有踢国标场地的福分。足球的精神帮助荷兰队建设美好的家园,而家园的美好又反哺于足球,我终于明白了这片国土何以会有人杰地灵、球星辈出了,他们的足球有着自强不息、独立于命运和环境的人文精神,这一点,我们在梵·高和范德瓦尔斯的身上一样也看得到。

掀起足坛全攻全守浪潮的橙衣军团早就被世人称为无冕之王,但他们从来没有得到过世界杯冠军,10年、20年过去了,他们有另一个悲情的"光阴的故事",有很多多愁善感寂寞的青春。

没有大力神的日子是寂寞的,但这一回,荷兰队走到了与大力神很近的地方,只要他们击败巴西,几乎就可以将大力神杯揽入怀中,酷爱进攻的荷兰遭遇前锋奇绝的巴西,他们都是踏浪而行的高人。阿姆斯特丹春天的郁金香,能不能在初夏的巴黎绽放?

1998年7月6日

竹门对竹门，木门对木门——写在半决赛之前

在20世纪90年代末足球大喜的日子里，在法兰西60个浪漫的对决之后，两对新人走过香榭丽舍长长的街区，在凯旋门下驻足。他们的匹配出自两根无形的红线，有一点点传统，也有一点点叛逆，有一点点现代，也有一点点封建。

竹门对竹门

法国队从来没有在世界杯赛场上真真正正地辉煌过，克罗地亚队更是刘姥姥初进大观园，但一向喜欢革命的法国人革了意大利防守反击的命，朝气蓬勃的克罗地亚推翻了日耳曼顽固的王朝。在这两场庶民的胜利之后，两个庶民走到了一起，竹门对竹门，平衡出悬念。

法国队此前一直在不停地打攻势足球，但他们的攻势足球要加个引号，严格地说，他们打的是中场攻势足球，特雷泽盖和亨利只是前场两个年轻的不主事的伴郎，真正操办喜事的还是齐达内和德尚，齐达内的状态直接影响到全队的整体素质，应该说，法国队具不具备最终问鼎的能力，一切取决于齐达内。

克罗地亚出于南斯拉夫而胜于南斯拉夫。德国队老而弥坚，一向是强队的试金石，不是接近完美的队不容易战胜德国队。克罗地亚队跨过了这道雄关，但是否出得竹门、入得木门，就看他们有没有这个心气了。这道坎实在不

容易过。

木门对木门

巴西队是豪华木门,是传统的世界杯贵族,荷兰队虽然尚无爵位,但当叛逆的阔佬也当了二三十年了,"无冕之王"并非浪得虚名。巴荷相会,已是世界杯最豪华的喜宴,最后的决赛只能算是宴毕的一个小小舞会。巴西队的右路折了一员卡福,荷兰队左路的奥维马斯一下子有了广阔天地,高手过招,一寸长一寸强,奥维马斯大有作为起来,对巴西队很不利。但巴西队的中路极强,有一整套捣鼓喜乐的人马,鼓王罗纳尔多要是高兴起来更是 1/64 拍都敲得出来,而荷兰队中路的快板,经常会出问题。这么一来二去,算是扯平了。但荷兰是绝对比丹麦和挪威都要强很多的,博格坎普的"谱"也绝对比劳德鲁普的"谱"要大很多,他或许会拔个金靴奖来告诉人们他不坐飞机也一样能飞起来!

1998 年 7 月 7 日

我看轻云之上、胜利簇拥的法兰西

一个月前,我到了巴黎郊外的凡尔赛宫。这里是法国强盛的象征,宫中的战厅描绘了法国在一系列军事战役中的丰功伟绩,今天战厅的装饰又有了新的寓意,法国队凭借后卫图拉姆的两粒入球史无前例地晋级世界杯最后的决赛。

战厅天花板的中心是勒布伦的油画《轻云之上、胜利簇拥的法兰西》,反败为胜的雅凯大军如今正在轻云之上,被胜利簇拥着,三天以后,将挟东道主之威在他们的福地圣丹尼迎战四冠王巴西,这一切都将成为法兰西光荣的历史。

战厅天花板角落的拱形曲面图案分别寓意三个败敌:跪倒的德国及其大鹰,惊恐的西班牙畏缩在咆哮的狮子旁,荷兰被打翻在地上。德国、西班牙、荷兰是法国战争史上的宿敌,法国人对这三强一定也很发怵,否则不会在凡尔赛的宫廷装饰中表现如此异乎寻常的刻骨铭心。也许是太阳王路易十四的神灵保佑,雅凯大军阴差阳错地避开了这三路强敌,尼日利亚的毛头黑小伙使计赶走了西班牙,克罗地亚拼掉了德国,最可怕的荷兰被最强大的巴西摆平了。雅凯大军的前进路上,只被南美二流球队巴拉圭的铁桶阵吓了一小下,然后点球淘汰了辉煌不再且从未赢过世界杯点球大战的倒霉的意大利,如果他们要在凯旋门前说凯旋的话,勉强值得一提的就是2:1赢了大黑马克罗地亚。但此役他们的前锋毫无作为,靠一个后卫的天才登上闪光的平台,多少有些侥幸。法国队还不能算是一支超一流强队,所幸他们的"运道"是超一流的。

克罗地亚用对付德国队的方式对付法国队,前30分钟里,他们没有一次射门,但法国过于多的中场队员和过分靠前的压上也使自己不能迅速打开局面,造成的结果使赢了场面不赢球,真正的威胁微乎其微。克罗地亚如果不是在下半场两次出现大的失误,今天谁在轻云之上,也还很难说。

我不知道法国队用什么方式对付巴西,巴西后防线上哼哈二将卡洛斯和卡福的手段比图拉姆和利扎拉祖都要强一些,锋线更是天壤之别,巴西要强出很多。也许法国队的中场更靓丽一点,因为齐达内的存在,什么都可能发生。

1998年7月9日

六王毕，四海一

当无冕之王射失第二个点球时，巴西队已经没有任何实力上的对手了，本届杯赛六位企图扳倒四冠王的诸侯终于全军覆没，真是不幸。

最早出局的新人王尼日利亚属于自己打败自己，自然无话可说；翻盘王德国队心有余而力不足，亦无所怨；美洲王阿根廷心术不正，死不足惜；防反王意大利场面打得太难看，虽然点球告负，走得很悲壮，但也属该走，不走不足以平"民愤"。然而，无冕之王荷兰与创世之王英格兰均在逆境中坚持到最后又终因点球出局，毕竟太残酷了一些，天若有情天亦老，人间正道是沧桑，但沧桑为什么都要给荷兰呢？英格兰毕竟还拿过一次冠军。也许，在世界杯这出悲喜剧中，荷兰注定要长期扮演无冕之王的角色，像《笑傲江湖》中的风清扬，像《碧血剑》中的金蛇郎君，剧中不能没有他，但他不能没有痛苦。

巴西队的一个新的王朝已经轮廓凸现，罗纳尔多向着金靴宝座迈去，世界杯真有一将功成万骨枯的味道。

1998 年 7 月 9 日

谁是风筝？谁是青竹？——写在决赛之前

"一只漂亮的风筝诞生了，而一株美丽的青竹四分五裂了……"世界上的事物往往都这样，一种美丽的产生要以另一种美丽的毁灭为代价。

如果要成全五冠王两次蝉联世界杯冠军、两次跨洲夺冠旷古无双的美丽，必然要以牺牲法兰西十次打进世界杯决赛圈终不能成正果为代价，以扼杀第六个夺杯的东道主和第七个世界杯新科状元为前提，以巴黎美女眼泪在飞为背景，反之亦如是。这是一种无可奈何的残酷，是世界杯无情的规则，是一种荡气回肠的悲喜交织，是四年一回的大破大立。

12年前，法国队是风筝，巴西队成了青竹。在那场可歌可泣的1/4决赛中，法国队拥有名震宇内的铁三角，而巴西除了白贝利济科和老将苏格拉底之外，更添了一位新星卡雷卡。一时间，墨西哥高原上星光灿烂气象万千，心理上的巨大压力使得济科在比赛中射失点球，而苏格拉底和普拉蒂尼在点球决战中也相继将点球踢飞，费尔南德斯的最后一粒入球使法国队最终以5∶4胜出。如今，铁三角的龙头普拉蒂尼成了世界杯组委会的龙头，白贝利济科做了巴西队的技术监督，他们都成了看客，追忆着似水流年，回想着过眼烟云，眼看又一出凄美的风筝的故事即将上演。

昨日，由10名成员组成的国际足联技术调研小组在巴黎公布了讨论后选出的由22名球员组成的第16届世界杯赛全明星队的名单，法国后卫德塞利和图拉姆入选，巴西后卫仅有卡洛斯一人；中场巴西占优，邓加和里瓦尔多当选，法国仅齐达内一人入围；前锋罗纳尔多当仁不让，但法国队的亨利也捞了个替补的角色。另外，首选门将是法国队的巴特兹。一向巴西占优的心理天平被那帮评委拨回来了,牌面上法国似乎还略略胜出,这应该算一种暗示,好像在说:法国仍有继续做风筝的机会,而且,机会很大。如果法国人毕其功于一役,胜了巴西,法国人就可以说如果前面遇到了德国或者荷兰,我们一样可以走过来!可以用巴西这样天下第一的极品青竹来做法兰西风筝,法兰西便可以一直在轻云之上,被胜利簇拥。

巴西当然不会答应,他们要第五次高飞,他们曾经说过没有人可以阻挡他们。

想起小时候看过的一部中法合拍的奇幻儿童片《风筝》,说的是在法国巴黎,名叫比埃罗的12岁的法国儿童和他妹妹、5岁的尼高尔及小伙伴培培尔等人得到一只绘着孙悟空形象的风筝。风筝上附着一封信,是由北京小朋友宋小青写的……我查了查资料,1958年拍的电影,那一年也是世界杯年,巴西在瑞典夺得世界冠军。到底谁会是风筝呢?

1998 年 7 月 11 日

在世纪的门槛上挺身而出

"球星和球迷都已经离去,40亿观众关闭了电视机,所有的广告牌都已经卸下……"世界杯再一次曲终人散。

高卢雄鸡的三声啼鸣击碎了一个在我们面前摇曳很久的五冠王的幻影,也惊醒了几万里之外中国的一个沉醉的黎明,雨果咏叹拿破仑的诗句终于可以用来形容整个法国——"在世纪的门槛上挺身而出,又神采奕奕,又沉思默想。"今天,我们果然看到神采奕奕的雅凯大功告成,看到沉思默想的齐达内神剑出鞘。美人如玉剑如虹,我不得不再次套用这个老题,因为今夜的圣丹尼,就是这个样子。

世界杯结束了,我们得到了什么?连世界杯足球的"球籍"都没有的中国人,得到了什么?如果说这33个昼夜颠倒的日子只是给我们带来感官上的愉悦和心情上的一惊一乍的话,我们显然是所获无多的。

我们至少要读懂法国队,为什么这支几乎没有锋线杀伤力的法国队可以一直走到决赛,并以大比分完胜公认锋线威力无比的巴西队?为什么一向被认为理想得想入非非的雅凯可以最终实现他的理想?为什么每一场淘汰赛法国队都会出一个救世的英雄?现有布兰科,后有巴特兹、图拉姆,今有齐达内?

18世纪法国哲学家博纳尔说:"这个说不透是什么性格的民族,比世界上任何民族的性格都复杂。"但如果我们把法国队比作法兰西民族的一个模型的话,分析过程要简单得多。

坚强、自信。法国队的攻势足球尽管充其量也只是中场攻势足球,但他们坚信自己可以取得胜利。他们即使领先也不收缩,他们坚信自己是最好的,他们甚至早已做好了印有"法国夺冠"字样的T恤。

团结、合作。杜加里虽然因为在门前错失良机而急需扳回印象的机会,但他有了机会还是把球传给位置更好的前卫佩提特,尽管这一进球对法国队来讲已不重要,而对他如解渴甘霖。

法国队的骑士精神起发动作用,农民性格又有制动功能,这一切都集中体现在中场,他们可以将自身的优点发挥到极致。

如此,我们得到一个榜样,尽管本世纪我们已无任何挺身而出的机会。

1998年7月13日

雄鸡一唱天下白

雄鸡一唱。

地平线上，一轮红日冉冉升起，在过去的32天里，这个景象只是France98的标志，而今天，红日代表法兰西——世界杯历史上第七轮太阳。

高卢人是一个怪异的高手，一个金球、一场点球大战、一个从来摸不到门的后卫神话般地进了两球，然后，又用两个角球制胜——像这样夺取功名的手法，恐怕世界杯历史上绝无仅有，但浪漫如昔的法国人做到了。然后，他们站在前面站着阿维兰热、萨马兰奇、希拉克、普拉蒂尼的桌子上面，将大力神杯高举过顶——光荣属于法兰西，浪漫亦属于法兰西。

如果说德尚是队长，是雄鸡之首的话，那么齐达内则是雄鸡之冠，是他用他并不常用的头球两度叩开巴西队的大门。法国队的胜利是中场的胜利，他们的中场球员珀蒂踢进了第三个球，在他们进可攻退可守的中场面前，德尼尔森的花花盘腿和罗纳尔多的高速奔跑功效尽失。

于是，雄鸡一唱天下白。

1998年7月13日

1994 美国世界杯
America 1994

亚洲之虎真的是"世界之猫"吗？

亚细亚，被称作是太阳升起的地方，但当人们把足球比作太阳的时候，却发现这块世界上最广袤的土地所获的阳光竟还不如一个北极圈附近的欧洲小国。当瑞典和挪威在即将到来的世界杯赛前被人们冠以"黑马""海盗"等剽悍的字眼时，亚洲球队仍被视作不堪一击的世界杯陪客。

半年前的多哈决战，我们精心挑选了沙特和韩国两只亚洲之虎，为了他们，命运之神甚至不惜淘汰了如日中天的日本队和企图把萨达姆头像搬到美国去的伊拉克队。然而国际舆论却从来没有把"亚洲之虎"放在眼里，即使是四次入围世界杯决赛圈的韩国队，也仅被戏称为"世界之猫"。

"亚洲之虎"真的是"世界之猫"吗？

不是！此番两虎征战美国，梦不再是唯一行李。尽管沙特队面临着强大的对手——由古力特挂帅的荷兰队与希福领衔的比利时队，但他们依然雄心万丈。沙特国王许诺，如果进入16强，每人将拥有一幢别墅与一辆"奔驰——梅塞德斯"轿车，奖金更是丰厚至极。沙特队由于常年由拉美教练执教，队员技术娴熟、擅长短传配合。目前国家队拥有金牌杀手哈马利德和一名颇有潜质的新秀艾哈迈德。为了对付荷兰和比利时，沙特队曾请来上届荷兰队教练本哈克执教，由于其战术思想与沙特贯行的南美技术风格格格不入，沙特国王毅然辞退了本哈克，转聘阿根廷人索拉里，接着便有了如鱼得水的感觉。在热身赛中1∶1两平南美枭雄哥伦比亚队。沙特队坚持自身风格不动摇的执着态度是很可贵的，况且各方面都有迹象表明，技术型足球将在本届杯赛上大放光明。

韩国队大大过了一把"谋事在人,成事在天"的瘾,他们在最后一分钟捡了便宜幸运出线。韩国队采用的是一名自由人、两名盯人中卫加上两名边前卫助攻及回防的体系,韩国球员大部分都拥有身经百战的经验,辛洪基、具相范、黄善洪等人对世界杯都不陌生。不久前他们一胜一平非洲"雄狮"喀麦隆队,这次与德国队、玻利维亚队、西班牙队同组,如果能在玻队身上取得2分,再与西班牙队平一场,就有希望晋升16强。

如此看来,亚洲球队不是猫。退一步说,即便是猫,也是卡通片中的机器猫——多少是会点法术的。

1994 年 5 月 8 日

美国"出场"了

第 15 届世界杯开幕式由美国歌星戴安娜·罗斯的一曲劲歌《我出场了》作为开端。凭借强大的财力和昔日里根总统的公关能力而夺得本届杯赛举办权的美国人终于出场了。

美国人不大懂足球,据说《洛杉矶时报》和《每日新闻》这几天正以看图识字的形式对市民进行普及性的足球 ABC 教育,诸如红黄牌的区别等等。但美国人懂得搞气氛,懂得煽动和诱导,硬是把开幕式弄得热闹非凡。

美国人比较简练,年轻的克林顿总统在开幕式上的讲话不到一分钟,他说,真正的成功不是你实现了某一个目标,而是是否和大家一起不懈地追求……这或许可以作为青年一代的座右铭,因为它体现了"参与"的精髓。

美国人也善于取巧,借用了 24 强所属各国的舞蹈演员来介绍 24 强的民族文化,讨好又不吃力。

美国人有创意,把开幕式推向高潮的巨大的大力神杯就很新颖,穿着金黄色紧身服的美国小子攀上杯架,造就一个超级大力神杯,气魄很大。

当然,由于美国没有多少足球文化的根基,开幕式虽然也如同戴安娜·罗斯歌中所唱的"像链条一样紧密",但与 1990 年意大利世界杯深具文化内涵的开幕式相比,差距仍然是明显的,总有一种闹哄哄的感觉。

1994 年 6 月 16 日

阳光灿烂的日子

早就有人说足球是太阳,这个比喻使我们发现,当世界杯年地球绕着足球转的时候,全世界共同拥有整整一个月阳光灿烂的日子。世界杯是沐浴在和平阳光下的世界大战,世界杯的历史总是和足球的发展一脉相承,那么,在经历了诸次革命以后,明日凌晨揭幕的第15届世界杯会是什么样的呢?

"保守派"球迷说,美国世界杯是残缺的,且别说足球在东道主美国人的运动喜好中仅排名第95,单是连法国、英格兰、乌拉圭、葡萄牙、苏格兰、丹麦那样的强队都没去,世界杯还能有戏?

"激进派"一定反对,理由是现代社会乃多元化的社会,连世界政治之大格局都由两极走向多极,何况世界杯?美国世界杯毫无疑问将被打上多元化足球的烙印,少数人主宰绿茵场的历史一去不复返,世界杯将在新星的不断涌现中透着精彩。

可惜,夏季到美国去看球,这对我国绝大多数球迷来讲,只是一种不可能有结果的渴望。保守、激进两派也只能在荧屏前印证球学,好在世界杯光芒照大地,打开电视,我们一样有一份灿烂阳光。

世界杯的灿烂在于她集结了全球足球运动的精英,当我们看到这些"太阳之子"在洛杉矶、芝加哥等阳光充足的北美沃土上拼争,会发现这实在是四年等一回的绝好风景。意大利队热情奔放、豪气干云,他们将古罗马的历史精粹与现代足球的奥妙合二为一;巴西队以其高超的技巧拨动世界的心弦,敲打出亚马孙文化那跌宕激昂的旋律;荷兰队剑气冲霄,犹如满山遍野的郁金香枝枝怒放,笑问谁与争锋?德国队像军人,哥伦比亚队像刺客,比利时队像魔头……端午节刚过,青梅煮酒论英雄,何其乐也!

梅雨天仍在继续,但只要打开电视,世界杯的万丈霞光便喷薄而出,我们唯一遗憾的是霞光中没有中国队放发的一缕,但有理由相信,不久的将来,中国足球也会释放出夺目的光华。

让我们一起走过阳光灿烂的日子。

1994年6月17日

杯赛第一球

马特乌斯不愧为"足球皇帝"贝肯鲍尔的嫡传,似乎自由人的位置更适合居统率地位的他。在与玻利维亚队的开幕战中,于德因队束手无策之际,他在中圈附近传出一记 30 米开外的好球,落在小个子哈斯勒身上弹开,主动出击的玻队门将卡洛斯鞭长莫及,浪漫杀手克林斯曼得球后,将球踢入空门。

刹那间,克林斯曼飞扬的金发和贝肯鲍尔会心的一笑都融汇在芝加哥战士体育场的一片欢呼声中,此时此刻表指向下半时第 16 分钟。

这个进球机会是德国队反越位成功而创造的。因为玻队在下半场略显疲态,在造越位的时候,有两名队员跟不上节奏,于是克林斯曼这架"金色轰炸机"便轻易避过"雷达"杀入禁区。这个进球也是本届世界杯的 NO.1,它打破了开幕战沉闷压抑的局面,并使德国队员卫冕之心更雄。

1994 年 6 月 18 日

远程导弹冲开罗马城墙

英式足球的威力在以短传渗透为主的意大利队面前越发显著起来。今日凌晨，在爱尔兰与意大利之战中的第 12 分钟，出现了一个令意大利球迷分外懊丧的瞬间。

意大利队的后防线就是欧洲三连冠 AC 米兰的后防线，但并非万无一失。巴雷西在顶一个将要冲入禁区的长传球时，未把握好角度和力度，被爱尔兰队的 8 号霍顿截获，霍顿用胸部停球，在距离球门 20 米远处转身抽吊，踢出一个下旋的弧线球，意队门将帕柳卡未料有此一着，因站位稍稍靠前，鞭长莫及，而只能眼巴巴看那皮球飞过头顶落进网窝。

爱尔兰队所有的队员都在英国踢球，其中一个在苏格兰，其他的都为英格兰的各大俱乐部效力，深得长传疾攻的真传。是役运用防守反击和远距离传球对付以地面推进为主的意大利队，可谓一物降一物。远程导弹冲开罗马城墙不是偶然的，爱尔兰队还有一记远射射中门楣。爱尔兰队在此战中颇有章法的表现和主教练杰克·查尔顿运筹帷幄的模样都好像在说："我们会比在意大利世界杯时走得更远。"

1994 年 6 月 19 日

顺风顺水海盗船

今日凌晨3时50分,挪威足球队与墨西哥队相遇,上演了一场扣人心弦的龙争虎斗。

有"北欧海盗"之称的挪威队在与墨西哥队交战的过程中,仍然祭起区域防守和长传疾攻的法宝。而墨西哥队绝非等闲,在桑托斯的率领下于海盗船周围炸起层层巨浪,桑托斯一脚倒挂金钩差点踢断海盗船的桅杆,令北欧海盗胆寒不已。

然而"海盗"们在比赛即将结束前的5分钟,抓住了一次千载难逢的良机,9号福约托夫特在对方两名后卫拽人犯规的情况下将球捅出,明察秋毫的匈牙利裁判普赫尔根据有利原则没有鸣哨,挪威队刚刚换上场的10号雷克达尔在对方2号队员紧逼下于右侧突入禁区,右脚弓推射,既准又狠,连花蝴蝶一样的坎波斯也扑救不及,球应声入网。

挪威队员虽然身高马大,但脚下功夫平平,比不上南美风格的墨西哥球员,之所以一球小胜,全赖运气和把握机会的能力。墨西哥队在此后踢了5分钟绝对精彩的球,可惜运气不佳,有一次射中立柱后弹回来再顶,还不中。

于是,挪威"海盗船"顺风顺水地驶离墨西哥湾,沿着暖流北上,他们将在纽约遭遇破釜沉舟的意大利蓝色兵团。

狭路相逢,孰胜孰负,好戏在后头!

1994年6月20日

魔鬼定律

昨日凌晨，爱尔兰"绿魔"魔高一丈，以 1∶0 击败有"蓝色闪电"之称的意大利队。

原本意大利队抽的就不是好签，在此死亡之组中痛失先手，蓝色闪电还有机会叱咤风云吗？

场面很棘手，意大利队必须在以后的两场小组赛中保持一胜一平才有把握进入第二轮。而下战对手挪威队和爱尔兰队一样，也是长传疾攻的英伦风格，意大利队对付长传疾攻是极不自在的，在对付爱尔兰队一役中，我们看到闷声闷气的巴乔、烦躁的辛诺里和苦笑的巴雷西，就不难明白这一点。有人担心在对挪威队的比赛中，意队会重蹈覆辙，很可能成为第一支买回程机票的球队。

但世界杯有一条魔鬼定律，那就是如果一支球队在小组赛中表现得完美无缺，他便得不了世界杯，比如第五届的匈牙利队、第十届的荷兰队和上届的巴西队。那么反过来说，捧杯的往往是渐入佳境的队伍。意队刚出门就折了一阵与萨基教练过分自信很有关系，他在赛前新闻发布会上宣布的阵容竟与上场时的阵式一模一样，坦白得连对手查尔顿都感到惊奇。萨基是个很机敏的人，他在尝到苦头以后，如果能及时有针对性地调整战术，使"蓝色闪电"重新诡秘起来，凭他手下这帮足以令所有教练称羡的精兵强将，下一战对付与爱尔兰同一风格的挪威队，应该不会再失算了。

意大利队只要能进入第二轮，就极有可能像 1982 年那样，开始表现较差，但后发制人，然后一直笑到最后。如此，便应验了魔鬼定律。

魔鬼定律只是茶余饭后的谈资，本没有多少道理好讲，成立与否，请大家先注意收看星期五的意大利对挪威之战。

1994 年 6 月 20 日

上帝派来了……

巴西球员罗马里奥在今天凌晨与俄罗斯队的交锋中表现出万夫莫挡的射手风采,用其主教练帕雷拉的话说,那就是"上帝派来了罗马里奥"!

上半场第26分钟,巴西队获得第四次罚角球的机会,由贝贝托在球门区左侧开球,球开起来后在空中划了一道香蕉弧,巴西队15号桑托斯跃起后没有触到球,这时,罗马里奥已经下意识地跑动,像一只嗅觉灵敏的独狼贴近猎物。俄罗斯的盯人中卫也出脚了,而高手往往只快半拍,罗马里奥抢先用外脚背蹭,皮球改变方向直钻右侧网底。罗马里奥一次触球,即告功成,想必俄门将纵是雅辛再世,也无力回天。

下半时7分钟,罗马里奥接队友直传,转身闯入禁区被对手绊倒,毛里求斯裁判林基忠判罚本届杯赛第一个点球,结果巴西队队长拉易主罚命中,巴西队遂以2∶0胜俄罗斯。巴队自由流动的踢法不但赏心悦目,且颇具实效。上帝派来了罗马里奥,而以价值论,拉易和贝贝托似也可归入"派来一族",那么,巴队距离第四次夺取世界杯还能有多远呢?

1994年6月21日

沙漠桑巴舞翩跹

虽然沙特队是以亚洲第一的身份打进世界杯决赛圈的。但昨日它与欧洲巨头荷兰队的比赛在赛前仍被普遍看作是弱肉强食之战。

沙特队出场了,尽管是头一回在世界杯赛场上亮相,但没有丝毫惶恐。开场不久即有一次头球攻门,全队士气高昂,脚法过硬,在威风八面的荷兰剑客面前露了几手"沙漠桑巴",毫不拘谨,且"舞步"未凌乱。

上半时第 18 分钟,沙漠桑巴在自由挥洒中舞出高潮。沙特队前场罚任意球,球越过荷兰队员琼克和德布尔的头顶,直奔球门区,两名沙特队员腾空而起,其中 6 号阿明"头"走"偏锋",冲顶破门——破的是一个冷门,一个所谓的亚洲鱼腩给夺标热门开的一道冷门!

沙特队将 1∶0 的比分保持到上半场结束,虽然它在下半时的比赛中被荷兰队追回两分而反胜为败,但作为首次参加世界杯的亚洲球队能给老牌劲旅荷兰队来一个"当头棒喝",已经很令人满意了。

1994 年 6 月 22 日

球迷的预言

晚报开了"绅士乐球迷预言"专栏,赛后观之,喜见许多赛事结果被温州球迷一语言中,像美国与瑞士1∶1战平、挪威1∶0胜墨西哥、巴西2∶0胜俄罗斯等皆为毫厘不差。

反观球王贝利,在我的印象中,近两届的世界杯结果还没有给他说中过的,上届他力捧南斯拉夫队,结果南队被阿根廷队淘汰;本届他多次说哥伦比亚队将势如破竹,结果哥队1∶3被罗马尼亚队击败,还有平时他零零碎碎地向新闻界透露的"贴士"也大都失准。这样的情况有点像经济学教授炒股炒不过跟着感觉走的小股民。

难道球王的看球水平会低于普通球迷?这当然不可能。出现这种情况,我想原因有二,一是足球的发展越来越趋向于百花齐放,世界杯24强的强弱对比越来越小,不可预见性明显增大。在强弱差距不大的队伍中,谁胜谁负相当程度地取决于运气和把握机会的能力,像上届世界杯,那么强大的巴西队都会被阿根廷队歪歪斜斜地击败,还有什么事不可能发生呢?二是舆论不可避免地存在的误导性使预测失明,新闻界常常根据以往的比赛成绩和球星的往常表现判断球队的实力,然后做出机械的分类,比如本届沙特对荷兰,新闻界对沙特队的定位是一支尽量做到少输球的队伍,这样一来,就几乎没人敢猜1∶2或1∶3,谁会想到沙特队还能先入一球或者想到1∶1的僵局直到85分钟才被打破呢?

看的球赛多了,多少对比赛会有一点第六感觉,球迷预言成真,感觉很重要,感觉是在对球队的了解和对足球内涵深刻理解的基础上于刹那间迸发的思想火花。祝愿球迷们有更多更准的挡不住的感觉。

1994 年 6 月 22 日

像钟表一样精确

瑞士队在今天凌晨对罗马尼亚队的比赛中打出了本届世界杯开赛以来的最高比分,终以4∶1大获全胜。瑞士队在所进的四球中,第一球是远射;第二球属浑水摸到鱼;第四球为任意球破门;唯有第三粒入球天衣无缝,像瑞士钟表一样精确。

这是在下半时第21分钟,瑞士队趁罗马尼亚队急于求成,技术变形的光景,10号斯福萨中场得球后避过对方两名后卫的夹击,带球切人禁区,见守门员已虎视眈眈地封死角度,随即横传左侧,9号克努普拍马杀到,奔跑中右脚弓一记垫射中鹄。

这粒入球没有任何多余的动作,一传一射线路清晰,全是在电石火光的一刹那完成,充分展示了瑞士队员的得分能力。或许赛前有人认为瑞士队能赢,但相信谁也没想到瑞士队会赢得这么多,要知道,此前罗马尼亚队可是以3∶1力斩哥伦比亚的呀。

既然瑞士队踢得如钟表一样精确,我们有必要引用一下"钟表匠"——瑞士队主教练霍格森的话:"谁知道是怎么回事呢?我们让比赛来说话。"

瑞士队将在27日迎战手下败将的手下败将哥伦比亚队,且又乘首场获胜之东风,本可无虞。但哥伦比亚队在负于美国队以后已出线无望,他们会不会像上届的苏联队,绝望之余踢喀麦隆一个4∶0那样地猛砍瑞士队呢?虽然瑞士队出线问题不大,但真不知道"瑞士钟表"还能精确地走多久?

1994年6月23日

黑马要回家

哥伦比亚队在预选赛中的不败战绩被世界足坛名人视为成色最高且最为标准的"黑马",一时间,"马图拉纳"成为比马拉多纳还要响亮的名字。

马氏麾下名将如云,却在小组赛中两次翻船,虽在理论上还有出线的可能,但可能性极微。黑马,看来要回家了。

首场对罗马尼亚,哥队过于自信,以致射门机会把握不好及后防盯人不严而以 1∶3 落败。昨日,哥队与东道主美国队交锋,背水一战的哥队太不沉着,尤其是第 34 分钟时后卫埃斯科亚不慎将球踢进自家球门更使全场陷于被动,中场灵魂巴尔德拉玛被盯死后传不出好球,"魔鬼终结者"阿斯普里拉倒让人家给终结了,于是,哥伦比亚队蔫了,他们甚至连门前铲射都不会了……

哥队赛前自负,失球后烦乱,是典型的有技术没心理的队伍。世界杯是综合性的较量,甚至连运气也要比一比,而在心理素质方面,哥伦比亚队不但跟德国队没法比,我看连韩国队都不如。

1994 年 6 月 24 日

一抹腾空的蓝色

由于首场小组赛的失利,意大利队被逼上了华山一条路的绝境,今天凌晨乘风破浪的挪威海盗船在纽约港与其相遇。

意大利队一上场就展开攻势,挪威队门前笼罩在一片蓝色中,但意大利队只开花不结果,辛诺里、卡西拉奇等空负绝世剑法,就是施展不开。第 21 分钟时,意队造越位失败,门将帕柳卡被迫禁区外手球,连同罗伯托·巴乔一起下场,换上替补门将马切基亚尼。

蓝色兵团面临极其严峻的局面,"海盗们"开始反攻,而意大利队始终破门乏术,直至下半时第 24 分钟,机会才出现。

意队在前场罚任意球,辛诺里将球踢得又飘又远,直往球门区飞。在挪队球门区前沿,两道白色夹着一抹蓝色腾空而起,"蓝色"抢先在皮球上一点,将球逼近球门,定睛看时,"蓝色"乃 13 号球员迪诺·巴乔。

1994 年 6 月 24 日

阿维兰热维新

阿维兰热的年龄差不多等于四个世界杯参赛队员的岁数之和,但他并不保守。本届世界杯推行十大新例,可见,即使从改革角度看阿维兰热,他也还不算老。对于阿维兰热之维新,足坛人士众说纷纭,褒贬不一。但从世界杯前阶段比赛实践来看,新规则还是利大于弊的。

首先,三分制的实行使进球增多,已经结束的前16场比赛共进41球,平均每场入球2.56个,明显高于上届,且场场都有进球。而且本届比赛三场人见人爱的比赛都是攻势足球的代表作,像阿根廷队4∶0胜希腊,尼日利亚队3∶0胜保加利亚,还有巴西队本身以不可否认的攻势足球2∶0力挫俄罗斯。估计攻势足球的光辉还将继续。

其次,新规制规定录影带在某些情况下可以作为证物,但只会使用于判断领了红牌的球员是否足以翻案。在这一点上,阿维兰热可谓恰到好处。曾经有人向国际足联建议设录像裁判席来更正场上的误判,场上裁判的权威是足球魅力的一部分,但如果按照此议则必将被抹杀,好在阿维兰热否定了此项议案,并因势利导,利用录影带给蒙冤罚出场外的球员以翻身的机会。

阿维兰热维新也有尴尬之处,他曾说过,不把从后拦截对手的球员驱逐之球证,将不能在余下的世界杯赛事中执法。爱尔兰队教练查尔顿形容此话会把裁判吓得要死。果然,受到惊吓的裁判在比赛进程中表现出异常的严格,开幕战中玻利维亚队10号埃切维里刚上场3分钟即被罚下,裁判莫明其妙的严厉常常使无心犯规的球员也诚惶诚恐。

改革是潮流,矛盾是自然存在的,没有了矛盾,也就没有了足球,阿维兰热维新之利弊将由下一段赛事作进一步评说。

1994 年 6 月 24 日

风中有朵雨做的云

贝利曾告诫巴西队:"巴西队在小组赛的真正对手只有喀麦隆。"但巴西队于今日破晓时分直落喀麦隆一个 3∶0,让我们不得不认为,巴西队真正的对手只是巴西队本身。

罗马里奥在此役中取得了他个人的第二个进球,贝贝托终于也破门得分。

贝贝托这个进球的背景是巴西队在不断地移形换位中制造了大量的机会,凌厉强烈的攻势如同空中有朵雨做的云,压得喀麦隆抬不起头来。

第 73 分钟时,罗马里奥前场得队友传球,甩掉对方后卫防守,直奔球门而去,喀队门将贝尔扑脚下球,截球后脱手,球落在球门右侧,距底线一尺远处,这时贝贝托高速插上,在贝尔第二次扑球之前以一记接近零角度的射门,为巴西队射入第三球。

巴西队飘逸潇洒,势不可当。他们有条不紊的直传,从容不迫的突破和行云流水般的配合像一朵朵雨做的乌云,堆积在对手心头,好像随时可以化作滂沱大雨,浇熄敌方争胜之欲念。

1994 年 6 月 25 日

"风之子"如风至

尼日利亚倒是名不虚传的新黑马，在与阿根廷队的交锋中，开场仅8分钟，12号塞亚塞亚即给阿队一个下马威。

面对进步神速、朝气逼人、打法成型的尼日利亚队，阿根廷队的一个重要人物出现了，他就是一度被人们称为已经江河日下的新球王马拉多纳。

第21分钟，阿根廷队前场罚任意球，马拉多纳跑动，并抬起他著名的左脚，但就在即将触球之时，他出人意料地跃过足球，只用左脚在球面上往后一点拨，巴蒂斯图塔心领神会，拔脚怒射，尼队门将鲁菲扑球脱手，"风之子"卡尼吉亚如风而至，补射成功。

马拉多纳的手段当然不仅仅是别出心裁，在第28分钟时，他趁尼队队员立足未稳之际迅速一记妙传，卡尼吉亚在禁区左角得球，从容推进，他知道尼队后卫与他还有几步距离，便边盘带边迅速观望，在球门区左角方才起脚，右脚弓踢出一个大弧线，球挂大门远角。阿根廷队由此2∶1反败为胜。

卡尼吉亚如风而至，而马拉多纳是驱动风的人，是风的灵魂、风的主人。

1994年6月26日

世界杯之马太效应

美国人举办本届世界杯,在开幕式上动用了大量集训时间很短的志愿人员,是为了省钱;九大赛区的安排北到五大湖区、南抵墨西哥湾、西至加利福尼亚、东达大西洋东岸,使世界各地的球迷、记者在风尘仆仆中繁荣美国的旅游业、航空业和通讯业,是为了挣钱。

世界杯一开始就透过钱眼看世界,虽然直到世界杯开幕前夕尚有70%的美国人不知世界杯为何物,但并不妨碍美国主办者煽动赞助商猛掏腰包。

国际足联让美国举办世界杯是因为其富有,美国人举办世界杯是因为可以更富有,这是典型意义的"马太效应"。

但美国人如果没有敏锐的商业触角和左右逢源的经营手腕,举办世界杯也不一定就能赚一笔。美国人唯美元是图,世界杯吉祥物"射手狗"没能在开幕式上露面,是因为原来说好要赞助的迪士尼公司出尔反尔,不肯出钱,所以连"射手"也被组织者一脚踢开。美国人以此种纯粹的"市场经济"原则贯穿世界杯始终,也因此大赚其钱。

美国世界杯是精明的、唯利的,而它的背景则是无助的,美国人认为举办世界杯只是美国足协的事,与其他人无关,这与我们举办国际比赛,全党全民动手,各行各业支援截然不同,我们所谓的美国世界杯组委会在美国也只是一个自负盈亏挂牌公司,一个挂牌公司能使世界杯在美国产生"马太效应",倒真值得我们研究。

1994年6月26日

己所不射，即传于人

罗马尼亚队兵败底特律以后，今晨对付东道主美国队，形势就比较严峻了。罗队出场便摆了"5-4-1"阵式，意图很明显：宁为瓦全，不可玉碎。

虽然只有拉杜乔尤一人在前场游弋，但由于后卫佩特莱斯库的积极助攻，罗马尼亚队于第17分钟时迎来了精彩一刻。

队长哈吉是中场发动机，他的经验和传球意识都很像马拉多纳。当他看到拉杜乔尤处于禁区前沿射门潜力很大的位置时，即将球传给拉杜乔尤，此情此景，酷似昨日马拉多纳喂球给卡尼吉亚。但美国队后卫要比尼日利亚后卫敏感得多，两名队员立即压上，拉杜乔尤的射门难度眼见比昨日的卡尼吉亚还大。拉杜乔尤于瞬间审时度势，知不能射而传，2号助攻愿望极强的后卫佩特莱斯库飞奔而至，小角度射门见功。

罗马尼亚队一气呵成了此进球，倘若有一环节失之毫厘，最终射门必然谬以千里。罗马尼亚队员的技术和意识都有可以圈点之处，1∶0战胜美国队后则以A组头名身份进入下一轮，罗马尼亚能否走得更远，我看还是取决于会不会打逆风球，若先失一球会不会自乱阵脚。

1994年6月27日

斗牛士妙"足"生花

今晨,西班牙队3∶1战胜玻利维亚。上半场不值一提,且第一个点球也有争议,但下半场三个进球线条明快,绝对是妙笔生花之作。

下半场第20分钟,西班牙队左路挺进,12号巴尔胡安被玻队后卫逼至边线,窘迫中用左脚将球勾出,半转身直传空当,15号卡米内罗接球后随即推射破门。

此后1分钟内,玻队发动一次快速反击,桑切斯远射追回一分。

又过了5分钟,西队后卫2号费雷尔大力传球,球在空中走了约25米,被卡米内罗用胸部停住,转身施射,玻队门将扑救不及,足球竟穿裆而过。

西班牙队防守耐心,进攻稳健,虽然没有世界级球星,但整体配合颇佳,他们即使打得不精彩,也无明显的漏洞。可能是吃一堑,长一智,特别是被韩国队神奇地追平后,更是吸取了轻敌失胜的教训,再不敢造次。

1994年6月28日

给世界一个好印象

韩国队在今天凌晨对德国队的"意志之战"中,于先失三球的逆境下奋起反击,赫然追回二球,并一度压着德国队打,几乎摧毁了德意志的"意志"。虽然因机会把握不佳而最终落败,但其不屈不挠的球风已深入世界球迷之心。

同样,"高原大鹏鸟"玻利维亚队虽然再次折翼,但今晨他们在芝加哥战士体育场展现了一如既往、斗志昂扬的战士之风,也给世界留下了一个美好印象。

失败并不可怕,因为根基不同、起点不同、实力不同、运气不同,必然有人欢喜有人愁。但失败并不妨碍你留一个美好印象给世界,就像美国总统克林顿在本届世界杯开幕式上所说的:"真正的成功不是你实现了某一个目标,而是是否和大家一起不懈地追求。"

比赛是暂时的,而奋斗才是永远的,昨日哥伦比亚队为展现真我风采而全力投入,结果巴尔德拉玛、巴伦西亚、林孔等球星皆有上佳表演,终以2∶0力克瑞士队。尽管这胜利成果不能给他们带来什么,但他们经过努力也终于给世界留下了一个印象,一个还不算很糟的印象。马图拉纳要辞职了,但他还说:"我们在一起训练了很久,我们会接受教训的。"

世界是一个日新月异的世界,而世界杯也是一个日新月异的世界杯,今天的失败者中会有一些沉沦,但更多的将回去卧薪尝胆,卷土重来未可知。

世界杯四年一聚,世界杯期待他们卷土重来。

1994 年 6 月 28 日

机会飘在风里

巴西队员身着蓝衫与瑞典人交锋,且开场时打得很松软,猛一看还以为是形势不妙的意大利人在踢球呢。

瑞典队先入一球,使巴西队员很快抖擞起来,虽然已稳获出线,但小组第一的位置亦不可拱手让人。巴西队员开始在前场展跃腾挪,寻找机会。

机会飘在风里,而高人自可从风中斩获。下半时仅一分钟,罗马里奥左路得球,三盘两带直往里冲,瑞典队6号施瓦斯、7号拉尔松等三名队员上来夹击,罗马里奥如入无人之境,挥洒自如,于距球门15米远处一记外脚背抽射,皮球直钻球门右下角。

扳平后的巴西队很多时间只是在中场倒脚,打控制球,尽管机会仍在空中飘扬,但巴西队员已不贪心,因为目的已经达到,他们并不苛求精彩一刻再次出现。可以说下半时巴西队完全掌握了节奏,他们宁可让机会飘在风里,就是不让对手得到。

1994年6月29日

迟钝锋线上的一道寒光

　　荷兰队似乎退步了很多，他们在两战皆败的摩洛哥队面前，仍然打得相当费劲。失去古力特和巴斯滕的锋线显得分外愚钝，好在他们还有博格坎普，博格坎普尚能在迟钝的锋线上时而抛一道夺目的寒光。

　　上半时第42分钟，荷兰队19号范福森带球从左肋插入禁区，突然脚底一个绊蒜，皮球控制不住，滚到对方后卫脚下，对方后卫愣了一下，反应奇快的博格坎普早已将球从其脚下拨回，随即一记刁射破门。

　　摩洛哥队于下半时2分钟扳回一球。

　　博格坎普还有作为，下半时第33分钟，博格坎普在左路得球，迅速下底，摩队两名后卫上来拦截，博格坎普一个巧妙的回敲，躲过两名后卫传到中路，"新三剑客"之一的罗伊用左脚弓就势一推，荷兰队以2∶1胜出。

　　博格坎普的表现似可入选世界杯最佳阵容，但荷兰队整体表现差强人意，虽然最终他们以小组第一的身份进入第二轮，但若仅靠博格坎普这一道寒光，在阵前闪烁，恐怕亮不了多久。

1994年6月30日

英雄人物

俄罗斯队连战连败，昨日与喀麦隆一役无异于"二战"中的莫斯科保卫战，结果寒流掠过草原，俄罗斯队就像当年打破希特勒不可战胜的神话一样，以6∶1将非洲雄狮摧枯拉朽了一番。

一个英雄人物出现了，他就是包办5球的替补前锋萨连科。萨连科名不见经传，显然是沙利莫夫等7员名将与俄足协叫板以至退出国家队后，他才得以踏上世界杯之路的。

时势造英雄，1932年美国爆发经济危机，万业萧条，于是出了一个主持"新政"的罗斯福；第二次世界大战，法西斯的魔影笼罩着整个欧洲；丘吉尔临危受命，方成为英国人民心目中的英雄。大凡英雄人物的出现，都有一个鲜明的时代背景，世界杯虽然与世界政治不可同日而语，但世界杯的英雄也有可能像政治家一样成为民族英雄，比如贝利和马拉多纳；世界杯的背景往往浓缩了一个时代的背景，像本届世界杯就喻示着世界走向多极，各地强弱差距缩小，和亚洲飞快崛起这样的历史现实；萨连科在俄罗斯队屡战屡败的背景中脱颖而出，亦说明了不到最后关头，绝不可轻言放弃。英雄人物之所以是英雄人物，是因为他们能够抓住契机，将时代的动力化作自身的动力。

今天凌晨，又一个英雄人物如此这般地出现了，沙特队10号奥维兰连过比利时队三名队员破门得分，使沙特队史无前例地挺进16强，奥维兰的表现使世界足坛相隔28年后，再一次听到亚洲传来从容不迫的脚步声。

1994年6月30日

老马为何入歧途

第15届世界杯小组赛结束之时,爆了丑闻,马拉多纳被证实服用麻黄碱等5种国际足联禁止服用的药物。马拉多纳"浪子回头金不换"的形象再一次跌得粉碎,像1988年汉城奥运会上的本·约翰逊,从荣誉的巅峰一下跌落尘埃。

马拉多纳是亿万球迷崇拜的偶像,1986年世界杯上风光无两,一度成为人们心目中不落的太阳。高处不胜寒,马拉多纳为了向世人证明自己"老马不老",在极短期间降低了"啤酒桶"般身材的体重,再一次为世界杯披挂上阵,他在与希腊队的比赛中踢进一球后,兴奋得满场飞奔,谁也没想到第四次参加世界杯的老马仍为如此健骏,更没想到老马在夜间吃了"毒草"。

马拉多纳在赛场上被对方拉、绊、铲而多次倒地,都能再三忍让,他不能忍受世人对球王日渐冷漠的眼光,记者的纠缠不休和旁人难以想象的球王的空虚,他曾用吸毒、嫖妓、无理取闹等行为来寻求解脱。

老马为何入歧途?一因压力太大,二因心有余而力不足,力不足然后用禁药补。

马拉多纳冒险的代价是将不能参加本届世界杯的其余赛事,并被开除出阿根廷国家队,如果国际足联纪律委员会稍后再作出对其终身禁赛的处罚,马拉多纳辉煌的足球生涯将以丑闻结束,对于一个球王来说,哀莫过于此了。

1994年7月2日

悬念世界杯——94世界杯小组赛印象

世界杯小组赛大浪淘沙,36场赛事后,16强旗卷马嘶,已突出重围。本届世界杯是悬念世界杯,像悬念大师希区·柯克导演的经典名作,情节跌宕起伏,时而扑朔迷离,时而峰回路转。

悬念一:16强哪款强?

从16强的表现看,分为三个档次。A级:巴西队;B级:阿根廷队、德国队、尼日利亚队;其余皆为C级。

巴西队水银泻地般进攻,退潮一样的回防,以实力论,绝对是极品。

阿根廷队原本表现不在巴西队之下,只是马拉多纳服用禁药,因此水平要打折扣,马拉多纳被驱逐后,阿队昨日0:2负于保加利亚。

德国队一向实而不华,不过这次不华得离谱,要不是玻利维亚和韩国队经验不足,德国队不一定能赢,将其归入B级,已算是给日耳曼人面子了。

"非洲飞鹰"尼日利亚表现不俗,尼日利亚球员有弹簧一样的柔韧性,打疯起来谁也挡不住,其缺点是踢球不大爱用脑,他们将与老谋深算的意大利队遭遇,恐怕凶多吉少。

C级队伍中藏有悬念,因为世界杯得主在第一阶段往往外圆内方,不露锋芒,可见C级是藏龙卧虎之渊薮,比利时队、意大利队、墨西哥队等都很有希望渐入佳境,脱颖而出。

悬念二:谁是最佳射手?

目前射手榜排名,萨连科以6球高居榜首,此项成绩已平了前四届的金靴纪录,可惜俄罗斯队已打道回府,在进球数明显增加的本届杯赛中,6球之数难保状元之位。

克林斯曼入4球,位列探花,德国队于明天凌晨与比利时队交锋,比利时队防守反击世界一流,克林斯曼能否成为最佳射手,要看德国队的造化了。

罗马里奥最有希望,下战巴西对美国,是唯一没有悬念的赛事,强大的集体将给罗马里奥更多的机会。

阿根廷队在失去灵魂人物马拉多纳后,巴蒂斯图塔和卡尼吉亚难有作为。

瑞典队的达赫林与保加利亚的斯托伊科夫都是进三球,但瑞典队与保加利亚队只是欧洲二流队伍,进入四强的可能性不大,而最佳射手很少出现在四强队伍以外。

当然,不排斥进两球的射手后来居上,既然是悬念世界杯,再出现一个萨连科式的"闪电快刀"亦不足为奇。

悬念三:南美、欧洲何族捧杯?

从16强的对阵形势看,欧洲列强之间即将火拼的赛事有三场:德国与比利时、瑞士与西班牙、荷兰与爱尔兰。六强变三强,欧洲球队中可能有四支入主八强,南美的巴西队和阿根廷队势头正旺,进入八强应该没有问题,从实力方面分析,南美球队捧杯的概率稍大。

悬念将贯穿世界杯始终。

本届世界杯还有很多悬念,比如沙特队能否再进一步,老牌劲旅荷兰队又能走多远?攻势足球与防守反击、力量型与技术型,何者更具威力?18日洛杉矶玫瑰的大结局会告诉我们一切。

1994年7月2日

夏天的第一百个瞬间

西班牙队的21号恩里克在今晨对瑞士队的淘汰赛中继6号费尔南多以后攻入第二球,这恰好是本届杯赛的第100个入球。

下半时第28分钟,西班牙队12号巴尔胡安禁区左侧横向带球,在瑞士队后卫的贴身紧逼下将球带到中路,传给21号恩里克,恩里克右脚停球,通过对方后卫的飞铲,左脚弓推射,皮球从球门左下角滑入。

这个瞬间几乎奠定了西班牙队的胜局,瑞士队还很年轻,虽然技术水平不差,但打逆风球没什么经验,在0∶2落后的势态下,缺少反败为胜的办法,由于倾巢出动,时而还被西班牙队快速反击打得灰头土脸,门将帕斯拜洛扑出了很多险球,并在终场前5分钟无奈之际扑住了西班牙队进攻队员的脚踝被判罚点球。西班牙队11号一蹴而就,西队终以3∶0的优势停止了瑞士队的钟摆。

是役,西班牙队的表现要比小组赛时好得多,他们将于10日与意大利队和尼日利亚队之间的胜者交锋,除非他们将此状态继续,否则无望进四强。

1994年7月3日

血脉偾张的最后一射

对于阿根廷队来说,罗马尼亚队 11 号杜米特雷斯库简直是个魔鬼,开始阿根廷队不意有他,阿队一开场就展开排山倒海的攻势,才 46 秒钟就险些破门。

罗马尼亚队摆下"631 的铁桶"阵式,祭起防守反击的大旗,前锋线上仅吞吐着 11 号杜米特雷斯库这柄快刀,杜米特雷斯库见血封喉,先是在 11 分钟时用任意球破门,被阿根廷队点球扳平后,于 17 分钟时接哈吉右侧斜传,杜氏弯刀半转,又告破门。

阿根廷队在发觉这把比拉杜乔尤还"尤"的快刀时,为时已晚,因为 1∶2 落后的形势逼得他们全线出击,已无暇顾及这名游弋的前锋了。

然而进攻并不是最好的防守,尽管阿队机会不断,但由于罗马尼亚队极识时务,明知技不如人,就极力压缩防守区域,禁区内时常人头攒动,揪着机会便打快速反击,阿队攻守失衡,再次被杜米特雷斯库反击得手,哈吉一记射门使看台上可怜的马拉多纳又打一个寒噤,罗队遂以 3∶1 领先。

雪上加霜的阿根廷队拼命在前场寻找机会,精彩一刻终于出现。下半时 29 分 30 秒时,阿队 13 号卡塞协斯禁区外一记劲射,罗队门将普鲁内亚扑球脱手,19 号巴尔博奋勇抢进,脚起球落,将比分追成 2∶3。

意大利裁判佩雷托明显偏向欧洲强队,加上比分落后的阿根廷队军心不稳,阿队惨遭淘汰。巴尔博血脉偾张的最后一射将成为阿根廷人在本届杯赛中留给世人的终结记忆。

1994 年 7 月 4 日

雷电战士

卫冕的德国队日前采用了一种雷雨训练法以振奋士气,福格茨在一次雷雨中召开队务会。事后,队长马特乌斯说:"他讲话十分大声,像雨声一样,发聋振聩。"

雷雨的效果在昨日德比之战中出现了,碰巧芝加哥下雨,雨点落在战士体育场漩涡状的草坪上,洗清了德国队员因前段日子全队表现差而出现的各执一词、相互抱怨的混乱局面,全队士气高昂,配合水乳交融,结果以3∶2获一胜,率先进入八强。

暂且不提主教练福格茨如何巧布奇兵,妙用沃勒尔,单是其消除队内分歧的领导艺术就值得分析借鉴。德国队前两场大失水准的表现令德国队员自身都感到无法忍受,许多人纷纷向福格茨发难。这位当年被称为"战士"的国家队后卫出身的主教练这样说:"眼下我们的主要任务是以更好的状态去参加比赛,而不是到处寻找火源。"当后卫贝特霍尔德指责德国队在他的领导下变得一团糟时,他说他十分感谢这番话,并希望所有队员理解此话的真正含义后产生更为强烈的责任感。然后,他像军人一样在雷雨中召开了队务会,德国人本来就有军人气质,一下子变得气势如虹起来。

面对压力因势利导,面对指责嘲讽表现出大将风度,这是福格茨的领导艺术,领导艺术加上指挥布阵的才能使德国队终于走出低谷。德国队一旦众志成城,便如同豪华赛车配上了一流赛车手,前途如何,可想而知。

1994年7月4日

巴西人终于走运

美国人在其国庆之日迎战实力卓绝的巴西队,队员们各着一袭国旗条纹的球衫,斗志冲天,仿佛要借其昌盛之国运斩巴西队一刀。

1.5亿双国民的眼睛在巴西队身上聚焦,队员们焦急地施展着各自球技。

可怕的是球运不佳!两次射中立柱,一次面对空门施射被美国队后卫托马斯救出,还有许多次的高出、偏出、被扑出。球迷们开始紧张起来,巴西人视足球为宗教,美国人则视之为无物,倘若巴西队摆不平美国队,那还叫什么世界杯?

巴西队16号莱昂纳多因一次很不值得的犯规被红牌罚下,0∶0的僵局直到上半时结束还未打破!

下半时第29分钟,罗马里奥中圈弧附近得球,晃动着身躯带球前进,在对方四名队员的包抄下突围,将球传至右路,贝贝托快速接应,切入禁区后右脚弓推射,皮球避过对方后卫差之毫厘的飞铲,在米奥拉鱼跃侧扑的咫尺之地擦着立柱滚入网窝。

巴西队终于"走运",且走进的是以"大饼"对"油条"的幸运之门!

1994年7月5日

谁是阿根廷队的掘墓人

上届世界杯,阿根廷队以十分讨人嫌的铁桶式密集防守保平,然后图点球决战取胜,居然一路醉拳,打进了决赛。特别让人不能接受的是他们在1/8决赛中就凭全场一次反击而淘汰了小组赛三战皆捷的巴西队。

阿根廷队在本届杯赛上却如脱胎换骨一般,大打攻势足球,受到了球迷的欢迎和尊重。然而,命运和他们开了个玩笑,当年巴西队的不幸降临到他们自己身上,昨日,他们像当年淘汰巴西队一样被坚持打防守反击的罗马尼亚队淘汰。

攻势足球再一次受挫于防守反击,但攻势足球本身并没有错,阿根廷队之所以失败,关键在于两个人物。

第一个人物是马拉多纳。马拉多纳因服用禁药被开除出队后,阿根廷队一下失去了精神领袖和技术中坚。巴蒂斯图塔和巴尔博虽然也有妙手偶得之处,但总像绿水失去青山的依托,形不成气势,且整体攻守失衡。马拉多纳的缺席对阿根廷队来说,灾难程度与哥伦比亚的艾斯克巴尔将球踢进自家球门差不多。

第二个人物是罗马尼亚队的杜米特雷斯库。当阿根廷队为拉度乔尤被禁赛而窃喜时,杜氏横空出世,杜氏速度惊人、招法狠辣且无名一身轻,阿根廷队实在不意有他,结果所失三球皆拜其所赐。

马拉多纳之缺席是阿根廷队兵败的内在因素,而杜米特雷斯库的出现为外因,那么到底谁是阿根廷队真正的掘墓人呢?

1994年7月5日

雄鹰飞不过亚平宁

如果尼日利亚队的对手是爱尔兰队或者是瑞士队的话,他们能将1∶0的优势保持88分钟,则必可获胜。可惜今天他们遭遇的是有百年足球底蕴的意大利队,相比之下,非洲雄鹰的翅膀是嫩了点,嫩得飞不过维苏威火山,飞不过亚平宁半岛。

意大利队仍像前几场比赛一样捉襟见肘地运转,进攻平淡无奇,防守偶有漏洞,很让观众费神。如此,很自然地先失了一球。

意大利队之所以受人尊敬,是因为他们失球后还不至于焦急得方寸大乱,除了主教练萨基在场外大叫大喊外,球员们基本上还能保持风度,进退相宜。

虽然属全攻全守派,但意队还保留祖宗秘传之混凝土防守体系的痕迹,失球后没有再失球是他们区别于比利时、阿根廷等队的地方,这也使他们在终场哨起之前,始终保有一线生机。

一线生机终于化作一朵莲花,使意大利队起死回生,这依赖于球星的作用。罗伯特·巴乔始显露英雄本色,于终场前两分钟时,攻入一球。球星在关键时刻往往可以扭转乾坤,意大利队正是因此而得到加时赛的机会。

尼日利亚青年显然是没有世界杯的经验,他们在不太需要犯规的时候竟然也去触犯天条,结果被巴乔罚点球命中。帕柳卡领一张红牌换来少失一球,而尼日利亚队员没什么好处却多丢一球,这就是意尼两队在经验上的差距。

雄鹰固然朝气蓬勃,但有时也会迷失在晨雾里。

1994年7月6日

疑云仍重，青山渐露

昨日清晨，保加利亚队点球大战险胜墨西哥，第15届世界杯八强至此全部产生。除了罗马尼亚队凭借快速反击"造反"成功以外，美国、尼日利亚、沙特等后起之秀毕竟稍逊风骚，"打倒列强分田地"的美好愿望皆成泡影。

强队还是那个强队

德国队在1/8决赛中的表现与前阶段判若两队，虽然仅以微弱优势淘汰比利时，但在场上招招抢占先机、时时处于主动，非强队不能为。

荷兰队在"两兰之战"中终于"抬望眼，仰天长啸"，剑客们步履轻灵、剑走龙蛇，核战术打法的攻击力非爱尔兰队可挡。

巴西队在美国独立日小胜美国，皆因美国队红运当头，如果照平常日的实力对比，巴西队只要运气稍好一点，直落美国一个3∶0不算不客气。

意大利队最终反败为胜打发尼日利亚队走路，全仗老牌足球帝国的底气。这种底气从雄厚深远的足球基础和非凡的世界杯经历中得来，冰冻三尺，非一日之寒，绝非初出茅庐的尼日利亚后生能化得开。从表面上看，这场球是意大利队死里逃生，但根子里透着的是意大利队获胜的必然。

谁有王者之风？

世界杯纵然疑云千重，至今也已渐露端倪。现在是预测冠军的时候了，世界杯冠军从滚滚红尘中走来,一路过关斩将、傲视群雄,必有王者之风。

王者之风一:力拔山兮气盖世。

此风巴西队尤甚。巴西队在本届杯赛上一枝独秀,从轻取俄罗斯、喀麦隆到力克东道主,罗马里奥与贝贝托交相辉映,气象万千,论实力技术,应该首推巴西队。

王者之风二:泰山崩于前而色不变。

意志是日耳曼人的优势。德国队好像是一支永远令人胆寒的队伍,尽管踢不出多少华丽,但始终坚定若磐石,处变不惊、临危不惧,所以他能够屡次打进决赛。论心理素质,德国队当列第一,况且德前锋克林斯曼和老将沃勒尔的攻击力也相当大,克林斯曼场场都有进球,于对手而言,无疑是一大灾星。

王者之风三:百炼成钢,忍者无敌。

意大利队无论在本届世界杯的预选赛,还是决赛阶段小组循环赛,16强淘汰赛中都接受了血与火的洗礼,从困境中走出的球队往往表现出一种心灵的强大,而这种强大一旦汇入原本不差的技战术中,常会使球队升华。所谓"百炼成钢,忍者无敌",意大利队会不会正中此言呢?

1994 年 7 月 7 日

世界杯三大剧情设计

世界杯是大手笔写出的大文章,自然不落俗套,对于其神秘缥缈的大结局,世人莫衷一是,争夺四强席位的战争今晚开始,笔者班门弄斧,"隆重"推出世界杯三大剧情设计,权当做回在晴朗天空下的追梦人。

一、挡不住的桑巴风情

世界杯至此,已几成欧洲杯,八强中欧洲队占得七席,偌大一个南美,唯巴西老大一人独力擎天。巴西队已将大量欧洲力量派的风格融入其酽酽的桑巴风情中,盘带少了,枝节少了,攻守转换潮起潮落,虽然处于欧洲球队的包围之中,但只要不为盛名所累,发挥出正常水平,对荷兰一役胜算颇大。荷兰队的进攻过多依赖柯曼的组织,柯曼还要经常插上助攻,后防是薄弱一环。以罗马里奥之犀利攻其所不备,荷兰队几无可抵。巴西队的桑巴风情舞得荷兰风车晕头转向以后,在半决赛中对付罗马尼亚与瑞典队的胜者就比较容易了。巴西队接受了南美副帅阿根廷败于防守反击的现实之后,不会重蹈覆辙,巴西队还有对美国队得势难得分的教训,巴西队员将摒弃花蝴蝶般的个人表演,代之以快速的一次触球与整体配合。

巴西队在决赛中与德国队相遇,这是两支从来没有在世界杯决赛阶段遭遇的球队,此战是真正意义的世纪之战,或许在本世纪他们仅此一次邂逅,巴西队至此已经势不可当了,1∶0,2∶1,3∶2,总之,他们要赢德国队一个球。

二、夺标热门无地自容

巴西队固然强大,但正如巴西队员所言,1.5亿国民即是1.5亿教练,可见巴西队所受压力也是无与伦比。荷兰队前阶段表现平平，但据技术统计显示，荷兰队在前四场比赛中共射门80次，是最富有进攻性的球队。如果博格坎普睡狮猛醒，而罗马里奥与贝贝托不堪重负的话，荷兰队战胜巴西队则又成为可能。

德国队胜保加利亚容易，胜西班牙难，西班牙队依靠混凝土式的坚固防守和效率极高的反击，以3∶0灭了瑞士队，西班牙队有很好的反越位经验和很好的门将苏比萨雷塔，作为小组赛的老对手，西班牙队反戈一击战胜德国队，也不算是冷门。

有谁想过西班牙队与荷兰队在决赛中相遇？有谁想过他们令夺标热门德国队和巴西队无地自容？但足球就是这样，他给任何有料的球队以机会，让一切成为可能。

三、到哪里找这么好的队

"这么好的队"指意大利，也许很多人会对这个说法感到惊诧，有一点可以辅证：意大利队全员没有一个不是千锤百炼的一流好手。历史有惊人的相似，谁能肯定今天的意大利队不会重演12年前的历史？外电在分析意大利的前景时基本上采取了谨慎的态度："不要小看了萨基。更不要小看了意队的潜力。"

辛诺里还没有作为，罗·巴乔初露峥嵘，据说巴雷西又可以上阵了，还有马萨罗和迪诺·巴乔，如果意大利队夺冠，他们将是一等功臣。

当世界杯结束之时，我们必然可以看到一条贯穿在冠军队伍身上的主线，这条主线事实上现在已经在悄悄铺展，只是我们无法精确无误地在千丝万缕中捉住它而已。为此，大范围地设计了此三大剧情，希望有幸能包容此线。

1994年7月9日

幽幽蓝光　再次闪耀

意大利蓝衫之旅今晨以 2∶1 淘汰了西班牙队，率先进入四强。忽明忽暗的蓝色之光再一次被拨亮，意队的迪诺·巴乔和罗伯特·巴乔充当了光明左右使。

光明左使——迪诺·巴乔

迪诺在上半时 25 分钟时接队友多纳多尼的妙传，于球门 20 多米远处起脚大力施射，西队门将苏比萨雷塔猝不及防，球挂远角。这次成功的突袭发生在左路。

光明右使——罗伯特·巴乔

下半时 13 分钟时，西队前锋在意队禁区前沿巧妙传递，结果由卡米内罗将比分追平。僵局直至终场前四分钟，眼看又要打艰苦的加时赛了，意大利打了一次反击，辛诺里在对方后卫的紧逼下勉强将球传出，罗伯特在右路得球，"马尾巴"一甩，神驹过隙突入禁区，盘过门将，小角度劲射，西队后卫赶紧补位，无奈为时已晚，咫尺之遥，球飞网底。

意队的幽幽蓝光，再次被巴乔拨亮，终于一扫头顶笼罩的阴霾，守得云开见云明。

1994 年 7 月 10 日

世界杯裁判问题

国际足联赋予裁判至尊无上的场上权威,即使是事后录像证实裁判失误亦不可能改变比赛结果。经过严格筛选的绿茵法官们抖擞精神、粉墨登场,由于本届杯赛对犯规动作的严格判罚规定和阿维兰热宁枉勿纵的告诫,他们便满不迭地掏牌。

至今日凌晨,裁判们已累计掏了将近 200 张黄牌,红牌数也很可观。裁判们的雷厉风行固然可以起到惩治违倒、阻吓故意犯规的作用,但其中一些吹毛求疵的判罚常令球员们因小事化大、"轻罚重判"而叫苦喊冤。揭幕战时玻队 10 号埃切维里上场不足 4 分钟即被罚下,而通常像他这种犯规最多只是受到警告;意大利对尼日利亚一役,意队 21 号左拉仅因一个踩球动作而被墨西哥裁判卡特示红牌驱逐出场,而此前他被尼队后卫绊倒,卡特却视而不见。这样,身为意大利联赛优秀射手之一的左拉在本届杯赛上也只打了几分钟。

相反,裁判们有时对原则问题把握不住,该判不判则使一些队伍无辜蒙难。在德比生死之战中,比队 17 号韦伯突入德队禁区被德队两名队员合力绊倒,瑞士籍裁判罗特里斯伯格仍示意比赛照常进行,失去一次点球机会的比利时队终以 2∶3 饮恨,阿根廷与罗马尼亚争锋,意大利裁判佩雷托对罗马尼亚队表现出超乎寻常的宽容,该判点球的却判任意球,该驱逐出场的也只是掏黄牌意思意思,结果阿根廷队也是 2∶3 痛别世界杯。

有消息说国际足联已经买了机票给上述两名裁判,叫他们回家,然而比利时与阿根廷的损失是永远无法挽回了。世界杯进入最后决战,生死争夺的裁判们究竟还会有多少误判漏判呢?

1994 年 7 月 10 日

戏剧足球

罗马尼亚与瑞典的战役是让许多行家不敢轻易预言的赛事。

罗队教练约尔德内斯库说的一句不算预言的预言倒一言中的——哪个队的球星表现好,哪个队就获胜。

瑞典队的球星布罗林表现上佳。

他在下半时 34 分钟瑞典队罚任意球时,忽然从防守人墙中闪出,接过 18 号米尔德的传球,近门施射,先拔头筹。这是一个隐蔽性很强的战术任意球。

拉杜乔尤也不是省油的灯。

他在终场前罗马尼亚大势已去之际,像一团火苗滚入禁区,捡过哈吉射在人墙上向里弹的任意球,脚起球落,挽狂澜于既倒。

加时赛 10 分钟,拉杜桥尤在瑞典队禁区前沿得球,张弓搭箭,一矢中的,罗队 2∶1 反超。

加时赛 24 分钟,瑞典队 2 号尼尔松右路大脚斜传,身高 1 米 93 的 19 号安德松跃起抢点,扶大厦之将倾。

这是一幕足球戏剧。

最终瑞典队凭借门将拉韦利的两次扑救以 7∶6 的总比分战胜了罗马尼亚队,侥幸搭上了四强赛的末班车。

足球的戏剧性绝不仅仅体现在精彩一刻,它微妙地贯穿了赛事始终。

1994 年 7 月 11 日

浪峰骄子

本届世界杯赛的高进球率是历届世界杯赛中所罕见的，各队都极重视进攻，如惊涛拍岸，卷起千堆雪，进攻的波涛中涌动着像克林斯曼、罗马里奥这样的浪峰骄子。他们中有一些是很有前途的新人，像俄罗斯队年仅24岁的萨连科、阿根廷队的巴蒂斯图塔、罗马尼亚队的杜米特雷斯库等，他们年轻且前程不可限量。

而在巴西、德国、意大利这样的老牌劲旅中，老将在进攻的浪峰上占据了统治地位。罗马里奥28岁，贝贝托年届而立；克林斯曼29岁，弗尔勒尔34岁；罗伯特·巴乔27岁，马萨罗33岁……足球这种讲究技术与配合的集体体育项目，少不了有经验的球员，像罗马里奥和贝贝托这样成熟的黄金搭档，是在时间的考验和实践的淬炼中不断完美的。

即使是崭露头角的新人，在他们的身后也少不了富有经验和远见的传递，巴蒂斯图塔离开了马拉多纳便无所作为，更难以想象杜米特雷斯库离开了哈吉还会有多少机会。

可见，经验与技术就像浪峰骄子的左右脚，使他们得以驰骋，而经验不足的新人在得到整体的烘托和球星的援手之后，也可以充一回"浪里白条"。

攻势足球将哺育出更多的浪峰骄子，他们不再是原来意义的"射门机器"，他们应该有头脑、有技术、有直接或间接的经验和捕捉机会的灵性，他们掀起的滔滔巨浪将与看台欢呼的人浪遥相呼应。

1994年7月11日

傲慢与偏见

德国人没能进入四强已经可以算是一个冷门,而冷门中之尤其冰凉者,是一向不大被人正眼看的保加利亚队,居然成了日耳曼战车的颠覆者。

德意志人因为意志出类拔萃而自始至终洋溢着傲慢情绪,这种傲慢在克林斯曼与沃勒尔双剑合璧力斩比利时队后达到高潮。

论名气,德国队名将如云,而保加利亚队仅霹雳火斯托伊奇科夫一"夫"当关;论实力,德国队开赛以来保持不败,而保加利亚队一出场就让尼日利亚直落一个3∶0;即便是论感觉,也很少有人垂青保加利亚。

包括笔者在内的众多球迷赛前都认为,保加利亚纵然在日耳曼战车的前进路上栽下千朵玫瑰,也将被拔去999朵,刺破车轮那是休想,为德军壮行倒有可能。

这是一种偏见,事实让我们大跌眼镜。

现在事后诸葛亮分析一下,德国队讲求实效但缺乏创新,小组赛大比分领先也差点被韩国队追上,而保加利亚队4∶0胜希腊,尤其是2∶0胜阿根廷,也是有真材实料的。为什么一开始就机械地给他们划分胜负呢?应该承认,如雷贯耳的"德国队不可战胜论"蒙蔽了很多人,更严重的是蒙蔽了德国队自己。在马特乌斯罚进点球之后,他们还没有意识到危险已经来临,结果不到三分钟,一切的心理平衡都被莱契科夫的光头击破。

是役,德国队技战术发挥并不差,傲慢使他们落败。球迷的眼光雪亮,但偏见使其蒙雾,但愿傲慢与偏见不要进入半决赛。

1994年7月12日

动人的 3 分钟

保加利亚在战胜德国队之后突然野心勃勃起来,他们扬言要打败第三个世界冠军——意大利队,从这个角度看,一支没有希望夺冠的队伍把目标定为"杀王"也是一个不错的选择。

无奈世界足球先生罗伯特·巴乔光芒再现,仅5分钟的才华展露便给保加利亚队挂了一个"游客止步"的牌牌。

上半时第20分钟,巴乔在禁区左侧得球,晃过保队后卫,横向带球,奔至禁区前沿,里脚背抽射,一记香蕉球应运而生,先拔一寨。

时间刚过去5分钟不到,意大利队11号阿尔贝蒂尼直传空当,巴乔一个箭步插上,想都没想,右脚凌空一击,又是一个小角度破门。意大利球迷欢腾了,他们看到的是一支状态越来越佳的意大利队,一个越来越挥洒自如、游刃有余的罗伯特·巴乔。

巴乔作为足球先生而应有的风采在本场战役中表现得淋漓尽致,以巴乔为代表的球员素质全方位复苏使意大利队离冠军宝座更近一步,足球先生的5分钟价值连城。

1994 年 7 月 14 日

足球帝国与足球先生

世界足球先生罗伯托·巴乔是一座不死的火山,沉默良久、爆发是金,在今天凌晨与保加利亚队的半决赛中,他只用了5分钟就把意大利队送到了玫瑰碗决赛场。

巴乔在上半时第20分钟和第25分钟独进两球,从而奠定了意大利队的胜局,终场哨起,巴乔著名的像地中海一样深邃、幽蓝的眼中噙满了泪光,被他感动的何止是一个意大利!

在此之前,巴乔的眼神一直很忧郁,他是带着平平的状态来到美国的。在0:1负于爱尔兰队之后,几乎所有的矛头都指向他和主教练萨基,尽管他在与尼日利亚队的交锋中拯救了意大利,仍有人怀疑是昙花一现。而今天,巴乔以实际行动证明了他的足球天才,用萨基的话说,他打进了只有世界冠军才能打进的球。

巴乔还将有所作为。

巴乔是足球帝国培养出的足球先生,那么,为什么意大利总可以像生产菲亚特一样生产出英雄人物来呢?1982年出了罗西,1990年出了斯基拉奇,今天又出了巴乔?难道足球帝国真的有一条英雄流水线?

意大利人是一个感情起伏、性格外向的民族,也是一个被古罗马的文明和文艺复兴的光辉照亮的富有想象力和创造力的民族,激情和优雅使他们选择了足球,足球在意大利所拥有的万众痴迷和有条有理的状态是任何国家都无法比拟的,巴西比之意大利,也显痴迷有余、条理不足。意大利足球的深厚底蕴和博大氛围自然而然地哺育了万千球星,而球星中的球星则成为英雄。

意大利创造了英雄,而英雄往往在关键时刻拯救意大利,事情就是这样简单。

1994 年 7 月 14 日

北欧大雪飘东欧

第三名的争夺,很多人看好保加利亚,因为他有几乎可以涉足金靴的射手斯托伊奇科夫及另一名与老斯一起入选全明星阵容的中场奇才巴拉科夫,更因为保加利亚拥有一片能够覆盖茫茫德意志的辽阔天空。

然而今天凌晨,东欧的天空下起了北欧的雪,瑞典的强豪们挟着斯堪的纳维亚凛冽的劲风在上半时踢进了所有应该踢进的球,保加利亚队在冷战中过了一个夏天里的冬季。

小雪:第8分钟,瑞典队8号英格森右路快速下底传中,保队门将米哈伊洛夫只封前角,皮球过顶,首尾不能兼顾,那边布罗林早已跃起抢点中的。

大雪:第30分钟,布罗林在前场被对手绊倒,裁判示意间接任意球。布罗林站起,保队5号库布契夫还按了一下他的头,却不知此刻已是图穷匕见,杀机立显。布罗林人都没站直,球已经防不胜防地传出去了,18号米尔德心领神会,插上后外脚背垫射,球擦右侧立柱入网。

小寒:第36分钟,布罗林中场往前喂球给7号拉尔松,拉尔松挺进中原,晃过米哈伊洛夫,从容将球打进。

大寒:第38分钟,瑞队6号施瓦茨左路45度大脚斜传,身高1米93的安德森在12码附近拔地而起,高度已盖过弃门扑出的米哈伊洛夫的双手,安德森头球破门,这是他在本届杯赛打进的第五个球,也是瑞典队在本届杯赛中的压轴之作。

1994年7月17日

第四名心情

世界杯第三名的争夺战很有点"鸡肋之战"的意思,争夺一个嚼之无味、弃之可惜的季军之位,像是给半决赛中不幸落马的球队一个安慰奖。

保加利亚队不是十分渴求这个安慰奖,他们在1∶2负于意大利后,始终还有一种悻悻的情绪,对于法国裁判可能因保队在预选赛中淘汰法国而怀恨在心、漏判点球的事,保加利亚球员一直耿耿于怀,斯托伊奇科夫甚至说:"上帝是保加利亚人,但裁判是法国人,所以我们输了。"

保加利亚队的潜意识里还有一种不平衡,在与意队的半决赛中,7.6万观众是意大利的拥趸,而保加利亚旗下的只有区区400之数。保加利亚球员都明白这是国情差别,不能怪谁,他们嘴上没说,只是以吃喝玩乐的方式寻求心理平衡。

不幸的是保加利亚队将这两种消极的心情带进赛场,除了斯托伊奇科夫为了金靴之位而有一搏之外,其他球员根本不在状态。色彩鲜明的快速反击没有了,相对稳定的中场不见了,后卫线的抗冲击力消失了,0∶4——整个的一败涂地。

保加利亚队刚刚有两名队员(斯托伊奇科夫和巴拉科夫)入选国际足联技术研究小组评选的全明星最佳阵容,竟如此大比分地负于瑞典,是大多数人无法预料到的,消极情绪的影响可谓大矣。

保加利亚队的一个"斯基"和21个"夫"将带着落魄黑马的心情回国去,尽管可能有很多乡亲挥舞着玫瑰迎接他们,但他们免不了有一点点伤心。

1994年7月17日

最后的玫瑰谁能采——写在94世界杯决赛之前

两支最有资格争夺冠军的球队进入了本届世界杯的决赛,巴西与意大利——两个众望所归的名字、两个三届世界杯的得主。他们都视足球为"我的亲爱"。18日,在洛杉矶玫瑰碗,他们像两个互不相容而又惺惺相惜的情敌,对峙、拔剑、铿然交手。为最后的玫瑰,他们已各铺了一条情浓似火的采撷之路。

巴西队明修栈道,一往无前

巴西队所在的B组曾经被称作"死亡之组",但巴西队一亮相即以2∶0轻取俄罗斯,顺势回马一枪,3∶0搠倒喀麦隆。后卫莱昂纳多和尤金尼奥的表现使球迷眼光发亮,原来巴西队防守亦佳!巴西队在稳获出线的势态下与瑞典队打成1∶1平。

出线第一战适逢美国独立日,面对东道主的顽强阻击,罗马里奥与贝贝托的黄金组合再现无坚不摧的上乘功力,一球小胜入八强。

然后,巴队遇到了开赛以来最强对手,与荷兰一役被视作"冠军的前哨战",罗马里奥与贝贝托幻影游动、神出鬼没,先入两球。荷队猝起反击追平,老将布兰科最终以一记"世界任意波"为巴队跨越雄关。巴队在半决赛中再遇瑞典队,遂不再客气,狂轰滥炸,偶有一得,1∶0胜晋级决赛。

意大利队暗度陈仓，步步为营

意队出师不利，遇爱尔兰先折一阵，背水一战艰难地赢了挪威，与墨西哥一役先胜后平，跌跌撞撞地从小组出线。出线即遇非洲新军尼日利亚，被当头一击，好在罗·巴乔临危不乱，入两球反败为胜。接着遇西班牙，西队犀利无比，意队攻势少但质量高，两巴乔各领风骚半场，2∶1险胜。

半决赛幸运地避开了德国队，碰到黑马保加利亚队，罗·巴乔大面积地显山露水，5分钟连进两球，意队也进了玫瑰碗！

最后的玫瑰谁能采？

如此，明暗两条线同时延伸到了洛杉矶玫瑰碗，那么，谁能采到最后的玫瑰呢？以过程论，若巴西获胜，可以写一本胜战论，而意大利队折桂，则只能写一部历险记。时已至此，已经没有必要再设计多种剧情了，笔者认为，意大利将胜利出版《意大利队历险记》。

理由一：从明暗两条线的走势看，巴西队的明线越走越显局促，尤其是在1/8决赛对美国时，差点出现停顿，而意大利队的暗线于山重水复处见柳暗花明，竟然鬼使神差地避过德国队，到了半决赛时，大有豁然开朗的感觉。

理由二：罗·巴乔英雄素质全方位地复苏和马尔蒂尼顶替巴雷西以后的上佳表现带动整个意大利队进入状态，意大利队乃名将之师，辛诺里、卡西拉奇等尚无斩获，或许在最后一战于乱云飞渡中终显从容。

理由三：罗马里奥与贝贝托的组合似乎成了巴队永远的锋线，但纵使罗马里奥多变如魔术师，也没有变不完的法门。巴队的中场是个问题，正如佩雷拉所言：拉易的表现将影响全队，而拉易至今仍不见昔日风采。兵法云：一鼓作气、再而衰、三而竭。巴队从小组赛所向披靡到对美国、对瑞典时久攻不下，尽管终以实力优势取胜，但心理上必生桎梏。

"玫瑰战"将是灿烂之战,也许上帝会将点球决战安排上,如到那时,谁负谁胜出,只有天知晓了。

1994 年 7 月 16 日

一个只好放弃的问题

这是我所见过的最艰苦的冠军争夺战,巴西队令人胆战心惊的进攻和意大利队每每化险为夷、时时反戈一击的画面一直充斥在脑海,好运没能伴随亚平宁男儿到永远。终于,巴乔和巴雷西两个意大利最好的球星踢飞了两个"世纪点球"。

巴西队夺得四冠王,他们的技术令人敬仰,而最令人钦佩的是重压之下尚有勇夫,在"不成功、便成仁"的环境中他们能够赢得成功。

巴西队能在欧洲球队七军会首的八强战中独占鳌头,除了最后的运气之外,实力是获胜的主要因素。巴西队的成功使"南美强还是欧洲强"的问题变得异常尴尬。

按理说,八强赛几成欧洲杯,应该是欧洲强,但偏偏巴西队一鹤冲天,使得南美与欧洲捧杯的次数变成8∶7,好像又是南美强了。

我们只能放弃这个问题,只能说足球的重心在欧洲,因为即使是罗马里奥和贝贝托,也只是西班牙两大俱乐部的雇员。南美球员凭借天赋的身体条件在欧洲列强的斗争中磨炼成熟,然后在北美洲捧杯——就是这样一个故事,可能这样的情节还要再次演绎下去,但终究改变不了世界足球运动的重心。

巴西的股票要涨了,巴西队的获胜成了南美股市的一大利多消息。我们实指望巴西的经济能够腾飞,因为只有这样,足球的重心才有横跨大西洋的可能。

1994年7月18日

在荡气回肠的悲喜中走向明天——1994年美国世界杯综述

不知道今晨彗星有没有撞上木星,反正在美国地面上已经有星球相撞了,巴西和意大利在120分钟激战后点球大碰撞所飞扬的尘埃将永远滞留在世界球迷的心间。意大利两名最好的球员踢飞了点球,我深深地为之惋惜。"四冠王"的争夺太残酷了,1990年巴西落败后,那位在镜头前啜泣的巴西姑娘的形象还未从记忆中抹去,我们又看到了意大利少女纵横的清泪。

但是,足球正是在这种荡气回肠的悲喜中走向明天,本届世界杯是成功的,因为回首52场往事,我们发现了这几个动人之处。

前锋的新思维

决战是罗伯特·巴乔和罗马里奥的决战,小组赛已可以说是前锋的小组赛,本届杯赛平均每场进球2.71个,正如德国队著名前锋克林斯曼所说:"不同于1990年意大利世界杯,本届杯赛可以说是前锋们的世界杯赛。"

在四强中,各有一名进球5个以上的杰出锋将,这是一个前锋将成为中心的进攻觉醒年代。锋将们除了进攻别无选择,罗马里奥在前场得不到球时,就必须自力更生亲自到中场找球。

罗马里奥和贝贝托、克林斯曼和沃勒尔是前锋之间精诚合作的样板,而罗伯特·巴乔常给进球涂上英雄主义的色彩,杜米特雷斯库与哈吉、巴蒂斯图塔与马拉多纳、达赫林与布罗林之间则是中场天才托起锋线尖刀的典范。战争的过程说明,前锋必须要有创造力。否则,只有靠灵魂人物的支持和配合才可能有神来之笔。

世界杯结束了,领略了实践真知的锋将们一定会有感觉:"射门机器"的称谓已经过时了。于是,前锋们各自涌动新的思考。

防守反击新概念

罗马尼亚队靠防守反击淘汰了阿根廷队,意大利队屡屡用防守反击而虎口脱险,防守反击成为无法回避的新时尚,但是注入了新概念的防守反击和上届阿根廷队那种"老虎不出洞,出洞就揩油,占不到便宜就拖延时间打点球的赖皮打法"有天壤之别。

"为进攻而防守,为防守而反击,防守时欲达则不速,反击时则飞奔至前线"是新概念防守的主题歌,防守反击并非弱队的专利,西班牙人以其金刚之身摆出这种传统意义上的弱者之阵,以 3∶0 大胜瑞士队很能说明问题。意大利队尽管在决赛中最终因为点球而折戟沉沙,但他们仍然是新概念防守反击的受益者,事实证明只有意大利这种千锤百炼过的看家盾牌才能抵挡几乎无坚不摧的巴西之矛。意大利队在进攻上处于劣势,但他们果断地将防线推至中场,然后在中场发动反击,巴乔因此两次获得得分机会,只是运气差了那么一点。

艺术足球的新生

巴西队赋予艺术足球新的生命,佩雷拉说:"所谓的艺术足球就是化险为夷转逆境为顺途,就是在看似不可能的情况下创造机会最终破门得分。"巴西队这样去做了,于是他们获得了 24 年来久违的伟大胜利。

一支有望获得"踢法最漂亮球队"称号的队伍获得了世界杯,可以说是世界杯历史上罕见的两全其美,发动第一次足球革命的匈牙利人和开创全攻全守新时代的荷兰人都没能染指金杯,而艺术足球的革新派们竟美梦成真,或许这回上帝真的被感动了吧?

1994 年 7 月 18 日

1990 意大利世界杯

Italy 1990

当青春年华遭遇意大利之夏——写在卡塔尔世界杯之前

1990年,我还在温州大学读书,学生时代给《球迷》和《足球》投稿,发表一些短评,赚一点零花钱。暑期在自家小工厂搭空气开关,也是为了赚钱。到上海和杭州考察,顺便带万宝路和健牌香烟去卖,还是为了赚钱。我的大学是如此的社会,现在想来除了没有好好读书,其他真没有虚度啊。1990年世界杯是我在大学期间看到的唯一一次世界杯,也是我第一次开始以专业球迷角度彻头彻尾看的世界杯,可惜因为年代久远,那些发表的和没发表的写在纸上的球评都找不到了。

1990年,现任国际足联主席因凡蒂诺也在读大学,他应该也是1988年上的大学,在大学期间,年轻的因凡蒂诺通过勤工俭学解决了自己在弗莱堡大学学习法律的所有学杂费。出于对足球的热爱,因凡蒂诺在大学期间还曾参加过瑞士第四级联赛,他担任过校队的右前锋,在一次代表学校的比赛中,他一人独进两球,一球是沿边路进攻,晃过对方防守队员起脚射门;另一球是在禁区葫芦顶附近偷袭成功,这是他作为一名球员在球场上取得的最高成就。看来人家的青春也没有虚度啊。当意大利1990世界杯开幕之际,意大利超模的裙裾飞扬起来的时候,有两束共同落在名模身上的眼光,那是东方的我和西方的"因"。

说说那届我还记得的场景吧,揭幕战马拉多纳射失点球,0∶1负于喀麦隆。决赛,阿根廷被德国队射中点球1球饮恨。16晋8,巴西队压着阿根廷打,马拉多纳用一秒钟的才华妙传卡尼吉亚,卡尼吉亚破门,阿根廷1∶0淘汰巴西。29年后,我到达布宜诺斯艾利斯博卡青年队主场,我在《平路易行》中写道:"在博卡对面的横街上推开一扇半掩的门,是一个老式的足球酒吧,还有一个小舞台,上面有张旧沙发,旁边挂了一些小灯和一溜儿的世界各地俱乐部小旗,有皇马的也有AC米兰的,仿佛往那旧沙发一坐,就可以穿越回20世纪90年代……1990年世界杯,阿根廷淘汰巴西,这里一定狂欢过;而后被德国夺走冠军,这里一定悲伤过,没有什么是一顿烤肉过不去的,要是过不去,就两顿!门外不远的马拉多纳曾经走过这里,还有他最好的伙伴卡尼吉亚,风吹起他金色的长发,阿根廷的狂喜与忧郁都在这些交杂着的蓝色与黄色里,推开门出去,这里的春天依然寒冷,南半球午后的阳光落在身上,仍然带着20世纪90年代的温暖。"

阿根廷队参加的这两场淘汰赛给我印象最深。写以上文字的时候,我在布宜诺斯艾利斯的希尔顿酒店,就这么流淌着回忆写了出来,被读者朋友谬赞为南美魔幻现实的风格。1990年我其实是巴西队的粉丝,我对阿根廷队这种机会主义的打法嗤之以鼻,当巴西被淘汰的时候,我在温州市荷花路简陋的卧室里一声叹息,那是我第一次感受胜负游戏的不可预知和足球世界的无常。我想因凡蒂诺也应该看了这场比赛,也许他会暗暗高兴,他在拥有广阔德语区的瑞士出生,当然更希望德国队获胜,德国队特别愿意和揭幕战就输给喀麦隆的阿根廷队交战而免去与如日中天的桑巴足球硬刚。

意大利1990是当今足坛的前传,从国际足联的主席到如今叱咤足坛的功勋教练,当年都是英雄汉。我们熟知的马拉多纳、克林斯曼、巴斯滕、里杰卡尔德、科曼……当年都是当打的球员,如今都是上古大神。以38岁20天的年纪,喀麦隆队的米拉大叔成为世界杯历史上最年长的进球者,他从玩火的哥伦比亚门将伊基塔脚下断球,打进了这个堪称传奇的进球,他的纪录C罗也很难超越。在今晨的世界杯预选赛欧洲区附加赛中,葡萄牙最终3∶1战胜土耳其获得了与北马其顿的决赛权,哪怕C罗还能在卡塔尔为葡萄牙队进球,37岁半的他要打破米拉大叔的世界杯最年长进球者纪录还需要再熬一届,熬到2026年美加墨世界杯。

1990年意大利之夏东道主出现了一个为1990年世界杯而生的球员斯基拉奇,匪夷所思地打进了6个球夺走了世界杯金球奖和金靴奖,世界杯结束后基本"失联"高规格赛事,竟然像匈奴帝国在阿提拉死后快速消失了一样。今晨意大利0∶1负于北马其顿止步卡塔尔世界杯预选赛之路,是一个惊天动地的冷门,但是这两年习惯于见证历史的我们也已经见惯不怪,把时间拉长了看,意大利还是那支定位千锤出山、百炼成钢的球队,20世纪90年代荡涤春风中国的意甲还在,2022年痛苦出局的蔚蓝也不会倒。

　　1990年世界杯的主题歌是《意大利之夏》,旋律优美煽动力强,在我们的青春年华,遇上这么一支曲子也是非常幸运的事。世界杯是生命中特殊的时光刻度,8年后法国世界杯的主题曲就叫《生命之杯》。这是两首最让我难忘的足球圣歌,足球的终极意义是成为战争的替代品,在四年一次和平的夏天重复一次爱的欢欣。2022年卡塔尔世界杯是目前唯一一次北半球在冬天举行的世界杯,但是足球的内核还是炎热干燥的夏天,外加丝绸之路的声声驼铃和袅袅炊烟。希望卡塔尔世界杯能驱散战争与疫情的阴云,从宇宙到元宇宙,我们携手相伴,坎坷终成平路,江湖莫不易行。

2022 年 3 月 25 日

1986 墨西哥世界杯

Mexico 1986

请回答 1986

里斯本时间 8 月 13 日凌晨五点多,我收到温州足球史馆创办人王奇先生转来的张路老师为本书写的序,我惊喜得跳了起来。窗外是特茹河海湾的黎明,一道彩霞笼罩住达·伽马大桥高高的桥塔,旭日即将高升。1998 年,为纪念达·伽马大航海 500 周年,里斯本在这里举办了世博会。而那一年的五、六月份,我被温信公司公派到中信欧洲公司学习。我记得出发前在北京,中信公司的大巴停在蓝岛百货门口,吕颂三大哥指指对面的国安大楼对我说:"喏,中信国安足球俱乐部就在那里。"时空交集中,那一瞬,张路老师和我可能是最近的距离,当时他是中信国安足球俱乐部总经理,如果那天在办公室的话。嗯,可能还有一次,1998 年亚俱杯一场比赛在温州举行,我和我的队友们举着"温州国信支持中信国安"十个大字在温州体育场内"箪食壶浆",但不确定张路老师是否在现场。

张路老师很客气地写道:"我和张迈不认识,但有很多相似之处。我们都姓张,都曾经踢过足球,都写过有关足球的专栏文章,尤其是关于世界杯的球评。而且,我们都曾经是中信旗下的员工,现在又都在为清华大学出版社写书。"这样的相提并论实在抬举我了,我没有想到我看了 40 年、评了 32 年的球,作为一个业余足球爱好者能被中国足球评论界的泰斗级人物张路老师归纳出这么多交集来,我和王奇兄坦言:"此序可谓为拙作贴金镶钻了。"张路老师看了我写的球评,回忆 1986 年应邀在《北京晚报》写球评,说大约也是这么大篇幅,在头版开了个小专栏,也是这个风格。我愈发汗颜,张路老师是在央视解说意甲的第一人,风趣幽默,又是足球专业出身,我在 1990 年代初都是看完他的解说给《温州晚报》写的意甲专栏,要说风格接近,恐怕是偷了一些师,被看出来了。

张路老师回忆1986年那会儿为看世界杯买了彩电,17寸韶峰牌。勾起了我对1986年世界杯的回忆。1986年墨西哥世界杯是央视首次转播全部52场比赛,所以可以称为中国人的世界杯元年。1971年出生的我,和韩剧《请回答1988》中描述的既不是386时代,也不是88万元时代,18岁遇到"汉城奥运会"的成德善是同龄的。除了18岁遇到汉城奥运会,14岁还遇到了洛杉矶奥运会,而16岁遇见了墨西哥世界杯,那个时代的温州和剧中汉城道峰区双门洞有几分相似:虽然有冷战,内心是火热的。虽然不富裕,但有着温暖的岁月。都走在正确的路上。王祖贤、苏菲·玛索和雷明顿·斯蒂尔也影响了我们,吴宇森在1986年拍出了《英雄本色》,虽然要过一段时间我们才能看到,但我们当时也认为自己在人类的最前沿。唯一的区别是韩国队已经是第二次参加世界杯了,而中国队的第一次要在16年后。1986年我在读高一,家里有一台黑白电视机,但到同学家一起看球居多,属于看球看热闹但还没有悟道的阶段。时值改革开放初期,"请回答1986"式的问题和对足球的探索与思考层出不穷。杨梅煮酒的世界杯,南方小城潮湿的雨巷,午夜对接世界的时空之门按时打开,一阵阵进入元宇宙般的激动,回忆是那么清晰。

那些雪花闪闪的黑白画面竟然比之后30多年的彩色、高清、超清、4K甚至VR更为刻骨铭心。老报纸、老电视、老足球和老高考是绝配,对我而言,1986年的世界杯,是一幅天地和同中徐徐展开的黑白画卷。央视全播和张路老师的《北京晚报》专栏有创世之感,是中国足球评论的万象之由。1978年世界杯决赛的央视解说员宋世雄老师和1982年世界杯加入解说的孙正平老师则更像是拓荒者和指引者。而如此时特茹河上的万道霞光的世界杯被1986年墨西哥高原上小辣椒般的日出引领,从1986年开始回答我们在当时还不是很热的南方夏日中提出的有关足球和青春的问题。蓦然回首,我们都在足球之神独创的元宇宙中。

1986年世界杯被称为马拉多纳的世界杯,马拉多纳在6月23日1/4决赛与英格兰队的比赛中封神,使出了上帝之手和上帝穿球衣时的连续过人。先是在与对方门将希尔顿的争抢中用手将球攻入,古典足球没有VR,裁判判进。再是五分钟后,马拉多纳在中场开始盘带,连过4名英格兰队的防守队员直插禁区,最后晃过出击的门将希尔顿将球打入。阿根廷队以2∶1的比分淘汰对手,晋级四强。在6月30日的决赛中,阿根廷队与西德队狭路相逢。阿根廷队中后卫布朗接迭戈·马拉多纳创造的任意球传中率先敲开西德队的大门,巴尔达诺又利用反击机会使得阿根廷队以2∶0领先。西德队是逆转之王,鲁梅尼格与替补上场的沃勒尔利用两次角球的机会在门前捡漏成功,将比分追成2∶2平。但是终场前两分钟,马拉多纳在反击中妙传直塞给插上的布鲁查加,由后者完成致命一击,阿根廷队遂以3∶2的比分力克西德队,历史上第二次获得世界杯赛冠军,马拉多纳成为新球王。

另一场巴西队与法国队的1/4决赛也被后人津津乐道,我称其为哲学家的世界杯,为此专门写过一篇文章《点球恩怨》。巴西队安东尼奥·卡雷卡和法国队米歇尔·普拉蒂尼在上半场为两队各入一球,双方在120分钟内互有攻守却仍旧无法改变1∶1的比分。点球大战中,巴西队前锋苏格拉底第一罚即告失手,在第四轮的关键时刻,法国队普拉蒂尼也将球射失。第五轮,在巴西队塞萨尔由于心理压力过大罚失点球后,法国队费尔南德斯一蹴而就宣告巴西队的出局。这场比赛的经典画面一直被分享和传播,我在此后32年的世界杯评论中每逢点球决战大咖射失的场面,都会想起和哲学家同名的苏格拉底,而我本人则因这场比赛苦练点球和磨炼自己在任何环境下的抗压能力,从而在复杂而多变的商战中"苟活"到今天。要说足球仅仅给了我一点愉悦那肯定是不对的,我在足球身上学到了无数的东西,它甚至一直在陪我穿越苦难和封控,抚平心灵上的创伤与病痛,走过各个历史阶段的迷茫与彷徨。

张路老师在序中引用了《国际足联章程》:"通过足球运动的团结、教育、文化和人道主义价值,特别是各项青少年和发展计划促进该运动在全球的持续发展和提高……"无不鼓励地说:"张迈的文章以世界杯为切入点,讲的是足球运动的团结、教育、文化和人道主义价值,当下的中国足球不就应当转向这个方向吗?"——看到这个可以追溯到1986请回答的"天问",我看到了希望,我觉得我的浅知薄见中一点点偶得已经被老师看到且有共鸣,如能被更多的朋友指正和接受,中国足球重回世界杯决赛圈总是可以预见的,而与改革开放同步的世界杯转播和评论也将会不断体现团结、教育、文化和人道主义价值。体育为改革开放服务,为中国梦的实现助力,我们迈开大步,走在人类文明的大路上。

我问王奇兄他的桃花岛足球训练基地和温州足球史馆的使命是什么?他说足球史馆是想通过对温州足球历史的一个梳理,找出温州足球发展历程当中几个关键的时间节点,温州足球曾经的辉煌,然后到没落(体校解散足球项目),然后再慢慢上来(省运会冠军),在"社会力量办体育"的大背景下社会足球青训机构为温州足球的发展所做的努力,以及在体育部门的支持下温州足球的对外交流活动(和国外几家俱乐部的合作……请进来、走出去的模式),成立"世界温州人足球联合会",通过在外温商和海外华侨,为温州的足球发展出一分力!通过"侨"的力量,吸引更多的华侨二代、三代,让在良好足球氛围和足球文化里成长起来的足球人回来助力温州足球的发展!让来看过足球展馆的人们引发一些思考。这个史馆可以体现温州人"敢为天下先"的精神的同时,也能通过在外温商和海外华侨的助力,为温州足球乃至中国足球实现弯道超车提供一些现实的借鉴。温州市足球协会和瓯雁足球俱乐部则是准备联合统战部和侨联一起做海外华侨子女的足球寻根夏令营活动,让海外的华侨子女把有足球特长的孩子送到国内来,让我们带着孩子们去国内俱乐部看看,打一些交流比赛。也通过参观和交流,让这些孩子对中国和中国足球有不一样的认识。希望通过这样的活动让华侨二代、三代带着他们的足球梦想回来支持家乡的足球发展。

我深感钦佩,在温州这样尚无中超球队的中等城市能有这样的足球思想和实操能力,何愁中国足球不兴?温州办了11届幼儿足球联赛、办了2届全民足球赛、五人制足球赛,温州中学校友会还办了 2 届校友联赛……我曾为贵州台盘乡村 BA 点赞,不仅男队,还有女队,从白天打到天黑,从黑夜打到天亮!如果说贵州乡村让篮球回归生活本质,那么,被评为"东亚文化之都"宋韵瓯风的温州侨乡古城,正在让足球回家。"足球起源于中国"——我在圣保罗足球博物馆中看到的这句话,想起我宋韵中的家乡和世界温州人的根之所在,王奇们让我看到一个民族复兴梦正如 1986 世界杯天地和同的画卷一样徐徐展开,这个路子正不正?请回答 1986。借用张路老师在序中的一句话:"这个路子不要太正了哦!"

我是温州人,不管我在哪里,都是温州足球的一部分。而不管我们的球队在不在世界杯决赛圈的赛场上,中国足球始终是世界杯的一部分。窗外,少年一般的红日高悬海上。这里的海边,跑过尤西比奥,跑过菲戈,跑过 C 罗,奔流过更多的后浪。伊比利亚半岛的另一边,还跑过中国足球先生武磊。1986 请回答时,C 罗还真不到 3 岁,而 99 天后,他将以 38 岁的高龄率领葡萄牙队冲击卡塔尔世界杯,他依然还在昨夜公布的 2022 金球奖的候选名单上,他还在!尽管上赛季他的皇马前队友昔日僚机本泽马捧起了三座冠军奖杯,在 46 场比赛中一共打进了 44 球,基本上锁定金球奖,但 C 罗从未曾放弃对荣誉的执念。这个曾经从马德拉岛闯入里斯本的少年或许可以给崇明岛和桃花岛练球的中国孩子一些启示:世界是我们的,也是你们的,但归根到底还是你们的。8 月 11 日,曾经在崇明岛练球的少年、有中国 C 罗之誉的武磊回归上海海港,他把自己获得的中国金球奖赠予西班牙人俱乐部留念。有人出去,有人回来,才是好日子、好时代!1986,全面开启了中国的世界杯时代,我感恩见证了这个时代。

2022 年 8 月 13 日于里斯本

1982 西班牙世界杯

Spain 1982

1982—2022，世界杯最酷的男人

　　8月17日里斯本下午，我微信温州市铁人三项协会主席、温州冬泳协会顾问朱闻武，他刚刚完成了温州冬泳协会40周年（长达600页）纪实书籍的后记，命名为《燃烧的冰》，可谓压卷之作。600页巨著的书名《冰点——多一度热爱》，也是他取的。我看《燃烧的冰》中写道：上世纪90年代前后，温州满街都是菲亚特（天生与意甲很搭）……在那个火热年代，是温州人攥着一股劲要出人头地的氛围，几乎每个年轻人都燃烧着青春，希望自己能做点什么。于是，冬泳作为一种既简便又充满挑战性的、又带有神奇的健身效果的方式，成了年轻群体的选择，继而奇妙地催生了春节横渡瓯江这样的"事件"，继而不间断地奇迹般地坚持了40年，成为温州民间体育毋庸置疑的头号品牌……一个40年的传奇，和我看世界杯的历史一样长。

　　如果说冬泳是燃烧的冰，是个人的修炼、街坊的传奇，那世界杯则是球迷大众的足球爱好共同体，其社会价值或者像张路老师总结的人道主义价值是所有体育运动中公认最大的。世界杯是当世一团不灭的火，是和平之游，是团队之光，也是造星之路。从1982年央视首次直播世界杯开始，到今年卡塔尔世界杯，沧海横流中，但见无数豪杰和千面英雄。世界杯是全球偶像力爆棚的运动，当我和哪怕最专业的女球迷聊世界杯的时候，她们也总是会很客观很实际地说："我主要是看球星的！"所以我想到，是不是借这次机会海选一下世界杯直播40年来最酷的球星，顺便加评一下1982年世界杯，把原定"世界杯1990—2022"已经改为"世界杯1986—2022"的副标题再提前四年，把40年的球评统统补齐，也算是一场彻彻底底的爱的奉献。

闻武在《温州日报》当主编一共倒腾了12次世界杯、奥运会特刊,包括规模最大的北京奥运会,虽然平生只踢过一次足球(起点很高,1997年参加明星足球队比赛,与前国门傅玉斌同场对抗,据说轻轻一碰被撞出十几米远),但绝对算专业球迷。我和他便隔着欧亚大陆和七个时区聊了聊1982—2022世界杯最酷的男人人选,西面这个大陆前几日公布了金球奖和欧足联最佳运动员候选人人选,新赛季的五大联赛刚刚开始,东面的中超也在欠薪风波中奋力挣扎出来,在严格疫情防控下继续比赛。世界杯的预热在自古少有的高温中借势展开。我的家乡温州在世界杯倒计时100天启动了2022世界杯"宋韵丽人"海选大赛,也许和足球起源于宋朝有关,我和主办方负责人说,前三甲赠送《张迈评球——世界杯1982—2022》,答曰:这个可以有。

第一个话题是:谁是1982年世界杯最酷的男人?说实话,那时我才小学毕业,在等待初中录取通知书的日子里,看世界杯还是看大人的世界杯,不像现在看的是小二代的世界杯,所以只能以现在的眼光去补选。论功名,自然是意大利的前锋保罗·罗西,他包揽了金球奖和金靴奖,影响了几代中国球迷。有一位东北球迷直接改名叫罗西,后来成了职业球迷,人生轨迹就此改变。球迷罗西是中国足球冲击世界杯的见证者,我见到过他多次,其中一次在机场安检偶遇,我看他把喇叭、旗子什么的收拾好,觉得也挺酷的。1982世界杯银球奖得主是巴西人法尔考,铜球奖得主是联邦德国的鲁梅尼格,最佳阵容中,门将佐夫,后卫儒尼奥尔,前卫普拉蒂尼、济科,群星闪耀,济科还有"白贝利"之称。我和闻武将1982年过了一遍,他还有一个人选苏格拉底。但我们并没有马上一致选出最酷的男人,即使面对保罗·罗西,我们也像领导一样说,先放一放,再看一看。请回答1982,没有回答。

1986年世界杯被公认为是马拉多纳的世界杯,马拉多纳最酷这个没有悬念,闻武继续提名苏格拉底,还是被我否决了。1990年我们讨论了一下选了金色轰炸机克林斯曼,1990年世界杯的进攻是很保守的,之所以选克林斯曼不选决赛关键球员布雷默,不选阿根廷人也不选意大利人,就是出于进攻稀缺性的考虑。还有最重要的是克林斯曼在女球迷中很有人缘,最酷男人你不考虑女球迷的感受,那就是建在沙滩上的评选,基本没有实用价值,所以德国队的大佬队长马特乌斯很自然就落选了。同理,1994年我们选了罗伯特·巴乔,这哥们儿的忧郁气质绝对是望眼杀,一般女生都扛不住。当然,我们也不是完全不顾赛场表现的,罗伯特·巴乔是意大利晋级决赛的关键先生,扛着意大利队冲进决赛的,并且有一次连续过人的史诗级进球,虽然没能夺得冠军,但是夺得了人气。

1998年闻武说谁我根本没听进去,我认为必须是齐达内。法国世界杯前我到巴黎,整座大楼外墙就是齐达内的像,可以感受到法国人完全将希望寄托于这位北非移民后代,既神采奕奕又沉思默想的天才,正是齐达内在决赛中的两记头球击溃了拥有4R组合的巴西。齐达内现在头发是没有了,但身材管理极好,况且少年时也曾留过一头披肩长发,颇有摇滚明星气质的。他拿过所有的冠军包括世界杯、欧洲杯、欧冠,在欧冠决赛中踢出过"天外飞仙",但最酷的还不是球员时代,他是后来皇马欧冠三连的主帅。2018年5月的最后一天,三连之后辞职不干的那天下午,全世界哗然,到处找他,他陪老婆买家具去了。

2002年罗纳尔多无须争论,他是一个被称作外星人的人,他在世界杯的历史地位很高,曾经是世界杯历史最佳射手,2017年我去俄罗斯看联合会杯的决赛,在圣彼得堡世界杯球场,他作为国际足联的名宿,当时排位还在马拉多纳的前面。

关于2006年世界杯的酷男,我和闻武投出了重要的一票,共同指向个从来没有染指过世界杯冠军,经常被称为欧洲中国队的英格兰队的队长贝克汉姆,贝克汉姆留给世界杯最后的记忆是绝杀厄瓜多尔的一个圆月弯刀任意球,这种古典的任意球充满了曲线美,一如他棱角分明的英俊面容,他在多届世界杯上踢出过这样的任意球,是世界杯之美的重要组成部分。2003年6月14日,为表扬他对英国社会所作出的贡献,英国女王伊丽莎白授予贝克汉姆OBE官佐勋章。十年前,贝克汉姆还和伊丽莎白女王一起参加了伦敦奥运会开幕式,当女王和007一起登上直升机时,贝克汉姆驾驶一艘快艇从泰晤士河出发,向"伦敦碗"进发。2022年9月8日,惊悉女王辞世,借此文向喜爱世界杯和奥运会的女王致敬。16日在伦敦,贝克汉姆凌晨2点开始排队13个小时吊唁女王,有情有义。

2010年世界杯我们对着以整体实力夺冠的西班牙队一筹莫展了10秒钟,怎么这个冠军队的前锋竟然让我们想不起来是谁?结果我们在伊涅斯塔和卡西之间选了后者,没有超级前锋的球队靠什么?应该是靠超级守门员吧,卡西利亚斯在2008—2012创纪录地连续五年当选世界最佳门将,是足坛大满贯球员之一,2010年世界杯西班牙队队长,连续433分钟不失球帮助西班牙夺冠。他在决赛中用脚挡掉罗本的单刀球,致使荷兰队竟无一人进入世界杯40年酷男人选,这是后话了。圣卡西的女人缘也是好到爆,据传是少有的女人梦中的门将,男友力超强。

鉴于2014年世界杯克洛泽超越了罗纳尔多成为世界杯历史最佳射手,而他又擅长空翻庆祝,身材和颜值都很高,基本上没有争议就成为当届的酷男。问题来到了2018,法国队是冠军,但冠军队员不够酷,姆巴佩还太小,撑不起老男人的场面。于是,我们把目光转向了世界杯金球奖和当年金球奖得主莫德里奇,那就把"奖"颁给他吧。世界杯后一度传出莫德里奇和队友们要捐奖金支持孩子们去看海,我一看,凭借从世界到世界杯经验马上判定是假新闻,并发了朋友圈,但莫德里奇凭借苦战到底依然可以评最酷。可以呼应一下雷军先生最近风靡神州的演讲"熬过绝望低谷,你便无人能敌"的说法。

2022年世界杯属于前瞻了,我们慎重起见,选了四个人,分别是C罗、梅西、内马尔和本泽马,全部是比较老的男人,最酷的男人评选成熟度是重要的考评指标,贝克汉姆也是当了很久多个孩子的父亲才入选的。当然成绩也很重要,不然就偏离世界杯的专业度了。这四位分别是葡萄牙、阿根廷、巴西、法国四支夺冠大热门球队的砥柱型球员,进球的执行者或组织者。相比而言,我更看好梅罗,也更愿意在罕见的岁末世界杯时看到长达十多年的绝代双骄以总结性的表现成为世界杯的酷男,他们是两位除了世界杯之外几乎所有足球荣誉的获得者，一共获得12座金球奖，如果他们没能成为世界杯得主，是世界杯的损失。而如果他们都不能成为世界杯最酷的男人，是很多女球迷更不愿意看到的。她们会问：你们评什么球啊？

快写完这篇文章的时候，发现1982年世界杯最酷的男人还没有交代。1982年世界杯如果没有新西兰和沙特作弊，中国足球队第一次出征即可进入世界杯决赛圈，所以在我的世界杯宇宙中，1982年世界杯中国队视同出线。在亚洲区外围赛阶段，中国队6战3胜1平2负，自以为稳获出线权。然而新西兰理论上的出线机会，因为沙特队"放水"白送5球而成为现实。中国足球徒遭暗算，在慌乱中重新集结，在和新西兰的附加赛中1：2败北，差之毫厘被挡在了西班牙世界杯门外，可以理解多年以后，黄健翔老师将此恨归到澳大利亚头上。这是除2002年外中国足球离世界杯最近的一次。当时国家队队长容志行在3：0击败科威特队的外围赛中，他拖着刚缝了八针、被纱布裹得严严实实的小腿上阵并首开纪录，酷不酷？下场时全体观众起立鼓掌致敬，高呼"祖国感谢你，人民感谢你"。当时，容志行、沈祥福等一代中国球员和中国女排一样成为体育偶像，许多城市的群众自发结队游行，高呼"振兴中华"。尽管中国队未能打进世界杯决赛圈，但容志行在比赛中所表现出的高超技术和充分尊重对手的良好赛风，被当局树立为"志行风格"，成为中国体育界唯一用个人名字命名的精神。在那个思想解放与彷徨并存的年代，"志行风格"成为中国人奋斗的象征，容球王的故事背后，一代中国球迷也从此诞生。

容志行——1982年世界杯（含预选赛）最酷的男人。

2022年8月18日初稿

2022年9月17日修订

1978 阿根廷世界杯
Argentina 1978

1974 西德世界杯
West Germany 1974

1978 国家的世界杯

2022年8月18日,央广网报道,克强总理在深圳考察期间,专程到莲花山公园瞻仰邓小平铜像,并敬献花篮。当我将上两篇《1982—2022,世界杯最酷的男人》和《请回答1986》发给《解放日报》体育部陈华主任请他指正时,他说之前新浪体育有一篇世界杯和国家改革开放关联的文章,说1978年央视悄悄直播了世界杯决赛。我们讨论说那时候真敢干,当时是思想改革开放的时候,小平同志上来,体现了伟人的思维,为中国打开了一扇窗。我收到陈主任发来的《世界杯的中国往事》一文,文章提到小平同志第一次看世界杯,是1974年,看的是从国外引进的西德世界杯纪录片《世界在你脚下》,小平同志是最早看到克鲁伊夫与贝肯鲍尔双雄争霸的中国人。1977年7月30日,北京工人体育场,第三次复出主持工作的邓小平,选择在一场足球赛中公开亮相。一年后的1978年阿根廷世界杯,央视在没有官方授权的情况下,"借用"国际卫星信号,对决赛和三四名比赛进行了转播,宋世雄老师在香港的酒店里同步解说。

我看到文章中提到原国家体委的陈家亮回忆看《世界在你脚下》时说:"放片子三个多小时,小平同志一直没休息,看完意犹未尽。"不由振奋,小平同志也是从世界看到世界杯的啊,是最资深的中国球迷啊。小平同志第三次复出最重要的事情之一是恢复高考,1978年高考的地理卷中,居然有一道和世界杯有关的考题:"北京夏至时,阿根廷首都布宜诺斯艾利斯是什么季节?"不要觉得题目出得浅了,那时的中国刚刚经历了"文革",很多国人多还不知道南北半球季节相反,要是没看世界杯的,基本没听过这个绕口的城市名字。克强总理应该就是答对这道题之后进的北京大学法律系学习。从世界杯到世界,我们可以看到许多国家成长的故事。而我们的大中国,也正是于1978年改革开放之时,跻身于世界杯好大的一个家。

我的中学同学周洲是个从小学就开始踢球,从初中开始看世界杯的老球迷,也是《平路易行》书中提到的中山古镇ALUMINI灯具厂的老板,他们的灯具远销现代足球的故乡欧洲和新大陆,被我戏称为"从世界杯到世界之光"。他对德国、英格兰、法国的国情和球情都颇为了解,他看完《1982—2022,世界杯最酷的男人》和《请回答1986》之后说:"建议写写国家,巴西、阿根廷、德国,足球体制各不相同,条条道路通罗马,这样比较深度一些。"这是一个很好的建议,这三个国家我刚好都深度游过,对其足球也特别了解,并且从1974年以来,在足球方面,此三国是最多次叩响我们心门的国家。

1974年,就是小平同志首看的世界杯就在西德举行,也是德国首次举办世界杯,首次在两德分治时期举行,决赛荷兰队创下世界杯最快进球纪录,但仍被西德队2∶1逆转,东道主夺冠,贝肯鲍尔成为首位捧起大力神杯的队长。荷兰队克鲁伊夫当选为最佳运动员。那个时期的德国足球是工业属性的足球,坚韧、精确、团队力和逆转力都很强,德国在世界杯赛场上是仅次于巴西的存在,可能没巴西人踢得那么随心所欲,但不逾矩方面德国人做得最好。向我们展示了日耳曼民族另一种价值取向和文化积淀——不华而实。德国是第一个从大不列颠岛引进足球的欧陆国家,但德甲和德国的工业化同步,都开始得比英法晚,中间还分裂成东西两半。由于德国有基础科学的雄厚根基,很快就建立起科学理论与工业以及足球实践之间的联系,在半个世纪时间里将世界一流的科学家队伍、工程师队伍和技术工人的队伍结合在一起,领导了"内燃机和电气化革命",而他们的足球也演变为风格鲜明的"德意志战车",都获得了跳跃式的发展。德国足球不是一夜暴富的,德甲通常不会豪买球员,给的工资也不如英超和西甲,但德国俱乐部的成绩一直雄踞欧冠前列。一些老牌俱乐部举起了德国足球的大旗,中、小俱乐部也凭借自身的实力取得了立足之地,像小而美的百年老店,这使德国足球走向了健康、有序、持续的发展道路。国家队的战绩更是欧洲第一。近年,德国足球有了移民化的特征,华美起来了,同时意志力有所衰减,精确度提高,点球决战胜率下降,此消彼长,铁血性弱化观赏性更高,但德国足球的成绩一直处于世界领先,无问西东。

1978年世界杯在阿根廷举行,阿根廷那时极其富有,经济地位比现在高,中国球迷钟爱阿根廷的初心之年就是1978,从没有授权的信号中快乐地获得,当今一批老炮儿球迷都是阿根廷队铁粉。1978年世界杯也是东道主夺冠,也是战胜荷兰,荷兰连续两次亚军之后被称为"无冕之王",直到2010年第三次进入世界杯决赛,又是在好局中落败。青年漫画家纪宾当年的神作《千年老二》,在"三亚好风光"的牌匾下,大家在讨论要不要请荷兰队担任海南省三亚市的形象大使。纪宾在2006年世界杯创作了"霍比特人和树精之战"形容德国与阿根廷队的身高之差和球风差异可谓神来之笔。我去过阿根廷博卡青年队的主场"糖果盒",在《平路易行》中写到独树一帜的阿根廷足球,南美魔幻主义的风格,阿根廷足球和这个国家的财富一样,充满了率性而为,有一种千金散尽还复来的期盼和任性。这一点1978年在肯佩斯身上发轫,1986年转给马拉多纳,后者在游侠一般的生活中达到极致,阿根廷能够不断涌现"将阿根廷足球写进世界版图的人",此马拉多纳评价肯佩斯之语,亦可形容他本人与继承人梅西,最终成了一种现象。阿根廷联赛渐渐地不被我们重视,因为他们的经济管理水平无法像欧洲一样支撑庞大的足球产业良性运转,但阿根廷人的无为而治倒是让许多"将阿根廷足球写进世界版图的人"自由地成长起来。许多球员拥有阿根廷和西班牙双重国籍,阿根廷足球像西班牙足球的副本,前者魔幻如凌波微步,后者现实如降龙十八掌,四年一次展现给大家看。

说说1974和1978巴西在做什么?1974年开始的时候,巴西已经三夺世界冠军,永久占有了雷米特杯,所以上文"贝肯鲍尔成为首位捧起大力神杯的队长"就是大力神杯从1974年开始用的意思,除了"张迈评球"之外,我曾经写过"大力神之光"的专栏，所以写着写着我把世界杯上溯到大力神之光初始的 1974 年，也是符合逻辑的。巴西在大力神杯主宰的世界杯时代依然夺得了两次冠军，同时是唯一一个每届世界杯全部参加的国家，11 次进入四强。1974 年第四、1978 年第三。巴西是世界足球的神山，最大的人才输出地，巴西在世界足坛的地位就像台积电在半导体行业的地位一样。足球在巴西的地位仅次于天主教，信仰者不分贵贱，在足球这个单项上，绝对是"人民有信仰、国家有力量、民族有希望"的南美践行者。巴西的街头足球非常流行，我在圣保罗和当地的小伙子踢过街头足球，可以感受到那种融入意识的国球之美；我在里约马拉卡纳球场外的小街和世界各地的球迷讨论过巴西足球，这是一种怎样的存在呢？就是每一场巴甲都可以给你惊喜，你不用选，你可能也选不动，因为这和欧洲五大联赛不一样，这里的足球是土生土长的，带有原产地的风格，你就像进入一个琳琅满目的农贸市场，到处都是你看不懂的品种和文字，但东西都很好吃。出于安全的考虑，我没敢去贫民窟踢街头足球，但我相信那里是快乐足球的发源地。里约很奇葩的是许多贫民窟是面朝大海的，那真是一把一把的春暖花开。巴西街头野球儿童——小俱乐部足球少年——葡萄牙青训或巴甲巴乙联赛——入波尔图之类的"黑店"（见《平路易行》）——欧洲五大联赛——世界杯时应召为国家队效力，就是这样比高考还不内卷的模式。苟利国家生死以，足球传承吾辈责。踢球者比做题家更有机会出人头地。

　　足球体制各不相同，条条道路通罗马，但有一条是相同的，就是持续不断的改革开放。就像克强总理说的：长江黄河的水不会倒流。多瑙河、拉普拉塔河和亚马孙河的水也不会倒流。

2022 年 8 月 19 日

后记

从世界到世界杯：豪情还剩一襟晚照

周末，晴。因为疫情，外滩源亦成寂静之地。春风拂面，红旗默展，我整理完《南方有昆仑》番外篇"世界杯1990—2022"，跑步到此。乍浦桥畔的樱花开了，苏州河边新开了家KKU（亲亲你）COFFEE，正对着左岸的邮电大楼，可以看到邮电大楼顶上南面的一组三人雕塑，正中为戴帽的信使，手执带和棒、脚生翅，左右为爱神，执笔和书信，旁有一地球，寓意邮政为人们沟通情愫。当疫情让生活回归车马很慢的状态时，突然发现这里有一个古典的能量场，在平行世界里静默着，等待你在5G、星链和元宇宙时代的一次回眸。

这个日行千里的城市被某些历史原因逼得慢下来的时候，执笔写书信时平凡纯真的情感反而被唤醒了。许多年前，我有过无数写信的经历，写给同学和朋友，也写给编辑部。我看世界杯的发布，从1990年写信，1994年传真，1998—2002年用E-mail，2006—2010年用博客，2014年用微博，2018年用Web 2.0，到了2022年用Web 3.0、用元宇宙……回头看，飞速发展的信息简史就是我的"时空伴随者"。很庆幸我从古典的邮政时代走来，32年坎坷皆成平路，到今天和一起向未来的元宇宙在乍浦路桥相遇。过去我与邮票同行，如今与NFT相伴。我还在想，如果因为某种历史原因断网了，就继续写信，那我还是个少年。

整理好的"世界杯1990—2022"有30多万字，如果和《南方有昆仑》

的三大系列"灵境山水""无忌之城""时空流"合在一起,将要占据约 1/3 的篇幅,因此我想把它变成《世界杯 1990—2022》,一本随《南方有昆仑》发行,作为附录的单行本。编辑老师在审稿后说:"番外篇写得相当不错,我觉得可以单独成书……直接《张迈评球》!"——此话醍醐灌顶,一下子把我拉回到 1994 年那个夏日的午后,我拿到最新的《温州日报》"世界杯特刊"时,突然看到专栏的名字变成了"张迈评球",感觉到巨大的信任与嘱托。想不到 28 年过去,这个名字可以在水清木华的秋天重现江湖。这本小书将 32 年时间跨度的世界、最具全球化特征的世界杯历史和个人经历所思所感熔于一炉,与《南方有昆仑》的副标题"时空流中的我和你"十分契合,也算是我在抗击疫情中的小小贡献。有人戏说"青春只有几年,疫情就占了三年",于我则是"疫情占了三年,写书也写了三年",从宇宙到元宇宙、从世界到世界杯,记录我的学习、我的行走和我的朋友。《平路易行》出版后,我请我朋友前国足队员、现上海电视台著名足球评论员李彦把书转赠给原国家队主教练朱广沪先生,朱指导特地录了一段视频发给我,他说:"《平路易行》勾起了我很多的回忆,感谢你还记得我们健力宝队,记得更多的足球人,希望你能出更多的书,鼓励我们足球人早日攀登世界高峰。"中国足球处于历史低谷,但很多的足球人仍然在努力在坚持,还有许许多多业余投入搞足球的朋友在跟进,当年我在温州金融队的队友李剑,在温州搞全民足球联赛和校园联赛,还有他的合伙人王奇,在桃花岛体育公园成立瓯雁足球俱乐部,建青少年训练营和足球史馆……你要说中国足球一点希望没有,我是绝对不相信的。这本书也是献给为了中国足球的复兴而奋斗的朋友。

我手边有一本国际足联世界足球博物馆出版的《世界杯官方传记》,国际足联主席因凡蒂诺在序中写道:"这世上,就没有什么像国际足联世界杯一样。没有其他哪项体育赛事——甚至在任何社会领域都没有哪项活动——拥有像世界杯这样,触发全世界如此多不同人群的激情的力量。"这本传记是 2018 年国际足联世界杯在俄罗斯揭幕之前出版的,2018 是世界该有的样子,没有疫情没有战争,我在文艺复兴和大航海时代旅行(见《平路易行》)。世界杯历史从 1930 年开始,世界杯是本该属于人类的和谐社会的缩影,卡塔尔世界杯也许能给我们一些对自由与和平的期待,我祈祷 2022 年 11 月,当卡塔尔世界杯开幕之时,各国的政要与球迷欢聚中东,而那些杀戮与病毒都已远去,歌舞升平天下和同,一如敦煌飞天出现时的场景。

因凡蒂诺还写道:"我指的不仅仅是赛事进行的那几周时间,这段时间内,激情与兴奋汇聚一处,不断洋溢。真正不可思议的魔力在于,这少数一些比赛,是如何决定着数以百万计的人们接下来数年的感受。这项赛事能够缔造经典的榜样与可敬的人物。它能够定义人们的形象,最终,书写真正的历史……"这个观点与我在 1998 年写的《世界杯与你我何干》中的看法多么相近!世界杯是英雄故事。1990 年世界杯时,C 罗才三岁,如今他已经打进职业生涯 807 球、国家队 115 球,均为历史第一人。他尽管凡球必争还保有"罗三岁"的外号,却也到了足球生涯的暮年,还没有染指世界杯。后天还要和北马其顿打附加赛争取一张卡塔尔世界杯的入场券……因主席和我同一年上的大学,和我一样都是业余球员和资深球迷,就像是一位老友(见《当青春年华遭遇意大利之夏》)。他用智慧和努力到达足球世界的权力巅峰,他说:"作为世界足球的管理机构,我们是国际足联世界杯光环的监管者,为绘制世界足球杰作的每一个步骤保存记忆,是我们的职责。"

我没有足球方面的职责,职业给我的定位是选好公司当好股东。但我在万水千山走遍,40 年世界杯阅过,在这三年中反反复复思考自由与和平之时,我觉得我作为一个 32 年来没有中断过世界杯写作的中国人,有必要用文字让大家更喜欢世界杯这个普世的比赛,喜欢足球这个可以替代战争、消除抑郁的运动。我可以说:作为世界足球的爱好者,我是世界杯光环的亲历者,为绘制世界足球杰作的精彩一刻,共享大力神之光保存记忆,是我的爱好。希望更多的中国孩子喜欢这本书,喜欢书中的英雄人物,而投身到这项运动中来;更多地在各行各业奉献的中国人懂得欣赏这个天下和同的运动,在苦闷与隔离(包括物理和精神的隔离)之中,获得源源不断的多巴胺和内啡肽,以应对复杂和内卷的生活。

感谢 32 年来引导和支持我写足球评论的老师和朋友，20 世纪 80 年代末天津《球迷》报素未谋面的编辑，《温州日报》最早约稿的陈康汉老师、创办《温州日报·世界杯特刊》并为我开设"张迈评球"专栏的宋文光老师，以及《温州日报》资深记者、编辑朱闻武及团队，《温州晚报》金城、阮周琳、林大为三位同仁，温州电视台陈振洲及团队，温州经济电视台吴剑波老师，牟海兵及团队，《温州人》杂志原主编柯熙、方韶毅，《温州球迷》报原副主编王烨、林建中等朋友……还有 2006 年以后新浪博客、微博、PPTV 等也素未谋面的编辑……2022 年上海体育学院陈国强教授和《解放日报》体育部陈华主任……

闻武是第一个阅读本书的人，并在我整理文稿的过程中，为原报纸发表的文章电子化数据的采集做了很多工作。温州报业集团的数字化工作做得很好，我是受益者。值得一提的是，《温州日报》与《温州晚报》曾经是竞争对手，温州电视台与温州经济电视台也有一定的竞争关系。也只有我这样的社会人士可以同时给两组互为对手的媒体写稿，为了保证大家都满意，我尝试用两种不同风格写同一场球的评论，逐渐练就一心两用、双手互搏的功夫，对工作方面也很有助力。在本书中大家看到同一天的两篇球评基本都是一家给一篇，浦东不犯浦西，各自安好的。有意思的是日报和晚报与现在同属一家报业集团，闻武安排同事去找我当年发表在日报上的作品，顺便把晚报发的也统统拷了过来，省了我不少事儿。合久必分，分久必合，世事皆如此。

闻武 1997 年认识张路老师，后来在《世界杯特刊》和《温州时报》上都约过张路老师写稿，所以我也有过和张路老师同框发表足球评论的历史。20 世纪 90 年代初我开始看意甲的时候，张路老师是北京足球研究所的副所长，他被中央台邀请以嘉宾身份解说意甲联赛，那时候马拉多纳还在那不勒斯队踢球（后来马拉多纳来过温州，闻武在五马美食林与马拉多纳一起吃过饭）。从张路老师那里，我获得了很多的足球知识和看球门道，我最早给晚报写球评就是每周写一篇意甲评论，这些评论这次也被找出来了，只是没有录在本书之中。我在《平路易行》中提到的被意甲荡涤的春风中国就是说那时候的事。闻武说可以试试请张路老师为本书写篇序，我想那真是我莫大的荣幸了。

今天有上海朋友在我发"一水之隔"的摄影作品时留言：可以考虑，"平路"续集了……谢谢关心我写作的朋友，续集已然就位。感谢上海，这个我生活了22年的城市，也感谢温州，给过我那么多积累和亲情的地方。一个人完全用汉字搭建伴随世界杯1/3历史的评论时空，不是轻易能做得到的，需要一个有足球历史基础的故乡、一个繁华的海纳百川的大都市，需要不断演变的世界杯和世界观，更需要一个和平与运转正常的世界。世界杯是胜负游戏，谁负谁胜出，天知晓。我的文章是江湖日记。在经历了这么多年的江湖行走之后，我还是坐在乍浦桥边，毛主席题字"人民邮电"的对面。清风笑，竟惹寂寥，豪情还剩一襟晚照。

祝愿踢球与看球的人，大家都安好！

2022年3月28日